Der Erste Weltkrieg

Mit Beiträgen von: Dr. Christine Beil, Werner Biermann,
Heinrich Billstein, Dr. Jürgen Büschenfeld, Dr. Anne Roerkohl,
Susanne Stenner und Gabriele Trost

Fachberatung: Prof. Dr. Gerd Krumeich, Universität Düsseldorf

Rowohlt Taschenbuch Verlag

Begleitbuch zur gleichnamigen fünfteiligen ARD-Serie
Verantwortliche Redakteure:
Beate Schlanstein (WDR), Gudrun Wolter (WDR)
und Gerolf Karwath (SWR)

Veröffentlicht im Rowohlt Taschenbuch Verlag,
Reinbek bei Hamburg,
März 2006
Copyright © 2004 by Rowohlt · Berlin Verlag GmbH, Berlin
Umschlaggestaltung ZERO Werbeagentur, München,
nach einem Entwurf von any.way, Hamburg
(Foto: Scherl/SV-Bilderdienst, München)
Karten: Peter Palm, Berlin
Druck und Bindung Clausen & Bosse, Leck
ISBN 13: 978 3 499 62095 9
ISBN 10: 3 499 62095 2

Der Erste Weltkrieg

Inhalt

Unter diesen Trümmerhaufen liegen über 400 Belgier. Durch ein 42 cm Geschoß!

zwischen Fort Waelhem (3.) Oktober 1914

Belgien, Oktober 1914

Jürgen Büschenfeld

«Ein Krieg aller gegen alle ...»

Was geht uns heute noch der Erste Weltkrieg an, neunzig Jahre nach seinem Ausbruch? Ist nicht schon alles geschrieben, gezeigt und gesagt? Die Schrecken dieses Krieges sind verblasst, und über den Gräbern von Verdun haben sich die einstigen «Erbfeinde» Frankreich und Deutschland längst ausgesöhnt. Zwar ist der Friede in Europa keineswegs sicher, wie die jüngsten Balkankonflikte zeigen – doch ein Krieg in den Dimensionen des Ersten Weltkrieges erscheint heute völlig undenkbar.

Ist das Kapitel des «Großen Krieges», wie ihn die Briten und Franzosen nennen, also für alle Zeiten abgeschlossen? Sollten wir uns nicht anderen Themen zuwenden, etwa der jüngsten Vergangenheit, der Geschichte der Bundesrepublik und der DDR, oder der europäischen Einigung, die auf den ersten Blick mehr Aufschluss zu geben scheinen, wo wir heute stehen?

George F. Kennan, der amerikanische Diplomat und Politikwissenschaftler, nannte den Ersten Weltkrieg die «Urkatastrophe» des 20. Jahrhunderts. Und tatsächlich – vor allem für uns Deutsche hatte dieser Krieg fatale Wirkungen: Auf eine politisch instabile Weimarer Republik folgte der Nationalsozialismus, folgten Hitler, Holocaust und Zweiter Weltkrieg. Am Ende war das Deutsche Reich verspielt und das Land über vierzig Jahre geteilt.

Deshalb ist der Erste Weltkrieg nicht weniger als das Schlüsselereignis des 20. Jahrhunderts. Ohne den Krieg hätte dieses Jahrhundert einen völlig anderen Verlauf genommen. Wenn wir diesen Krieg nicht verstehen, wird uns das gesamte Jahrhundert ein Rätsel bleiben.

Für die Historiker des Ersten Weltkrieges geht es heute nicht mehr darum, die Chronologie dieses Krieges in all ihren Einzelheiten zu erfassen. Es wäre ein fruchtloses Geschäft, das große Schlachtengemälde aus der Zeit von 1914 bis 1918 immer wieder um Details ergänzen zu wollen. Aber über die militärischen und politischen Staatsaktionen hinaus hat die historische Forschung dem Bild vom Krieg neue spannende Konturen gegeben: Längst ist klar, dass der Erste Weltkrieg nicht allein als Geschichte der Staatsmänner und Feldherren und des ansonsten namenlosen Sterbens erzählt werden kann. Jetzt steht die Geschichte der Menschen im Mittelpunkt, der Frontsoldaten, der Frauen und Kinder in der Heimat, oder auch der Wissenschaftler, etwa die des Chemikers Fritz Haber, der an der Entwicklung von Giftgas arbeitete.

Abertausende von Feldpostbriefen haben – jahrzehntelang unbeachtet – die enge, oft verzweifelte Verbindung mit Familie und Freunden in der Heimat festgehalten. Beeindruckende Stimmungsbilder und Berichte von Frontsoldaten, Ehefrauen und Angehörigen lassen das Kriegserlebnis wieder lebendig werden. Und sie zeigen, wie verschieden die Kriegslasten an Front und Heimatfront verteilt waren – je nachdem, welcher sozialen Schicht man angehörte.

Um solche Einblicke in den Alltag des Krieges hat sich die Wissenschaft lange Zeit nicht gekümmert. Das vorliegende Buch, das parallel zur Fernsehserie in der ARD erscheint, hat genau diesen Anspruch – auch den Alltag im Ersten Weltkrieg anschaulich zu machen. Deshalb haben die Autorinnen und Autoren ungewöhnliche Perspektiven gewählt: Sie betrachten «Erinnerungsorte», die mit dem Ersten Weltkrieg untrennbar verbunden sind. Tannenberg, Ypern, Verdun, die «Heimatfront» mit ihren vielen Orten der individuellen Weltkriegserfahrung, aber auch Versailles sind bis heute in der europäischen Erinnerungskultur fest verankert.

Erinnerungsorte besitzen eine besondere Symbolkraft. Sie setzen den überschaubaren Rahmen für die großen Geschichten; hier für den Heldenmythos des siegreichen Kampfes einer deutschen gegen eine russische Armee (Tannenberg), dort für das Trauma der vernichtenden

An der Westfront, Januar 1916

Niederlage und ihrer politischen Folgen (Versailles). Erinnerungsorte stehen für die Todesängste der Frontsoldaten vor Trommelfeuer und Giftgas im modernen und industrialisierten Krieg (Verdun und Ypern) ebenso wie für die Stimmungen und Empfindungen der Zivilbevölkerung zwischen Kriegsbegeisterung und Verzweiflung, zwischen Durchhaltewillen und Resignation in den Wochen des Zusammenbruchs im Oktober und November 1918 (Heimatfront).

Aber nicht nur die deutschen Geschichten werden lebendig. Die Orte der Erinnerung erlauben uns, die Fronten zu wechseln und den Krieg aus der französischen, der britischen und der russischen Perspektive zu erzählen. Und schon wird deutlich, wie unterschiedlich dieselben Ereignisse von den einzelnen Kriegsparteien wahrgenommen wurden. Eine gescheiterte deutsche Offensive im Westen war eben auch eine erfolgreiche französische Abwehrschlacht, ein deutscher Sieg im Osten auch ein russisches Desaster.

In Deutschland war der Erste Weltkrieg lange Zeit ein vergessener Krieg. Die deutsche Erinnerungskultur wurde über Jahrzehnte von der Barbarei des Nationalsozialismus, vom Zweiten Weltkrieg und seinen Folgen beherrscht. Im Angesicht dieser absoluten Tiefpunkte der deutschen Geschichte stieß die Erinnerung an den Ersten Weltkrieg auf ein eher mäßiges Interesse. Während der «Große Krieg» aufseiten der Sieger, in Frankreich und Großbritannien, seit Generationen einen festen Platz im nationalen Gedächtnis hat, wird der Erste Weltkrieg nun auch in Deutschland wiederentdeckt. Geschichte hat Konjunktur. Die wachsende Neugier entstammt einem wieder erwachten Interesse an den eigenen Wurzeln, den eigenen Familiengeschichten und den Generationen der Groß- und Urgroßväter.

Aber sie hängt auch mit dem Wandel von historischer Erklärung zusammen. Fast scheint es so, als rückten mit zunehmender zeitlicher Distanz zur ersten Hälfte des 20. Jahrhunderts die Ereignisse immer enger zusammen. Nicht wenige Historiker begreifen die Zeit von 1914 bis 1945 inzwischen als eine zusammenhängende Epoche: Der Erste Weltkrieg ist der Auftakt und der Zweite Weltkrieg das Ende eines «zweiten Dreißigjährigen Krieges».

Wie kam es zu diesem Krieg? Wo liegen seine tieferen Ursachen, welche Stimmungen entladen sich mit Kriegsbeginn, und welche Ziele hatten sich die Kriegsparteien auf ihre Fahnen geschrieben? Der Erste Weltkrieg ist keineswegs über die Menschheit hereingebrochen. Er hat eine Vorgeschichte.

Sarajevo, 28. Juni 1914. In der bosnischen Hauptstadt fallen der öster-
reichisch-ungarische Thronfolger Franz Ferdinand und seine Ehefrau
einem Mordanschlag zum Opfer. Schon seit vielen Jahren gilt der Balkan als politisch unruhige Region, ja geradezu als Pulverfass. Kurz
zuvor – 1912 und 1913 – waren zwei Kriege um die Reste des zerfallenen
Osmanischen Reiches ausgefochten worden. Von diesen Konflikten
hatte vor allem Serbien profitiert, das sein Staatsgebiet um große Teile
Makedoniens erweitern konnte.

Die Erfolge Serbiens stießen jedoch auf den Widerstand Österreich-Ungarns. Die Donaumonarchie sah ihre Vormachtstellung in der
Region bedroht und suchte nach Möglichkeiten, eine weitere serbische Expansion zu verhindern. Dabei vertrat der österreichische Generalstabschef, Franz Conrad von Hötzendorf, schon seit Jahren einen
eindeutigen Standpunkt: Ein Präventivkrieg sollte Serbien in die
Schranken weisen.

Conrad von Hötzendorf besaß prominente Rückendeckung: Kein
Geringerer als der deutsche Kaiser hatte schon im Herbst 1913 voll-
mundig erklärt, Deutschland würde an der Seite Österreichs stehen.
Auch dann, wenn Russland in einen serbisch-österreichischen Konflikt eingreifen sollte. Für Wilhelm II. war die Auseinandersetzung
zwischen Ost und West, zwischen Slawen und Germanen, geradezu
unvermeidlich – ein «weltgeschichtlicher Prozess», der nur in der
«Kategorie der Völkerwanderungen» zu begreifen war.

Wie sein österreichischer Kollege griff auch der deutsche Generalstabschef Helmuth von Moltke wenige Wochen vor dem Attentat von
Sarajevo die Überlegungen zu einem Präventivkrieg auf. Aus früheren
Äußerungen Moltkes ist bekannt, dass auch er den «Kampf zwischen
Germanentum und Slawentum» für zwangsläufig hielt. Alle Staaten,
so Moltke, die «Bannerträger germanischer Geisteskultur» seien, hätten die Pflicht, sich auf diesen Konflikt vorzubereiten.

Während Moltke noch im Frühjahr 1913 mäßigend auf den österreichischen Generalstabschef eingewirkt hatte, schien nun – nur ein

Jahr später – höchste Eile geboten. Wegen der russischen Rüstungsanstrengungen, so die Begründung, müsse man rasch eingreifen. In zwei bis drei Jahren würde die militärische Übermacht der Feinde zu groß sein.

Mitten in diese Phase brisanter deutsch-österreichischer Planspiele fallen die Schüsse von Sarajevo. Sollte dieses Attentat nicht zumindest denjenigen Hardlinern in die Hände gespielt haben, die schon lange für eine militärische Abrechnung mit Serbien plädiert und auf den Startschuss für einen «Kulturkampf» gegen die Slawen gehofft hatten?

Rasch stellte sich heraus, dass der Anschlag von serbischen Nationalisten verübt worden war. Die Verantwortung der serbischen Regierung lag also nahe, und die Gelegenheit für einen Krieg erschien überaus günstig. Sollte man den Konflikt riskieren? Oder besser nicht?

Der Präventivkrieg war ein riskantes Spiel. Dass Russland an der Seite Serbiens in den Konflikt eingreifen würde, diese Möglichkeit musste man einkalkulieren. Aber wie würde sich Frankreich verhalten? Müsste man sich sogar auf das britische Empire als Kriegsgegner einstellen? Oder würde es «nur» bei einem regional begrenzten Konflikt, einem dritten Balkankrieg, bleiben?

Die politischen Vorstellungen österreichisch-ungarischer und deutscher Militärs unterstreichen, dass das Attentat von Sarajevo keineswegs die Ursache für den Krieg war – allenfalls der äußere Anlass für den Kriegsbeginn im Sommer 1914. Die eigentlichen Gründe für den Ausbruch des Ersten Weltkrieges sind vielschichtig, und sie reichen zum Teil bis weit ins 19. Jahrhundert zurück.

Nach dem deutsch-französischen Krieg von 1870/71 und der Gründung des Deutschen Reiches hatte Frankreich die Provinz Elsass-Lothringen ohne Votum der Bevölkerung an Deutschland abtreten müssen. Insofern beruhte der Friede in Europa auf einem ausgeprägten Schönheitsfehler – der Demütigung Frankreichs. Französische Überlegungen, zum geeigneten Zeitpunkt Revanche zu nehmen – wie anders, wenn nicht durch einen neuen Krieg?! –, galten im 19. Jahrhundert durchaus als legitim.

«Ein Mann des großen Theaters»: Kaiser Wilhelm II. im Jahre 1900

Wenn es dennoch bis 1914 in Europa relativ friedlich geblieben war, dann auch deshalb, weil eine kluge deutsche Bündnispolitik Frankreich daran gehindert hatte, seinerseits Verbündete gegen Deutschland zu finden. Seit 1882 gab es den Dreibund mit Deutschland, Österreich-Ungarn und Italien. 1887 hatten das Deutsche Reich und Russland den so genannten «Rückversicherungsvertrag» abgeschlossen. Dieser Vertrag verpflichtete die Partner zur Neutralität, falls Deutschland von Frankreich oder Russland von Österreich-Ungarn angegriffen würde. Außerdem unterhielt Deutschland in den 1880er Jahren durchaus freundschaftliche Beziehungen zu England.

Und Bismarck hatte wiederholt erklärt, Deutschland sei «saturiert», also selbstzufrieden, und habe ohne weitere Gebietsansprüche seinen Platz in Europa eingenommen. Auch am imperialen Wettlauf der europäischen Staaten, in Übersee Kolonien zu erwerben, mochte sich der deutsche Kanzler erst spät und nur mit halbem Herzen beteiligen. Mit Kolonien, so lautete seine Überzeugung, waren finanzielle Dauerlasten und vor allem unkalkulierbare militärische Risiken verbunden.

Für Bismarck besaßen die europäischen Machtverhältnisse absoluten Vorrang: «Ihre Karte von Afrika ist ja sehr schön», beschied er einem kolonialen Schwärmer, «aber meine Karte von Afrika liegt in Europa. Hier liegt Russland, und hier … liegt Frankreich, und wir sind in der Mitte, das ist meine Karte von Afrika.» Diese Politik war den Befürwortern eines großen deutschen Kolonialreiches zu defensiv. Auch bei Wilhelm II., der 1888 mit 29 Jahren Kaiser geworden war, fand Bismarck keine Unterstützung. Im Gegenteil. Die mangelnde Begeisterung für die Kolonialpolitik war einer der Gründe, die 1890 zu seiner Entlassung geführt hatten.

Der junge Kaiser beanspruchte «Weltgeltung» für das Deutsche Reich. Deutschland sollte «Weltpolitik» betreiben, um «Weltmacht» zu werden. Es sollte sich seinen «Platz an der Sonne» von anderen Kolonialmächten nicht streitig machen lassen. Aber Weltmachtstreben bedeutete vor allem: wachsende Konflikte um Kolonien. Konflikte, die früher oder später auch nach Europa getragen würden.

Nicht dass die Politiker und die Eliten des Deutschen Reiches dieses Risiko nicht gesehen hätten. Sie glaubten es aber eingehen zu können. Immerhin hatte sich Deutschlands Wirtschaft rasanter als die aller anderen europäischen Mächte entwickelt. Das Deutsche Reich war bis 1913 zur führenden Exportnation aufgestiegen. Die «Weltgeltung» der Wirtschaft, des Bildungswesens, von Wissenschaft und Technik war unbestritten – jetzt wollte man auch weltpolitisch und militärisch ganz vorne mitspielen.

«Weltmachtstreben» und «Weltpolitik» des Deutschen Reiches, es konnte gar nicht anders sein, mussten automatisch das britische Empire herausfordern. Fast überall dort, wo der deutsche Einfluss sich auszudehnen versuchte, hatte das Empire längst eigene Interessen formuliert. Im Urteil deutscher Historiker hatte das Deutsche Reich eine «Politik des Überall-dabei-sein-Wollens und der Hyperaktivität» betrieben, war es als «auf- und zudringlicher Parvenu» aufgetreten, als fordernder und drohender Störenfried. Vor allem der Kaiser rasselte gern mit dem Säbel – sein «krankhaft überspannter Herrschaftsanspruch» habe sehr bald den «‹Cäsarenwahnsinn› des politischen Psychopathen» offenbart. Eine Persönlichkeit, «dessen Spielernatur notorisch war», meint der Historiker Michael Salewski. Wilhelm, eigentlich eine «postromantische Figur», ein «Mann der Theatralik, des großen Theaters, des Kostümfestes», habe mit «seiner» Flotte und «seinem» Heer «spielen» wollen. Jedenfalls setzte der Kaiser alles daran, diesen Spieltrieb auch bald ausleben zu können.

Mit Seemacht zur Weltmacht – dieses Ziel verfolgte die deutsche Politik seit 1897. Wilhelm II. war der «Flottenkaiser», der den Bau von Schlachtschiffen persönlich vorantrieb. Seinem Chefplaner Admiral Alfred von Tirpitz gelang es, die deutsche Öffentlichkeit auf die Unterstützung der Flottenpolitik einzuschwören. Ein überaus wirksames Werkzeug der Propaganda war der Deutsche Flottenverein, sein Einfluss reichte bis in den letzten Winkel des Landes. Zahlreiche Zeitschriften und nicht wenige Intellektuelle erklärten unermüdlich, warum Deutschlands Machtstellung in der Welt und warum deshalb die Flotte gestärkt werden müsste.

Aus der «schirmenden Wehr», von der der Kaiser gern schwadronierte, war im Volksmund längst die «schimmernde Wehr» geworden. Von ihrem Glanz oder auch nur von ihrer glänzenden Verpackung, der Agitation und Propaganda, hatten sich große Teile der wilhelminischen Gesellschaft blenden lassen. Gewissermaßen waren Millionen Deutsche – berauscht von der Verheißung der Weltmacht – in einen Matrosenanzug geschlüpft. Kein Wunder, dass der Funke der Begeisterung schnell auf den Reichstag übersprang und die beiden Flottengesetze von 1898 und 1900 jeweils große Mehrheiten fanden.

Mit einer schlagkräftigen deutschen Flotte, so glaubten die militärischen Planer, würde man England dazu bringen, den Ausbau deutscher Machtpositionen in der Welt zu akzeptieren. Deutsch-britische Annäherung durch deutsche Machtdemonstration? Eine Fehlkalkulation, wie sich bald herausstellen sollte. Die gegenüber der deutschen Flottenpolitik zu Recht misstrauischen und irritierten Briten suchten den Ausgleich mit Frankreich, der 1904 mit einem neuen Bündnis, der «Entente Cordiale», bekräftigt wurde.

Gleichzeitig lieferten sich England und Deutschland ein Seewettrüsten, das die Spannungen zwischen beiden Ländern zusehends verschärfte. Mit Großkampfschiffen, den so genannten «Dreadnoughts» (Fürchtenichts), hatten die Briten der Rüstungsspirale seit 1904 neuen Schwung gegeben. Einige Jahre konnte Deutschland mithalten. Dann waren der «Flottenkaiser» und sein Admiral mit ihren Weltmachtambitionen am Widerstand Englands gescheitert.

Und zu welchem Preis? Nicht zuletzt wegen der Flottenpolitik hatte sich Deutschland hoch verschuldet. Politisch gesehen, war das Reich weitgehend isoliert, denn 1907 hatten sogar die russisch-britischen Konflikte um südasiatische Regionen beigelegt werden können. Mit Russland, Frankreich und England gab es nun eine «Dreierentente», die dem Bündnis zwischen dem Deutschen Reich, Österreich-Ungarn und Italien gegenüberstand.

Der Kaiser, seine Politiker und die Militärs besaßen offenbar kein Gespür für die Gefahren, die eine pompöse Weltpolitik mit sich bringen konnte. Das deutsche Weltmachtstreben veranlasste die europä-

Chefplaner der Flotte: Großadmiral Alfred von Tirpitz um 1910

ischen Mächte, sich gegen das Reich zusammenzuschließen. Die Deutschen wiederum fühlten sich schon bald von feindlichen Mächten «eingekreist»; ein Bild, das bis 1914 die Politik und die öffentliche Meinung zunehmend beherrschte. Auch während des Krieges und unmittelbar danach war das Wort von der «Einkreisung» immer dann gängige Münze, wenn es galt, die deutsche Kriegsschuld zu widerlegen.

Erst lange nach dem Ersten Weltkrieg haben spätere Generationen danach gefragt, ob es nicht auch andersherum gewesen sein könnte: Hatte sich Deutschland durch seine sprunghafte und «pompöse» Politik seit den 1890er Jahren nicht vielmehr selber aus den europäischen Bündnisverflechtungen «ausgekreist» und isoliert?

Zurück nach Sarajevo und in das Jahr 1914. Das Attentat auf den österreichischen Thronfolger hatte in ganz Europa hektische Aktivitäten, die so genannte Julikrise, ausgelöst. Der deutsche Kanzler,

Theobald von Bethmann Hollweg, ahnte offenbar die schlimmste aller Folgen: «Eine Aktion gegen Serbien kann zum Weltkrieg führen.» Für diesen Fall stehe «nicht nur die Hohenzollernkrone, sondern auch die Zukunft Deutschlands auf dem Spiel», und es müsse mit der «Umwälzung alles Bestehenden» gerechnet werden. Graf Tschirschky, der deutsche Botschafter in Wien, bekannte gegenüber Bethmann, er werde jede Möglichkeit zu nutzen versuchen, «um ruhig, aber sehr nachdrücklich und ernst vor übereilten Schritten zu warnen».

Doch im Falle Serbiens war Mäßigung offenbar nicht erwünscht, jedenfalls nicht vom deutschen Kaiser. Die Depesche seines Wiener Botschafters an Bethmann hatte Wilhelm mit wütenden Kommentaren versehen: «Jetzt oder nie!» – «Mit den Serben muss aufgeräumt werden, und zwar bald.»

Am 5. Juli unterstrich der Kaiser gegenüber dem österreichisch-ungarischen Botschafter, das Deutsche Reich werde «in gewohnter Bundestreue» an der Seite Wiens stehen. Die «volle Unterstützung Deutschlands» gelte auch dann, wenn es über den serbischen Konflikt zum Krieg zwischen Österreich-Ungarn und Russland kommen sollte. Und Wilhelm ergänzte, er würde es bedauern, wenn Österreich-Ungarn den so günstigen Moment «unbenützt» ließe.

Damit hatte Deutschland seinem Bündnispartner nicht nur den «Blankoscheck» ausgestellt. Die kriegslaunige Art und Weise, mit der die deutsche Führung den Partner zu einer Militäraktion antrieb, hätte ein Zurückweichen Österreich-Ungarns auch kaum mehr zugelassen. Aus österreichischer Sicht war der Krieg gegen Serbien nicht nur das Risiko wert, er war geradezu zwingend erforderlich. Wäre ein Einlenken in letzter Sekunde nicht auch vom Deutschen Reich als Schwäche ausgelegt worden?

Das Tor zum Krieg stand jedenfalls offen.

Aber war Wilhelm II. tatsächlich ein kriegerischer Kaiser, ein Kriegstreiber? Diese Frage beschäftigt die Historiker bis heute. Gelegenheiten zum militärischen Konflikt mit den europäischen Nachbarn – etwa mit Frankreich als Folge der Marokkokrise von 1911 – hätte es auch früher schon gegeben. Doch der Kaiser war vor der Konsequenz

Der Krieg als Kriegsspiel

eines Krieges stets zurückgeschreckt. In den Augen der radikalen Nationalisten des Alldeutschen Verbandes galt Wilhelm ohnehin als Schwächling, der immer dann «abschnappte», wenn es Ernst wurde. Viele Zeitgenossen hielten Wilhelm II. trotz seiner verbalen Ausfälle für einen im Grunde friedlichen Menschen. Kann es sein, dass der Kaiser, als oberster Kriegsherr und seit frühester Jugend in der Welt der Militärs fest verankert, sein eigentlich friedfertiges Naturell mit militärischem Wortgetöse zu kompensieren suchte?

Wie dem auch sei – der deutsche Botschafter, am 2. Juli noch um Entspannung der Situation bemüht, hatte nun im Auftrag des Kaisers «mit allem Nachdruck» zu erklären, man erwarte in Berlin «eine rasche Aktion der Monarchie gegen Serbien». Russland und Frankreich, so die fatale Vorstellung der deutschen Führung, würden einen Krieg noch nicht riskieren können, beide Länder galten als «noch nicht genügend vorbereitet». Und England? England «sei gar nicht gewillt, für Serbien oder im letzten Grunde für Russland die Kastanien aus dem Feuer zu holen». So begann das Drama der Kriegsinszenierung.

Der nächste Akt: Ein Ultimatum Österreich-Ungarns an Serbien, das in seinen weit reichenden Forderungen als unannehmbar gelten konnte. Doch wider Erwarten machte Serbien erhebliche Zugeständnisse. «Das ist mehr, als man erwarten konnte! Ein großer moralischer Erfolg für Wien; aber damit fällt jeder Kriegsgrund fort», bewertete Wilhelm II. die serbische Antwort. Wollte man nicht noch Tage zuvor fast um jeden Preis Krieg gegen Serbien führen? Drohte Wilhelm, wie schon in anderen Krisensituationen vorher, in letzter Minute, Schwäche zu zeigen? Es scheint plausibel, dass er auch diesmal im letzten Moment vor einem Krieg zurückgeschreckt wäre, wenn nicht Politiker und Militärs die schwankende Position des Kaisers verheimlicht und den Kriegskurs rigoros beibehalten hätten. Vieles spricht dafür, dass der Kaiser in der entscheidenden Situation einfach übergangen wurde.

In den noch verbleibenden Julitagen wurde der Krieg zielstrebig vorbereitet. Verschiedene englische Vermittlungsversuche waren gescheitert. Der deutsche Botschafter in London hatte wiederholt davor gewarnt, England werde sich eben nicht – wie deutsche Politiker noch bis Ende Juli dachten – in einem Krieg neutral verhalten. In England, so der Botschafter, sei «alle Welt davon überzeugt, … dass der Schlüssel der Lage in Berlin liegt und falls man dort den Frieden ernstlich will, Österreich davon abzuhalten sein wird, eine … tollkühne Politik zu treiben».

Man wollte den Frieden nicht mehr. Die Zeit schien reif, der schon lange empfundenen russischen Bedrohung militärisch entgegenzutreten. Doch die deutsche Führung mochte nicht als Angreifer dastehen. Ein breiter Rückhalt in der Bevölkerung war nur dann garantiert, wenn dieser Krieg als Verteidigungskrieg galt. Als den Mobilmachungen die Kriegserklärungen folgten und – wie erhofft – mit der zeitlichen Abfolge der Erklärungen Russland als Aggressor erscheinen musste, da habe man, so der bayerische Militärattaché von Wenninger, im Berliner Kriegsministerium «überall strahlende Gesichter» gesehen: «Händeschütteln auf den Gängen; man gratuliert sich, dass man über den Graben ist.»

«Stimmung glänzend», notierte ein deutscher Admiral. «Die Regierung hat eine glückliche Hand gehabt, uns als die Angegriffenen hinzustellen.» Es war der 1. August 1914. Mobilmachungen, Kriegserklärungen. Es gab kein Zurück mehr. Nur noch wenige Tage, dann sollten die Kämpfe beginnen. Es werde, so sah der badische Gesandte in Berlin voraus, «ein Krieg aller gegen alle entbrennen, wie ihn die Weltgeschichte noch nicht erlebt hat». Der Diplomat sollte Recht behalten. Das Verhängnis nahm seinen Lauf.

Das «Augusterlebnis» und die «Ideen von 1914»

Warum sich die Ereignisse der ersten Augusttage so nachhaltig in die Köpfe der Zeitgenossen eingebrannt haben, beschreibt der österreichische Schriftsteller Stefan Zweig, der sich an die Stimmung beim Kriegsausbruch erinnert: «Aufzüge formten sich in den Straßen, plötzlich loderten überall Fahnen, Bänder und Musik, die jungen Rekruten marschierten im Triumph dahin …» Den ansonsten unbeachteten «kleinen Menschen des Alltags», nun wurde ihnen zugejubelt. «Um der Wahrheit die Ehre zu geben», so Zweig weiter, «muss ich bekennen, dass in diesem ersten Aufbruch der Massen etwas Großartiges, Hinreißendes und sogar Verführerisches lag, dem man sich schwer entziehen konnte.»

Innenpolitische Spannungen? Gesellschaftliche Konflikte? Die hatte es während der vierzigjährigen Hohenzollernherrschaft in Deutschland und auch im «Vielvölkerstaat» Österreich-Ungarn wahrlich genug gegeben. Der bevorstehende Krieg und die patriotischen Aufwallungen sollten sie schnell vergessen machen. Der «Burgfrieden» im Innern war die Voraussetzung für den Krieg. Wilhelm II. mochte keine Parteien mehr kennen, sondern nur noch Deutsche.

Dabei gerieten Dichter, Schriftsteller und Wissenschaftler in eine Begeisterung, die heute geradezu grotesk anmutet: Dem Dichter Her-

Kriegsfreiwillige Unter den Linden in Berlin, August 1914

mann Bahr kam es «wie in einer Partitur Richard Wagners» vor. Die
Mobilmachung sei «Deutsche Musik» gewesen, völlige Verzückung
bei völliger Präzision. Thomas Mann schrieb im September 1914, man
habe gespürt, dass es so mit der Welt nicht mehr weitergehen konnte:
«Gor und stank sie nicht von den Zersetzungsstoffen der Zivilisation?
... Wie hätte der Künstler nicht Gott loben sollen für den Zusammenbruch einer Friedenswelt, die er so satt, so überaus satt hatte! – Krieg!
Es war Reinigung, Befreiung, was wir empfanden, und eine ungeheure Hoffnung ...»

Verkehrte Welt, so scheint es. Was konnte den Frieden so kompromittiert haben, dass ein feinfühliger Dichter wie Thomas Mann alle Hoffnung in den Krieg setzte? In den Äußerungen Manns und vieler anderer Vertreter des gebildeten Bürgertums entlud sich offenbar die lange aufgestaute Ablehnung des modernen Kapitalismus und seiner gesellschaftlichen Folgen seit dem letzten Drittel des 19. Jahrhunderts. Die Bildungselite sah die eigene Position in der Gesellschaft durch den «Mammonismus» gefährdet, für den angeblich nur geldwerte Vorteile zählten.

Umwälzung überall. Das Deutsche Reich hatte sich ökonomisch gesehen zu einem modernen Industriestaat entwickelt. Industrie und Technik, kaum mehr die Themen der klassischen Bildung, gaben den Takt der Zeit an. Aber: Soziale Spannungen und Konflikte verschärften sich von Jahr zu Jahr, und die Arbeiterschaft drängte auf Teilhabe an der Macht, die man ihr nicht zugestehen wollte. Stand eine Revolution bevor? In diesen Konflikten zwischen Kapital und Arbeit, so die Selbsteinschätzung der Bildungselite, drohte man aufgerieben zu werden.

Der Krieg wies dem Bildungsbürgertum offenbar einen Ausweg. Die «Volksgemeinschaft», die sich gegenüber dem äußeren Feind formierte, sollte das geeignete Instrument sein, alle Konflikte und Feindschaften im Innern aufzulösen. Und waren nicht Schriftsteller und Wissenschaftler am besten geeignet, diese Volksgemeinschaft in Reden, Zeitungsartikeln, Aufsätzen und Büchern zu beschwören und zu idealisieren?

Der Historiker Karl Alexander von Müller hatte in den Augusttagen einen «Akt der Erlösung» gesehen: Eine «turmhoch aufgehäufte innere Verworrenheit» sei in Flammen aufgegangen. Für den Religionswissenschaftler Ernst Troeltsch sollten «Geist und Scharfsinn» der Intellektuellen den «Heeressäulen der Nation voranziehen als ein Wahrzeichen deutscher Gesinnung». Und der Nationalökonom Johann Plenge befand sich in einem Kreuzzug «im Dienste des Weltgeistes». Für den entrückten Plenge gab es keinen Zweifel: «Wir sind das vorbildliche Volk ... Unsere Ideen werden die Lebensziele der Menschheit bestimmen.»

**Abfahrt eines Truppentransports von einem Berliner Bahnhof,
28. August 1914**

Einige Intellektuelle waren dennoch rasch wieder zur Besinnung
gekommen und hatten sich von ihren eigenen Ausbrüchen als «un-
verantwortliches Literatengeschwätz» (Max Weber) distanziert. Aber
viele andere berauschten sich weiter an den eigenen schwülstigen
Lobeshymnen auf die Kriegspolitik des Deutschen Reiches.

Zur vorbehaltlosen Unterstützung des Kriegskurses hatten über
neunzig Intellektuelle den am 4. Oktober 1914 veröffentlichten «Aufruf an die Kulturwelt» unterzeichnet. Die Mehrzahl der deutschen
Professoren folgte mit einer ähnlichen Initiative. In den «Ideen von
1914» stand «deutsche Kultur» gegen «westliche Zivilisation». So kon-
struierte etwa der Sozialwissenschaftler Werner Sombart einen Gegensatz zwischen einer «Heldengesinnung», die den «großen Idealen»
verpflichtet war, und einer kleinkrämerischen «Händlergesinnung»,
die nur den Egoismus des Einzelnen unterstützte.

Karl Kraus (1874–1936), um 1910

Der Kulturkritiker Karl Kraus spottete nach dem Krieg, es könne nur eine einzige «Tortur für das gesamte Dichter- und Literatenpack» geben: Man müsste Satz für Satz abdrucken, was es damals «zusammengeschmiert» habe, «teils aus benebelter Dummheit, teils aus der Spekulation, durch die Anpreisung fremden Heldentodes sich den eigenen zu ersparen». Leider sei sein Vorschlag, die «Kriegsliteraten» nach Friedensschluss «einzufangen» und «vor den Invaliden auszupeitschen», unerfüllt geblieben.

Aber hatten die «Kriegsliteraten» die Stimmungen in der Bevölkerung überhaupt realistisch beschrieben? Gab es tatsächlich ein klassenübergreifendes «Augusterlebnis»? Immerhin konnten 1914 nur 0,8 Prozent der Bevölkerung zum Bildungsbürgertum gezählt werden. War es dieser kleinen Minderheit gelungen, die große Mehrheit des Volkes mit dem Virus der Kriegseuphorie zu infizieren? Im Gegensatz zum lange vorherrschenden Geschichtsbild von der breitesten Kriegsbegeisterung ist die Forschung inzwischen zu ganz anderen Ergebnissen gekommen.

Von den Massen auf den Straßen und Plätzen der Großstädte, so argumentiert der Historiker Sven Oliver Müller, dürfe man nicht auf die uneingeschränkte Kriegsbegeisterung schließen. Die Straße sei ganz allgemein ein Ort des Austausches gewesen, ob nun für Neugierige, Hysterische, Begeisterte oder Verzweifelte. Für die Parteizeitung der SPD, den «Vorwärts», stand fest: Vor allem «deutschnationale Studenten und Handlungsgehilfen, Jungdeutschlandbündler und Lebejünglinge» hatten sich auf der Straße getummelt. Ihr Antrieb: Abenteuerlust, das Vergnügen an Provokation, Chauvinismus und Bierrausch. Arbeiter habe man bei solchen Veranstaltungen dagegen keine und ältere Menschen nur selten gesehen. Für Köln hatte die «Rheinische Zeitung» einen regelrechten «Karnevalskriegsrausch» beschrieben: «… das geht ja hoch her, bin auch dabei – welch grüne Bürschlein in Köln lassen sich's zweimal sagen, wenn's heißt, ein wenig Radau und Mummenschanz auf der Straße zu treiben.»

Von einem «Augusterlebnis» der ganz anderen Art wusste ein Mitglied des Hamburger sozialdemokratischen Jugendbundes zu berichten: «Die Aufregung, die sich schon vorher im panikartigen Ansturm auf die Sparkassen und Lebensmittelgeschäfte geäußert hatte, wuchs. Die meisten Menschen waren niedergeschlagen, als wenn sie am folgenden Tag geköpft werden sollten.» Ganz ähnlich ein Tagebucheintrag eines Siebzehnjährigen aus Bremen: «Der ganze Bahnhof voll von Menschen. Die katzenjämmerlichste Stimmung herrschte, … Mütter, Frauen und Bräute … bringen die jungen Männer zum Zuge und weinen. Alle haben das Gefühl: Es geht direkt zur Schlachtbank.» Die Frage nach den unterschiedlichen Reaktionen auf den Kriegsausbruch hatte auch Erich Maria Remarque schon 1928/29 in seinem Antikriegsepos «Im Westen nichts Neues» verarbeitet: «Am vernünftigsten», lässt Remarque seine Romanfiguren sinnieren, «waren eigentlich die armen und einfachen Leute; sie hielten den Krieg gleich für ein Unglück, während die Bessergestellten vor Freude nicht ein noch aus wussten, obschon gerade sie sich über die Folgen viel eher hätten klar werden können. Katczinsky behauptet, das käme von der Bildung, sie mache dämlich.»

Im «Namen der Menschlichkeit und der Kultur» hatte der SPD-Parteivorstand noch am 25. Juli 1914 zu einem «flammenden Protest» gegen das «verbrecherische Treiben der Kriegshetzer» aufgerufen: «Überall muss den Gewalthabern der Ruf in den Ohren klingen: Wir wollen keinen Krieg! Nieder mit dem Kriege! Hoch die internationale Völkerverbrüderung!» Mindestens 750 000 Menschen hatten sich zwischen dem 26. und dem 31. Juli an den Veranstaltungen der SPD beteiligt, allein in Berlin waren am 28. Juli über 100 000 zusammengekommen.

Die Kriegsbegeisterung einer großen Mehrheit des Volkes, die alle gesellschaftlichen Unterschiede in einem einigenden «Augusterlebnis» eingeebnet hätte, erweist sich somit als Mythos. Doch man wird die Verhältnisse nicht einfach umkehren und von einer allgemein kriegskritischen Stimmung ausgehen dürfen. Es gab viele unterschiedliche Stimmungen, viele Augusterlebnisse, wie dies auch der Beitrag von Anne Roerkohl zur «Heimatfront» in diesem Band belegen wird.

Die Bilder vom begeisterten Aufbruch in den Krieg, die Bilder der Eisenbahnwaggons, auf denen mit Kreide geschrieben steht: «Serbien muss sterbien», «Jeder Schuss ein Russ'» oder «Jeder Stoß: ein Franzos'» – sie zeigen nur einen Ausschnitt. Und vielleicht wird man auch diesen «Optimismus» relativieren müssen. Vielleicht war es nur das laute Pfeifen im dunklen Wald.

Kriegsverlauf und Kriegsziele

Die SPD stimmte schon wenige Tage nach ihrem «flammenden Protest» gegen die Kriegshetzer am 4. August der Bewilligung der Kriegskredite zu. Der vom Kaiser propagierte «Burgfrieden» und die Überzeugung, dieser Krieg diene allein der Verteidigung, hatten zu diesem

Sinneswandel beigetragen: «Wir lassen in der Stunde der Gefahr das eigene Vaterland nicht im Stich.» Währenddessen wurde der Krieg in den europäischen Hauptstädten formell eingeleitet. Bis Anfang November 1914 waren in rascher Folge 18 Kriegserklärungen übergeben worden, 13 weitere folgten zwischen 1915 und 1917. Italien, zusammen mit Deutschland und Österreich-Ungarn immerhin Mitglied des «Dreibundes», blieb zunächst neutral, schloss sich aber im Frühjahr 1915 den alliierten Kriegsparteien an.

Worauf gründete sich also der noch im Juli 1914 in Deutschland zur Schau getragene Optimismus, der Krieg ließe sich womöglich auf den Balkan, auf Serbien, begrenzen? Entweder handelte es sich um leichtfertige Fehleinschätzungen deutscher Diplomaten und Militärs – oder aber um bloße Beschwichtigungsformeln, um die Zauderer für den Krieg zu gewinnen.

Rasch waren die Hauptfrontlinien in Europa gezogen. Am 1. August erklärte das Deutsche Reich Russland, am 3. August Frankreich den Krieg. Deutschland war offenbar gut vorbereitet. Die nun folgenden Aktionen enthüllten eine lange geplante Zwei-Fronten-Strategie. Der ehemalige Generalstabschef Alfred Graf von Schlieffen war schon 1905 von der Annahme ausgegangen, das Deutsche Reich würde früher oder später einen Zweifrontenkrieg gegen Russland und Frankreich führen müssen. Der «Schlieffen-Plan», der bis 1914 mehrfach abgeändert und weiterentwickelt wurde, sah deshalb die rasche militärische Entscheidung im Westen vor.

Die Armee sollte, wie dies Heinrich Billstein in seinem Beitrag zum Gaskrieg ausführlicher darlegen wird, die stark befestigte französische Ostgrenze umgehen, westlich an Paris vorbeimarschieren, die gesamte französische Armee einkesseln und in einer groß angelegten «Umfassungsschlacht» vernichtend schlagen. In nur fünf bis sechs Wochen, so die Vorstellungen der Militärstrategen, würde Frankreich besiegt sein, sodass sich anschließend alle militärische Kraft auf den Krieg im Osten konzentrieren könnte.

Doch die Aktion konnte nur dann funktionieren, wenn die deutschen Armeen die belgische und luxemburgische Neutralität miss-

Auf dem belgischen Kriegsschauplatz, Oktober 1914

achteten. Als am 4. August deutsche Truppen ins neutrale Belgien einmarschierten, lösten sie damit zwangsläufig den Kriegseintritt Großbritanniens aus. Denn die Briten hatten sich bereits Jahrzehnte zuvor
– neben Deutschland (!) – verpflichtet, die belgische Neutralität zu
garantieren. Der deutschen Führung war bewusst, dass der Einmarsch
in Belgien völkerrechtswidrig war. Aber: «… wir sind jetzt in der Not-
wehr; und Not kennt kein Gebot!», argumentierte der deutsche Kanzler. Das «Unrecht werden wir wieder gutzumachen suchen, sobald unser militärisches Ziel erreicht ist», erleichterte Bethmann Hollweg sein
Gewissen.

Das militärische Ziel wurde bekanntlich nicht erreicht. Aber zunächst verlief der deutsche Vormarsch trotz des heftigen Widerstandes
der belgischen Armee erfolgreich, und die Strategie der Umklamme-

Deutsche Expansionspläne im Ersten Weltkrieg

Mittelmächte (14. Oktober 1915)

offiziell geplante deutsche Annexionen (maximale Ausdehnung)

künftig dem Deutschen Reich angeschlossene tributpflichtige Staaten

zusätzliche Annexionswünsche des Alldeutschen Verbandes

künftig wirtschaftlich und administrativ vom Deutschen Reich abhängig

künftiges deutsches Siedlungsgebiet

künftig als Hauptrohstofflieferant wirtschaftlich an das Deutsche Reich gebunden

künftiges deutsches Einflussgebiet

künftig wirtschaftlich und politisch an das Deutsche Reich gebunden

künftige enge Verbündete der Mittelmächte

Moskau

...ozk

RUSSISCHES REICH

Wolga

Juni 1918
Belgorod

Kiew

Charkow

Don

Rostow

Kosaken

Kaspisches Meer

Dnjepr

Cherson

Odessa

Stawropol

Juni 1918

Krim

Sewastopol

Baku

Georgien   Tiflis

Aserbaidschan

Batum

Armenien

RUMÄNIEN

Bukarest

Schwarzes Meer

Trapezunt

PERSIEN

BULGARIEN

Angora

Konstantinopel

Tigris

OSMANISCHES REICH

Smyrna

Athen

Adalia

Euphrat

weitester deutscher Vormarsch, mit Jahreszahlen

Frontverlauf Ende November 1914

Grenzen des Deutschen Reiches 1914

Rhodos   Zypern

Kreta

0   100   200   300 km

rung der französischen Truppen schien aufzugehen. Am 4. September 1914 stand die deutsche Armee nur noch 60 Kilometer vor Paris. Die französische Regierung war inzwischen nach Bordeaux geflohen.

Die ersten erfolgreichen Kriegstage hatten vor allem bei all denen ungeahnte Energien freigesetzt, die sich in der Heimat auf den Krieg der Worte verstanden. In der Hochstimmung der ersten Siegesmeldungen formulierten die verschiedensten Interessengruppen ihre Kriegsziele. Für diejenigen, die ohnehin nur alles zu verlieren hatten, musste der Krieg um des inneren Friedens willen ein «Verteidigungskrieg» bleiben; für jene, die viel zu gewinnen hofften, sollte sich der Krieg schnell zu einem Eroberungsfeldzug entwickeln. Ob die extremen Nationalisten des «Alldeutschen Verbandes» oder erzkonservative Politiker, ob Großindustrielle oder die seit der Reichsgründung nur noch mit begrenzter Macht ausgestatteten deutschen Provinzfürsten – sie alle brachten nun, als der Krieg erst wenige Tage alt war, ihre Zielvorstellungen zu Papier. «Man watet in Denkschriften», kommentierte ein Staatssekretär die Flut von Eingaben.

Für den Krieg im Westen ging es im Kern darum, die politische und ökonomische Vorherrschaft über Belgien und Frankreich auf Dauer zu sichern. Wegen ihrer militärischen Bedeutung legten die Autoren ein ganz besonderes Augenmerk auf die belgische Küste. Außerdem sollten Städte wie Lüttich, Verviers und eventuell auch Antwerpen deutsch werden. Frankreich hätte im Falle der Niederlage ebenfalls Küstenregionen und Teile der Vogesen an Deutschland abtreten müssen und auf jeden Fall – diese Forderung tauchte immer wieder auf – die Erzlager von Briey verlieren sollen.

Im Osten war es ein erklärtes Ziel, das russische Riesenreich auch territorial massiv umzugestalten. In diesem Zusammenhang war eine Reihe von «Pufferstaaten» vorgesehen, die wirtschaftlich und politisch von Deutschland abhängig sein sollten. Darüber hinaus waren sehr früh rassistische und antisemitische Untertöne erkennbar. So ging es etwa um die Überlegung, deutsche «Wehrbauern» in Gegenden anzusiedeln, die seit langer Zeit von einer russisch-polnischen und auch jüdischen Bevölkerung bewohnt wurden. Was mit der an-

Generalfeldmarschall von Hindenburg, Symbolfigur des Krieges im
Osten

gestammten Bevölkerung geschehen sollte, war klar – die Weite des
russischen Raumes ermöglichte eine Umsiedlung nach Osten.

All die Denkschriften, an sich ohne jede Verbindlichkeit, wurden
von der politischen Führung aufmerksam registriert. Sie dienten der
Regierung sogar als Vorlage für eine eigene «vorläufige Aufzeichnung
über die Richtlinien unserer Politik beim Friedensschluss». Immerhin
schien der militärische Zusammenbruch Frankreichs unmittelbar be-
vorzustehen – für diesen Fall sollte die Politik gerüstet sein. In enger
Anlehnung an die Denkschriften griff das «September-Programm»
des deutschen Kanzlers viele der völlig überzogenen Forderungen auf:

Zur «Sicherung des Deutschen Reiches nach West und Ost auf erdenkliche Zeit» war Frankreich so zu schwächen, «dass es als Großmacht nicht neu entstehen kann». Russland sollte nach Möglichkeit von der deutschen Grenze «abgedrängt und seine Herrschaft über die nichtrussischen Vasallenvölker gebrochen werden».

Aber die Niederlage Frankreichs war längst nicht besiegelt. Frankreich bejubelte bald das «Wunder an der Marne», das den deutschen Vormarsch gestoppt hatte. Der französische Gegenangriff leitete am 5. September 1914 die Marneschlacht ein mit dem Ergebnis, dass die deutschen Truppen gezwungen waren, sich unter hohen Verlusten in einer Tiefe von 50 bis 75 Kilometer zurückzuziehen. Ironie der Geschichte: Deutschland musste die Marneschlacht am 9. September 1914 und damit genau an dem Tage verloren geben, als das «September-Programm» der ausufernden Kriegsziele verfasst worden war.

Auch der Krieg im Osten verlief keineswegs so, wie ihn die Militärs geplant hatten. Die Entscheidung für einen schnellen Feldzug gegen Frankreich war ja gerade mit der Erwartung begründet worden, dass Russland im August 1914 noch nicht kriegsbereit sein würde. Im Osten rechnete man deshalb für die ersten Kriegswochen mit nur schwachen russischen Verbänden.

Das Gegenteil war der Fall. Zwei russische Armeen marschierten schon Mitte August auf Ostpreußen zu. Teile des Landes wurden von den Russen besetzt, und den weiteren Kämpfen konnten die deutschen Truppen zunächst nicht standhalten. Als der Oberbefehlshaber der deutschen Truppen sich an die Weichsel zurückziehen und damit Ostpreußen vorübergehend preisgeben wollte, wurden er und sein Stabschef durch zwei andere hohe Offiziere ersetzt. Der eine, Paul von Hindenburg, immerhin bald 67 Jahre alt, wurde aus dem Ruhestand reaktiviert. Der andere, Erich Ludendorff, knapp zwanzig Jahre jünger, hatte sich noch wenige Tage vor seiner Berufung bei der Erstürmung von Lüttich hervorgetan. Er galt als hervorragender Taktiker.

Hindenburg und Ludendorff hatten Erfolg: Seit dem Sieg gegen einen zahlenmäßig überlegenen russischen Gegner in der Schlacht von Tannenberg (Ende August 1914) galten die beiden als Retter des Vater-

Der Kriegsschauplatz im Osten galt als schmutzig, der Gegner als verlaust: nur ein kleiner Schritt zum «slawischen Untermenschen»

landes. Zwar wurde auch weiterhin in Russland erbittert gekämpft, aber Ostpreußen war in den folgenden Jahren nicht mehr direkt bedroht. Und im weiteren Verlauf des Krieges, zwischen 1915 und 1917, eroberten deutsche Truppen riesige Gebiete des nordwestlichen russischen Territoriums.

Im Osten erfüllten sich tatsächlich – wenn auch nur für kurze Zeit – die politischen Wunschträume der extremen Nationalisten. Der «Oberbefehlshaber der gesamten deutschen Streitkräfte im Osten», kurz «Ober Ost» genannt, verkörperte eine Besatzungsherrschaft, der es vor allem um die wirtschaftliche Ausbeutung des Landes ging. Dazu gehörte die Beschlagnahme von Vieh und Ernteerträgen ebenso wie die Zwangsrekrutierung von Arbeitern. Im folgenden Beitrag zum «Mythos Tannenberg» wird sich Susanne Stenner ausführlich mit dem Krieg im Osten beschäftigen.

Im Westen war der Schlieffen-Plan mittlerweile gescheitert, und

Gefallene Russen nach der Schlacht von Tannenberg,
Ende August 1914

die deutschen Armeen befanden sich nach der Marneschlacht zunächst in der Defensive. Generalstabschef Moltke hatte einen Nervenzusammenbruch erlitten und war durch den Kriegsminister Erich von Falkenhayn ersetzt worden. Moltke hatte als Pessimist gegolten, Falkenhayn dagegen besaß den Willen zum Sieg. Und er hielt erst einmal an der alten Strategie fest.

Vielleicht war ein rascher Sieg ja noch möglich. Unter ungeheuren Verlusten ließ der neue Generalstabschef in Flandern angreifen, um die alliierten Truppen doch noch in die Umklammerung und damit in die Niederlage zu zwingen. Während «Tannenberg» zum Mythos des

Schützengraben an der Westfront, Herbst 1914

Sieges schlechthin verklärt wurde, entstand in den Flandernschlachten und speziell durch den Kampf um das Dorf Langemarck der Mythos des heroischen und aufopferungsvollen Kampfes für das Vaterland: Junge Regimenter, so der Heeresbericht, darunter viele Abiturienten und Studenten, seien mit dem Deutschlandlied auf den Lippen immer wieder gegen die feindlichen Linien angerannt und hätten die erste Linie der feindlichen Stellungen genommen.

Der Bericht verschweigt allerdings, dass die große Mehrzahl der jungen Leute im Abwehrfeuer der feindlichen Stellungen jämmerlich umkam. Wo hätte man es auf diesem Schlachtfeld suchen sollen, «das

Große, Starke, Feierliche», von dem Ernst Jünger in seinem Roman «In Stahlgewittern» später schrieb? In der Wirklichkeit gab es kein «fröhliches Schützengefecht auf blumigen, blutbetauten Wiesen». In der Wirklichkeit wurden die jungen und nur unzureichend ausgebildeten Soldaten von Granaten zerfetzt, die ein unsichtbarer Gegner aus großer Entfernung abgefeuert hatte. So wurde das vom vieltausendfachen Granatfeuer umgepflügte Schlachtfeld der Jugend zum Massengrab.

Als Falkenhayn Mitte November 1914 die Flandernschlacht ohne militärische Erfolge abbrechen ließ, hatten die deutschen Armeen an dieser Front seit Kriegsbeginn, somit in einem Zeitraum von nur drei Monaten, etwa 200 000 Soldaten verloren. Sie waren entweder getötet worden oder in Gefangenschaft geraten. Knapp 900 000 Soldaten waren verwundet.

Und der Krieg war gefräßig. Während ihm das «Menschenmaterial» noch lange nicht ausgehen sollte, wäre er fast wegen fehlender Munition «verhungert». Nach den Flandernschlachten besaßen die deutschen Armeen nur noch Artilleriemunition für sechs Tage. Durch die britische Blockade bekam die Rüstungsindustrie kaum noch Salpeter als Rohstoff für die Pulverproduktion – nur mit Hilfe einer rigiden Zwangsbewirtschaftung wichtiger Rohstoffe durch die «Kriegsrohstoffabteilung» war es überhaupt möglich, den Krieg weiterzuführen. So sprang die Wissenschaft, die Chemie, in die Bresche. Im «Haber-Bosch-Verfahren», das sich vor allem für die Landwirtschaft bei der Herstellung von künstlichem Dünger als Segen erweisen sollte, schlummerten mit der Gewinnung von Salpetersäure zur Herstellung von Schießpulver auch ungeahnte militärische Möglichkeiten.

Nach den Flandernschlachten war aus dem «Blitzkrieg», wie ihn der Schlieffen-Plan ursprünglich vorgesehen hatte, ein lähmender «Sitzkrieg» geworden. Die Armeen hatten sich in den weitläufigen Systemen der Schützengräben verschanzt, die Front war erstarrt.

In dieser Phase des Krieges gab der Generalstabschef Falkenhayn eine realistische Lagebeurteilung: Der Krieg im Westen war nicht mehr zu gewinnen, jedenfalls nicht zu den unrealistischen Bedingungen, die auch die Politik immer wieder beschworen hatte. Und auch

Extrablatt der

Volkswacht

Bielefeld, Dienstag, den 15. September 1914.

Großes Hauptquartier, 15. September.

Keine Entscheidung im Westen.

Im Westen finden am rechten Heeresflügel schwere bisher unentschiedene Kämpfe statt. Ein von den Franzosen versuchter Durchbruch ist siegreich zurückgeschlagen. Sonst ist an keiner Stelle eine Entscheidung gefallen.

Ein russisches Gouvernement unter deutscher Verwaltung.

Im Osten schreitet die Vernichtung der russischen ersten Armee fort. Die eigenen Verluste sind verhältnismäßig gering. Die Armee Hindenburg ist mit starken Kräften bereits jenseits der Grenze. Das Gouvernement Suwalki ist unter deutsche Verwaltung gestellt.

Hindenburg über seine Siege.

Großes Hauptquartier, 15. September.

General Hindenburg telegraphiert an den Kaiser: Die Wilnaarmee — das II., III., IV. und XX. Armeekorps die 3. und 4. Reservedivision und fünf Kavalleriedivisionen — sind durch die Schlacht an den Masurischen Seen, sowie durch die anschließende Verfolgung vollständig geschlagen. Die Grodnauer Reservearmee — das XXII. Armeekorps und der Rest des VI. Armeekorps, sowie Teile des III. sibirischen Armeekorps — hat in besonderem Gefecht bei Lyk schwer gelitten.

Der Feind hat starke Verluste an Toten und Verwundeten. Die Zahl der Gefangenen steigert sich, die Kriegsbeute ist außerordentlich groß. Bei der Frontbreite der Armee, die über hundert Kilometer betrug und den ungeheuren Marschleistungen von zum Teil hundertfünfzig Kilometer in vier Tagen, sowie bei den auf dieser ganzen Front und Tiefe sich abspielenden Kämpfen kann ich den vollen Umfang noch nicht melden.— Einige unserer Verbände sind scharf ins Gesicht gekommen, Verluste sind aber doch nur gering.

Die Armee war siegreich auf der ganzen Linie gegen den hartnäckig kämpfenden aber schließlich fliehenden Feind. Die Armee ist stolz darauf, daß ein kaiserlicher Prinz in ihren Reihen gekämpft und geblutet hat.

gez. Hindenburg.

Generalquartiermeister v. Stein.

Verantwortlicher Redakteur: Albin Schädlich, Bielefeld. — Druck: A. Gerisch & Co., Bielefeld, Schulstraße 20.

September 1914: Die Offensive im Westen gerät ins Stocken, während Hindenburg im Osten zum «Retter des Vaterlands» wird

Russland hielt Falkenhayn wegen seiner Größe und Bevölkerungszahl eigentlich für unbezwingbar. Er plädierte für politische Lösungen: Mit Frankreich und Russland sollte ein Sonderfrieden ohne Gebietsabtretungen vereinbart werden, weiterkämpfen mochte Falkenhayn nur gegen den in seinen Augen eigentlichen Feind, gegen England. Für den deutschen Kanzler waren solche Vorstellungen nicht akzeptabel.

Für eine sehr kurze Zeit sollte die Menschlichkeit mitten im Krieg trotzdem eine Chance erhalten – Weihnachten 1914. An verschiedenen Abschnitten der Westfront war es zu einem unausgesprochenen Waffenstillstand gekommen. Die Feinde begegneten sich im Niemandsland, sprachen miteinander, wünschten sich «Frohe Weihnachten!» und verbrüderten sich, indem sie Geschenke austauschten. Spektakulär waren Fußballspiele deutscher und britischer Soldaten zwischen den feindlichen Linien. Aber der Irrsinn machte nur eine kurze Pause.

Um den Krieg 1915 überhaupt weiterführen zu können, musste der Stillstand überwunden werden. Vielleicht konnte einmal mehr die Wissenschaft helfen. Fritz Haber hatte nicht nur neue chemische Möglichkeiten zur Schießpulverherstellung gefunden, sondern er forschte auch zu Giftgas, das im Frühjahr 1915 einsatzbereit war. Chemische Waffen waren durch das Völkerrecht geächtet, aber Forschung, Industrie und Militär hatten keine Skrupel, sich darüber hinwegzusetzen.

Der erste Einsatz von Giftgas in der Nähe von Ypern in Westflandern am 22. April 1915 zeigte erneut die Unmenschlichkeit des Krieges. Zwar hatte der Gasangriff kurzzeitig eine breite Lücke in die feindliche Front gerissen, doch der Durchbruch zu einem neuen Bewegungskrieg, dies illustriert der Beitrag von Heinrich Billstein zum Gaskrieg in diesem Band, war auf Dauer auch mit Gas nicht zu schaffen. Aber ein weiteres Tabu war gebrochen, und schon Monate später setzten die Gegner ebenfalls Giftgas ein.

Das ganze Jahr 1915 über gab es «im Westen nichts Neues». Offensiven der Alliierten waren gescheitert, und die Frontlinie blieb starr. Dann kam das Jahr 1916. Wie noch nie zuvor in diesem Krieg hatte man die Kanonen auf einen Ort gerichtet: Verdun. An diesem vermeintlich

Soldaten und Maultier an der Westfront, 1917

strategisch günstigen Frontabschnitt sollte, so Falkenhayn, Frankreich im Rahmen einer neuen «Ermattungsstrategie» «weißgeblutet», der Gegner durch «Blutabzapfung zur Besinnung» gebracht werden.

Das Inferno begann am 21. Februar 1916 mit einem neunstündigen Trommelfeuer aus etwa 1300 Artilleriegeschützen. Doch schon eine Woche später stockte der Angriff. Von der heftigen Gegenwehr, die General Philippe Pétain organisiert hatte, waren die deutschen Angreifer überrascht worden. Zwar hatte die französische Armee bis April 1916 ca. 90 000 Soldaten verloren, aber der Blutzoll der deutschen Truppen war ähnlich hoch. Erst im Juli ließ Falkenhayn die deutsche Offensive abbrechen, weil die Briten Ende Juni an der Somme Entlastungsangriffe gestartet hatten. Das Ergebnis dieser Schlacht, die Werner Biermann in seinem Beitrag zu «Verdun» eindringlich beschreibt:

Hunderttausende toter oder verwundeter Soldaten und eine gegenüber den Ausgangspositionen kaum verschobene Frontlinie.

Unter umgekehrten Vorzeichen sollte sich Ähnliches an der Somme wiederholen. Dort hatten die Briten über 1500 Geschütze konzentriert und in den letzten Junitagen 1916 etwa 1,5 Millionen Granaten auf die deutschen Stellungen abgefeuert. Doch in ihren gut ausgebauten Befestigungen konnten die deutschen Truppen diesen Granatenregen weitgehend unbeschadet überstehen. Während des anschließenden Sturmangriffs der britischen Infanterie sollen am 1. Juli 1916 in einer halben Stunde (!) 30 000 Soldaten getötet oder verwundet worden sein.

Am Ende dieses Tages, des blutigsten in der britischen Militärgeschichte, hatten die Angreifer über 57 000 Soldaten verloren. Als die Schlacht an der Somme Ende November 1916 eingestellt wurde, zählten die Briten ca. 420 000, die Franzosen etwa 200 000 und die Deutschen fast eine halbe Million Tote und Verwundete. Einen militärischen Nutzen gab es nicht.

Keine Frage, dass sich das Gemetzel, das sich nun schon an allen Fronten über zwei Jahre hinzog, auch auf die Heimat auswirken musste. Nicht nur häuften sich die Todesmeldungen von der Front, auch die Versorgungslage der Bevölkerung war schon bald nach den ersten Kriegsmonaten immer prekärer geworden. Mit einer längeren Kriegsdauer hatten Politiker und Militärs nicht gerechnet – man wollte an Weihnachten 1914 längst wieder zu Hause sein. Spätestens dann sollte sich das Leben wieder normalisiert haben. Stattdessen konnte der Durchschnittsbürger seit Sommer 1915 Lebensmittel wie Eier, Butter und Fleisch kaum noch bezahlen – die bald auch qualitativ schlechten Lebensmittel wurden zunehmend rationiert. Insofern war der Burgfrieden vom August 1914 schon nach einem Jahr brüchig geworden.

Während an den Fronten die Kampfmoral nachließ, wuchs an der Heimatfront der Widerstand gegen den Krieg und die bedrückende Versorgungslage. Schon im Oktober 1915 war es in der Nähe von Berlin zu den ersten Protesten für «Frieden und Brot» gekommen, die sich später in regelrechten Hungerrevolten entluden.

Gleichzeitig enthüllte die Not die sozialen Unterschiede. Wer, wie so viele Frauen und Kinder der Kriegsteilnehmer, auf die schmale staatliche Unterstützung angewiesen war, der konnte seinen Lebensunterhalt bald nicht mehr bestreiten: Fürsorge und Armenpflege mussten helfen – wenn sie denn helfen konnten.

Wer dagegen Geld hatte, der konnte auch noch 1916 und später auf dem Schwarzmarkt alles kaufen. Die Zeit der Not war zugleich die Hoch-Zeit der Schieber und Spekulanten, die am Krieg verdienten. Die Unternehmensgewinne waren in vielen Bereichen enorm gestiegen, ganz besonders in der Rüstungsindustrie um bis zu 800 Prozent. «Die Dividenden steigen, die Proletarier fallen», umriss der Kommentar Rosa Luxemburgs die unerträglichen Verhältnisse. Seit dem Hungerwinter 1916/17, dem so genannten Steckrübenwinter, zeigten sich alarmierende Folgen. «Man geht hungrig zu Bett und steht hungrig wieder auf … Nur die ewigen Rüben, ohne Kartoffeln, ohne Fleisch, alles in Wasser gekocht», klagte eine Hamburgerin im Februar 1917. Hungerödeme, bald auch die Tuberkulose, für viele Menschen waren dies die Vorboten eines raschen körperlichen Verfalls.

Wie Anne Roerkohl in ihrem Beitrag zur «Heimatfront» zeigt, forderte der Krieg nicht nur an den Fronten seine Opfer: Zwischen 1914 und 1918 starben allein in Deutschland über 800 000 Menschen an den Folgen des Hungers. Wer aber geglaubt hatte, dass die Reichsleitung alle Anstrengungen unternehmen würde, den Krieg rasch zu beenden und auf die überzogenen Forderungen eines «Siegfriedens» zu verzichten, der wurde bald eines Schlechteren belehrt. Doch auch wenn Deutschland das Ziel eines Verständigungsfriedens ehrlich verfolgt hätte, ist kaum anzunehmen, dass ein solches Angebot von den Kriegsgegnern akzeptiert worden wäre. Auch sie wollten den Sieg.

Selbst nach den verlustreichen Schlachten um Verdun und an der Somme hielten die Mächtigen aller Nationen am Konzept des Siegfriedens fest. In Deutschland wurden die Forderungen für den Osten immer konkreter, immer unverhohlener: Die angestammte Bevölkerung sollte durch «deutsche Kolonisten» ersetzt werden. Stets mit dabei: Alfred Hugenberg, später kompromissloser Kämpfer gegen die Wei-

marer Republik und einer der politischen Wegbereiter Hitlers, 1915 radikaler Vorkämpfer einer «völkischen Germanisierungspolitik» für den Osten. Für die extremen Nationalisten wäre ein Verständigungsfrieden, wie er zumindest von anderen politischen Gruppen diskutiert wurde, völlig inakzeptabel gewesen. Anfang September 1917 gründeten sie die «Deutsche Vaterlandspartei»; ein politisches Sammelbecken derer, die bis kurz vor Kriegsende uneinsichtig auf Maximalforderungen beharrten.

Doch zurück zu den Kriegsschauplätzen: Nach Moltke war inzwischen auch Falkenhayn als Generalstabschef entlassen und durch das Feldherrnduo Hindenburg und Ludendorff ersetzt worden. Und zumindest im Osten sah sich Ludendorff bald dem Ziel nahe, maximale Forderungen auch erreichen zu können. Im Sommer 1917 war eine russische Offensive gescheitert, und die nachrückenden deutschen und österreichisch-ungarischen Verbände erzielten erneut enorme Geländegewinne.

Dann kam die Oktoberrevolution, in deren Folge ein Waffenstillstand unterzeichnet wurde. Der Sonderfrieden mit Russland, der Frieden von Brest-Litowsk, ließ die deutschen Eroberungsphantasien für kurze Zeit wahr werden. Russland hatte keine Wahl: Mit dem deutschen «Siegfrieden» verlor Russland Polen, die baltischen Staaten und die Ukraine. Für eine sehr kurze Zeit – 1918 – gab es ein deutsches «Ostimperium», eine Art Vorbild für die späteren Expansionsgelüste Adolf Hitlers.

Im Westen hatte die Oberste Heeresleitung 1917 eine Defensivstrategie verfolgt und britische Offensiven erfolgreich abgewehrt. Aber nun sah man sich einem neuen Gegner gegenüber, der im Ersten Weltkrieg seine Weltmachtrolle begründete. Wegen des «unbeschränkten U-Boot-Krieges», den die deutsche Reichsleitung im Januar 1917 beschlossen hatte, waren die USA in den Krieg eingetreten. Der neue Gegner brachte nicht nur frische Truppen, sondern auch sein schier unerschöpfliches Kriegsmaterial auf die europäischen Schlachtfelder.

Gefallene Italiener im Schützengraben, Oktober 1917

Jeder Bürger muß diesen
Aufruf lesen, recht beachten
und darnach handeln!

Stadt Bielefeld

Dieser Aufruf ist als Merk-
blatt für jetzt und später
aufzubewahren!

Schont Kleider!
Spart Schuhe!
Geht barfuß!

Ein ernstes Kriegsgebot:

Kein Stück irgend einer Art darf nutzlos und unverwertet verkommen! Jedes noch so wertlos erscheinende Stück kann und muß durch geschicktes Umarbeiten für die Allgemeinheit verwertet werden! Davon muß jeder durchdrungen sein!

Die Knappheit der Bestände an Kleiderstoffen und an **Schuhzeug** erfüllt uns mit großer Sorge. Wenn feststeht, daß wir mit den Lebensmitteln unter erheblichen Einschränkungen weiterhin auskommen werden, da diese im Lande uns wieder zuwachsen, kann dieses von den Bekleidungsstücken leider nicht gesagt werden. In der Bekleidung waren wir seit vielen Jahrzehnten in ganz erheblicher Weise auf das Ausland angewiesen. Da die Zufuhr aus neutralen Ländern auch immer beschränkter und durch die Machenschaften Englands und Amerikas einmal ganz aufhören wird, haben wir an Kleidung und Schuhzeug nur das zur Verfügung, was wir im Lande haben.

Von den vorhandenen knappen Beständen müssen jedoch zuerst Heer und Marine versorgt werden. Für uns daheim kann nicht viel übrig bleiben. Wir müssen uns deshalb zu helfen versuchen, soweit es irgend geht. Das gilt nicht nur für die Kriegszeit, sondern auch für die ersten Jahre nach Friedensschluß.

Nach dem Kriege werden wir zunächst auf eine erhebliche Zufuhr von Rohstoffen aus dem Auslande nicht rechnen dürfen. Pflicht eines jeden Bürgers ist es deshalb, der Einschränkung von Kleidung und Schuhen ernstliche Beachtung zu schenken. Die Kleidungsstücke sind soweit wie möglich zu schonen. **Es darf sich niemand scheuen, geflickte Kleidung zu tragen. Am Schuhzeug muß ganz besonders gespart werden.** Wenn wir im Winter bei Schnee-, Tau- und Regenwetter einigermaßen gutes Lederschuhzeug tragen wollen, was aus Gesundheitsrücksichten nötig ist, dann bleibt uns nichts anderes übrig, **als jetzt vernünftig mit den vorhandenen Schuhwaren umzugehen.** Deshalb sollte jeder, insbesondere die Jugend, sofern es der Gesundheitszustand und die Witterung erlauben, in den Sommermonaten barfuß gehen. Unsere Schüler sollten **ausnahmslos, Lederschuhe nicht mehr tragen.** Von den Leitern der Schulen sind die Kinder aufgefordert, möglichst barfuß zur Schule zu kommen. Personen, deren Gesundheitszustand es nicht zuläßt, barfuß zu gehen, könnten ohne Strümpfe in Leder- oder Holzsandalen oder Holzschuhen gehen. Dadurch wird nicht nur an Lederschuhen, sondern auch an Wollstrümpfen außerordentlich gespart. **Jeder Einzelne muß daran denken, daß es sein eigener Vorteil ist,** die wiederholten **Ermahnungen und ernstlichen Hinweise auf das Einschränken in der Bekleidung zu beachten** und **in die Tat umzusetzen.** Wenn alle Bürger darnach handeln, werden die Schwierigkeiten sich verhältnismäßig leicht überwinden lassen. Wird dagegen gedankenlos und aus Vorurteil durch Abnutzung unserer Bekleidungsstücke der noch vorhandene geringe Vorrat ernstlich gefährdet, so werden einschneidende Bestimmungen seitens der Reichsbekleidungsstelle die Folge sein. Dann werden, abgesehen davon, daß die schärferen Bestimmungen höchstwahrscheinlich zu spät kommen, den Behörden allzu leicht Vorwürfe gemacht, und **niemand denkt daran, sich selbst einmal zu fragen, ob und inwieweit er schuld an der getroffenen Maßnahme ist.** Das sollte jeder Mensch einsehen und rechtzeitig beherzigen.

Neben der persönlichen Einschränkung, die zunächst mit Rücksicht auf die Gesamtheit die Hauptsache ist, sind zur Hebung der entstehenden Schwierigkeiten in Bielefeld folgende Einrichtungen getroffen:

Aufruf der Stadt Bielefeld, Juli 1917

An der Front aber sehnte man sich nach Frieden: «Die Annexions-lust», so schrieb ein einfacher Soldat in einem Feldpostbrief an seine Eltern, «nimmt im Quadrat der Entfernung von der Front zu.» Derselbe Soldat notierte wenig später: «Nein, von Freudigkeit ist da nichts

46 Jürgen Büschenfeld

mehr zu merken, und wenn die Herren von der Vaterlandspartei noch an eine Popularität des Krieges glauben, dann lass sie nur mal durch die Gräben gehen, diese ewig reklamierten Herren; ihnen würden die Augen übergehen.» – «Tausende junge Männer», schrieb ein anderer, «müssen verbluten für den Geldbeutel der verbissenen Großkapitalisten. Müssten die Kriegshetzer auch nur einen Tag im Feuer aushalten, oh, dann wäre bald Frieden.»

Frieden – für die Oberste Heeresleitung musste es immer noch ein Siegfrieden sein, ganz besonders, nachdem sich die militärische Lage im Osten für Deutschland günstig entwickelt hatte. Ludendorff wollte den Sieg im Westen herbeizwingen. Deshalb bereitete er im Winter 1917/18 eine große Entscheidungsoffensive vor. Das schon 1916 verwüstete Land an der Somme sollte ein zweites Mal umgepflügt werden, erneut mit allem, was die militärischen Arsenale noch zu bieten hatten.

Noch einmal war es den Militärstrategen gelungen, Soldaten und Bevölkerung auf eine letzte große Schlacht einzuschwören. Der Angriff begann am 21. März 1918. Zunächst mit großen Erfolgen der deutschen Truppen. Aber wie so oft war der Angriff bald stecken geblieben. In gut einem Monat hatten die deutschen Armeen 424 000 Mann verloren. Doch Ludendorff ließ immer wieder angreifen. Aus «politischen Gründen» weigerte er sich, auf seine Offiziere zu hören, die ihn längst gemahnt hatten, die sinnlosen Kämpfe einzustellen.

Es war der Anfang vom Ende, der Anfang der endgültigen Niederlage. Am 18. Juli 1918 begann die französische Gegenoffensive. Nach 1914 kam es zur zweiten großen Marne-Schlacht des Krieges. Die deutschen Truppen hatten kaum noch etwas entgegenzusetzen, und die Niederlage war nur noch eine Frage der Zeit. Mitte August 1918 musste die Oberste Heeresleitung einräumen, dass der Krieg nicht mehr zu gewinnen war. Vielleicht war die Lage ja noch über eine «strategische Defensive» zu stabilisieren. Als selbst das nicht mehr möglich war, gab Ludendorff den Krieg am 29. September 1918 verloren.

Unverzüglich sollte nun ein Waffenstillstand her. Doch die Verantwortung für diese Entwicklung, die mochte Ludendorff nicht tragen. Im September 1918 strickte er wie viele andere hohe Militärs längst an der Dolchstoßlegende: Ludendorff selbst hatte den Kaiser gebeten, «jetzt auch diejenigen Kreise an die Regierung zu bringen, denen wir es in der Hauptsache zu verdanken haben, dass wir so weit gekommen sind ... Sie sollen die Suppe jetzt essen, die sie uns eingebrockt haben». Ludendorff schien bis zuletzt die engen Grenzen des ihm verbliebenen Handlungsspielraums nicht erkannt zu haben. Zu Selbstkritik unfähig, drängte er auf die Fortsetzung des Krieges, sollte der Gegner «ungünstige» Bedingungen stellen – gegebenenfalls, das gebiete die soldatische Ehre, auch bis zur «Katastrophe». Die Interessen des Volkes, Hunger und Entbehrung an der Heimatfront, die Friedenssehnsucht der Soldaten – für Ludendorff war dies nebensächlich.

Überhaupt erschienen der Obersten Heeresleitung die Bedingungen für einen Waffenstillstand unerträglich. Von der neuen Regierung verlangte man den Abbruch der Verhandlungen – doch die Politiker weigerten sich. Der Kaiser, vor die Entscheidung gestellt, Ludendorff oder den neuen Kanzler zu entlassen, entließ am 26. Oktober – endlich – den General. Aber Ludendorff und vor allem das politische Denken, das er verkörperte, waren nur für kurze Zeit in der Versenkung verschwunden. Bald sollten er und seine Anhänger das politische Klima der Weimarer Republik vergiften, sollten die Hasstiraden gegen die junge Demokratie eine neue Katastrophe vorbereiten helfen.

Die Verantwortlichen gingen in Deckung. Ludendorff war inzwischen nach Schweden geflohen, um abzuwarten, wie sich die Lage im Reich entwickeln würde. Drei Tage nach der Entlassung seines obersten Soldaten hatte sich auch der Kaiser abgesetzt, auf Anraten der Obersten Heeresleitung zunächst nach Spa, ins Hauptquartier. Die Lage in Berlin und Potsdam schien nicht mehr sicher zu sein.

Doch die Monarchie war ohnehin nicht mehr zu retten. Anfang November forderten die Massen die Abdankung des Kaisers. Ein letz-

Flugblatt, 1918

tes Mal lief Wilhelm II. zu großer Form auf, spielte noch einmal hin-
gebungsvoll den Kriegsmonarchen: An der Spitze der Truppen werde
er Berlin und Preußen wieder zurückerobern oder im Kampf fallen.
Und: «Wenn mir das Geringste passiert, dann schreibe ich denen die
Antwort mit Maschinengewehren auf das Pflaster, und wenn ich mein
eigenes Schloss zerschieße.» Wilhelm II. ging nicht nach Berlin. Am
10. November 1918 floh er nach Holland, nach Doorn ins Exil. Deutschen Boden sollte er nie mehr betreten. Einen Tag später wurde der
Waffenstillstand besiegelt. Die Bedingungen stellten die Sieger.

Am 11. November 1918 um 11.00 Uhr war der Erste Weltkrieg zu
Ende.

Ein Krieg, wie es ihn nie zuvor in der Geschichte gegeben hatte.
Etwa 9,4 Millionen Menschen, rund zwei Millionen Deutsche, hatten
in den Kämpfen ihr Leben gelassen. Über 18 Millionen, mehr als vier
Millionen Deutsche, waren verwundet worden. Oft kamen sie nicht
nur körperlich, sondern auch seelisch verstümmelt aus dem Krieg zurück. Ihre Welt war eine andere geworden, das Europa von 1918 war
nicht mehr das Europa von 1914. Der Krieg hatte die alte europäische
Ordnung völlig umgestülpt – aus Monarchien waren Republiken geworden. In Russland hatten die Sowjets ein neues Modell politischer
Herrschaft, die Diktatur des Proletariats, errichtet. In anderen Ländern regierten nun anstelle von gekrönten Häuptern die auf Zeit
gewählten Vertreter der politischen Parteien.

Die Frage nach Schuld und Verantwortung schien zumindest direkt nach dem Krieg eindeutig beantwortet – die Kriegsgegner hatten dem Deutschen Reich die Alleinschuld zugewiesen. Aber schon in den zwanziger und dreißiger Jahren ging eine Neubewertung der Kriegsschuld vor allem durch amerikanische und britische Wissenschaftler von einem parallelen Versagen der europäischen Regierungen aus. Eine «schicksalhafte Verstrickung» hatte alle Beteiligten in den Krieg gewissermaßen «hineinschlittern» lassen.

Erst Fritz Fischers Buch vom «Griff nach der Weltmacht» von 1961 hat die Kriegsschuldfrage in leidenschaftlichen Debatten wiederbelebt. Fischer konnte die aktive Rolle des Deutschen Reiches in der «Julikrise» 1914 herausarbeiten und auch das umfangreiche Kriegszielprogramm der Reichsleitung unterstreichen.

Die Forschungen der letzten vierzig Jahre haben inzwischen zu einer breiten Übereinstimmung geführt, dass die Reichsleitung den Weltkrieg zwar nicht über Jahre vorbereitet hatte, wohl aber für die Julikrise 1914 und damit für die Katastrophe des Weltkrieges die Hauptverantwortung trug. Insbesondere waren britische Versuche zur Entschärfung der Krise bewusst vereitelt worden.

Heute ist klar: Die Verantwortlichen in Berlin waren 1914 bereit, den Krieg zu riskieren. Aber auch die Kriegsgegner Deutschlands hatten Schuld auf sich geladen. Auch sie waren durchaus bereit, den Krieg zu wagen: England, um die Weltmachtambitionen und die wirtschaftliche Stärke Deutschlands einzudämmen; Frankreich, weil es sich von Deutschland bedroht fühlte und sich an das Bündnis mit Russland klammerte; Russland, um den slawischen Einfluss in Südosteuropa zu stärken.

Der Erste Weltkrieg hat das «lange» 19. Jahrhundert abrupt beendet – es hatte 1789 mit der Französischen Revolution und ihrem Kampf für bürgerliche Freiheitsrechte begonnen. Zusammen mit bürgerlichen Freiheiten waren wirtschaftliche Freizügigkeit und die industrielle Revolution die Garanten für ein beispielloses Wirtschaftswachstum. Am Ende brachte der Krieg nicht nur millionenfaches Leid und eine zerstörte Wirtschaft – er veränderte auch Staatsverfassungen und Sozialstrukturen, Mentalitäten und Werte.

Der letzte Akt der «Abwicklung» des Krieges fand – symbolträchtig und demütigend – in der Nähe von Paris statt. In Versailles, im Spiegelsaal des Schlosses. Ebendort, wo 1871 nach dem deutsch-französischen Krieg – gleichfalls symbolträchtig und demütigend – die Gründung des Deutschen Reiches vollzogen worden war, musste die deutsche Regierung den Friedensvertrag unterzeichnen. Lange Diskussionen um die harten Bedingungen, um Gebietsabtretungen, die Besetzung von Landesteilen, Entschädigungen und die Reduzierung der Armee, gab es nicht.

Allenfalls konnte man sich weigern, den Vertrag zu unterzeichnen. Aber in diesem Fall drohte womöglich die Zerschlagung des Deutschen Reiches. Nach kurzer Bedenkzeit und einem Regierungswechsel ermächtigte der Reichstag die neue Regierung zur Unterschrift. Der Frieden in Europa, zumindest der äußere Frieden, war wiederhergestellt.

Nach innen, dies beschreiben Christine Beil und Gabriele Trost in ihrem Beitrag zum «Trauma Versailles», sollte er ein äußerst brüchiger Frieden sein. Neben der extremen Linken, der die gesellschaftlichen Veränderungen nicht weit genug gegangen waren, wurde die Republik in erster Linie von denen bekämpft, die den Krieg entfacht und ihre Weltmachtambitionen kaum aufgegeben hatten.

Um von der eigenen Verantwortung für die Niederlage abzulenken, hatte man die Dolchstoßlegende erfunden und all jene diffamiert, die den Krieg im Herbst 1918 einfach nicht mehr ertragen konnten. Der Hass steigerte sich, und Hitler und die Nationalsozialisten entdeckten das Feindbild des «Novemberverbrechers» marxistisch-jüdischer Herkunft.

Nach 1933 nutzte Hitler schließlich zielstrebig jede Möglichkeit, nicht nur die Bedingungen des Versailler Vertrages, sondern bald auch die Ergebnisse des Ersten Weltkrieges im Rahmen eines neuen Krieges zu revidieren. Der Urkatastrophe sollten bald weitere Katastrophen folgen.

Feldpostkarte, 1914

Susanne Stenner

Mythos Tannenberg

Als der Sonderzug um 4 Uhr morgens in den Bahnhof von Hannover einrollt, schüttelt Paul von Hindenburg alle Müdigkeit von sich ab. Der 67-Jährige kann es kaum erwarten, den Waggon zu besteigen, der ihn an diesem 23. August 1914 an die Front bringen soll – endlich ist er wieder im Dienst. Stunden zuvor hatte Hindenburg seine alte preußischblaue Generaluniform wieder hervorgeholt. Sie sitzt noch immer perfekt.

Das Telegramm, das ihn auf seinem Gut bei Hannover erreicht hatte, klang viel versprechend: «Für hohe Kommandostelle in Aussicht genommen. Bereithalten. Abholung durch Ludendorff.» Absender war das Große Hauptquartier der Armee in Koblenz. Der reaktivierte Ruheständler Hindenburg ist gespannt, Generalmajor Erich Ludendorff kennen zu lernen. Dieser Mann würde ihm endlich mitteilen, welche neue Aufgabe er übernehmen soll.

Ludendorff hat im Sonderzug alles vorbereitet – nach einer kurzen Begrüßung auf dem menschenleeren Bahnsteig bittet er Hindenburg in den Speisewagen, an dessen Wänden überall Karten hängen. Als der Zug anrollt, beginnt Ludendorff seinen Vortrag. Kurz und präzise eröffnet der 49-jährige Generalstäbler dem Älteren, dass sie beide dazu ausersehen sind, Ostpreußen zu retten – die Russen haben mit zwei Armeen die östlichste Provinz des Reiches angegriffen, ihnen steht nur die schwache deutsche 8. Armee gegenüber, deren Führung offenbar in Panik geraten und im Begriff ist, sich hinter die Weichsel zurückzuziehen. Damit würde Ostpreußen dem Feind preisgegeben. Genau das soll Hindenburg verhindern – der «Große Generalstab» hat ihn des-

halb zum Oberbefehlshaber der 8. Armee ernannt. Ludendorff ist ihm als Generalstabschef zugeteilt.

Noch ahnt niemand, dass an diesem Morgen eine der wirkungsvollsten Partnerschaften des Ersten Weltkriegs ihren Anfang nimmt. Hindenburgs natürliche Autorität und behäbige Ruhe, die Vertrauen weckt, trifft auf Ludendorffs kalten Genius, der brillante Lösungen auch in ausweglosen Situationen verspricht. Als vermeintliches Erfolgsgespann werden diese Männer in den kommenden Jahren die Geschicke des Deutschen Reiches entscheidend prägen.

Am Nachmittag des 23. August erreichen die beiden das deutsche Hauptquartier im ostpreußischen Marienburg. Ludendorff empfindet die Begrüßung als «frostig», die Stimmung als «gedrückt». Max von Prittwitz und Gaffron, der bisherige Oberbefehlshaber, weiß, dass er einen schweren Fehler begangen hat: Sein Befehl, Ostpreußen zu räumen, um die gut 210 000 Mann der 8. Armee vor der Einkesselung durch die Russen zu retten, war im Generalstab in Koblenz mit Entsetzen aufgenommen worden. Der Verlust Ostpreußens hätte einen gewaltigen wirtschaftlichen Verlust und eine katastrophale Vertrauenskrise zur Folge gehabt. Vielleicht sogar einen Durchmarsch der Russen nach Berlin. Von Prittwitz hat sich zwar besonnen – auch er lehnt eine Räumung Ostpreußens inzwischen ab. Doch sein vorschneller Rückzugsplan kostet ihn das Kommando über die 8. Armee.

Unterdessen rollt die gefürchtete «russische Dampfwalze» immer weiter auf ostpreußischem Boden. Die Lage ist brisant: Deutschland und das zaristische Russland sind direkte Nachbarn, der Staat Polen existiert nicht mehr – das südliche Polen gehört zu Österreich-Ungarn, Ost- und Zentralpolen zum russischen Reich. Deutschland und Russland haben damit eine gemeinsame Grenze, die sich über Hunderte von Kilometern erstreckt. Über den östlichen Abschnitt dieser Grenze war am 17. August die 246 000 Mann starke russische 1. Armee unter General Paul von Rennenkampf gestoßen.

Von Hindenburg (links) beschreibt sein Verhältnis zu General Ludendorff später als «glückliche Ehe»

Am 20. August hatte es bei Gumbinnen eine erste Schlacht mit deutschen Truppen gegeben. Trotz einiger örtlicher Abwehrerfolge musste die deutsche Seite schwere Verluste hinnehmen – von Prittwitz hatte die Schlacht am Nachmittag abbrechen lassen, und seine Armee begann, sich vor Rennenkampfs Armee zurückzuziehen. Dieser umstrittene Entschluss war auch gefallen, weil inzwischen die 2. russische Armee unter General Alexander Samsonow mit 289 000 Mann die Südgrenze Ostpreußens überschritten hatte und sich auf Allenstein zubewegte – von zwei Seiten wurden Ostpreußen und seine Verteidiger nun in die Zange genommen. «Die Kosaken kommen!», schallte als Schreckensruf durchs Land.

In Rastenburg erlebte der Rotkreuz-Freiwillige Hans Holz, welche Folgen dieser Ruf hatte: «Von allen Seiten wurden Soldaten zusammengezogen, die hier verladen werden sollten. Dazwischen der ungeheure Strom von Flüchtlingen, zu Fuß und auf Tausenden von Wagen, Rinderherden in Stärke von vielen tausend Stück, die sich stundenlang durch die Stadt bewegten, Schafen, Pferden usw. Ein andauerndes Brüllen der Rinder, die, ungemolken, Milchbrand hatten … Jammern der Kinder, Alarmnachrichten über den anrückenden Feind, am Abend ein Feuerschein in der Richtung auf Angerburg, Spannung, Sorge und Angst auf allen Gesichtern», schreibt er 1916 in seinem Buch «Im Dienste des Roten Kreuzes».

Fernab von Ostpreußen malte die deutsche Propaganda ein Horrorbild: Von Plünderungen, Vergewaltigungen und Erschießungen war in den Gazetten die Rede. Slawische Horden, so hieß es, wüteten auf deutschem Boden. Dem musste Einhalt geboten werden – militärisch, aber auch publizistisch. So eiferte etwa der Feuilletonist Alfred Kerr im August 1914: «Ist dein Land, Immanuel Kant, / Von den Skythen überrannt? / Mit Gestank und mit Gelärme / Stapfen stumpfe Steppenschwärme. / Peitscht sie raus! Peitscht sie rückwärts an die Grenze / Peitscht sie, dass die Lappen fliegen! / Zarendreck, Barbarendreck / Peitscht sie weg; Peitscht sie weg!»

Der russische Angriff auf Ostpreußen im August 1914 kam für die Deutschen durchaus überraschend – niemand hatte so schnell mit ei-

Ostpreußischen Flüchtlingen bleibt wenig Zeit zur Flucht.
Ihr Hab und Gut wird auf Leiterwagen verstaut

ner Invasion im Osten gerechnet. Der Mordanschlag serbischer Nationalisten auf den österreichischen Erzherzog Franz Ferdinand in Sarajevo am 28. Juni hatte Europa in eine Krise gestürzt und eine Kettenreaktion ausgelöst: Russland gewährte dem Bündnispartner Serbien Schutzgarantien gegen die Drohung Österreichs, einen Straffeldzug zu unternehmen. Trotz intensiver Vermittlungsbemühungen erklärte Österreich Serbien am 28. Juli den Krieg. Die Russen reagierten am nächsten Tag mit einer Teilmobilmachung. Deutschland, mit Österreich verbündet, setzte den Russen nun ein Ultimatum: Russland müsse innerhalb von zwölf Stunden die Mobilmachung stoppen, andernfalls werde auch Deutschland mobilmachen. Als die Russen nicht reagierten und stattdessen am 30. Juli die Gesamtmobilmachung verkündeten, ordnete das Deutsche Reich am 1. August die Mobilmachung an und erklärte Russland den Krieg.

Vor der Zarenresidenz in St. Petersburg, dem Winterpalais, versammelte sich tags darauf eine große, Fahnen schwenkende Menge – es war das städtische Bürgertum, das hier jubelte. Als der Zar an diesem sonnigen Nachmittag auf den Balkon trat, knieten die Menschen nieder und sangen die Nationalhymne. Fanatisierte Patrioten stürmten die deutsche Botschaft und griffen Geschäfte mit deutschen Namen an. Umgehend wurde St. Petersburg in das slawischer klingende Petrograd umbenannt. Zahlreiche Angehörige der Intelligenzija meldeten sich freiwillig zur Armee. Für sie war der Krieg ein Weg zur geistigen Erneuerung Russlands, denn die Großmacht Russland war im Innern von fast unüberwindbaren sozialen Gegensätzen zerrissen – viele hofften, der Krieg würde das Land einen. Immerhin hatten die Vertreter der Arbeiterschaft angekündigt, für die Dauer des Krieges Streiks zu unterlassen.

Millionen von Bauern konnten indes mit der patriotischen Aufwallung nichts anfangen. Die «russische Nation» bedeutete ihnen kaum etwas, ebenso wenig wie der «unausweichliche Schicksalskampf zwischen Slawentum und Germanentum», von dem die Presse schwadronierte. Sie fühlten sich dennoch verpflichtet, den Zaren und die orthodoxe Kirche zu verteidigen.

Der Rest war dumpfer Gehorsam: «Selbst nach der Kriegserklärung begriffen die aus den inneren Gebieten Russlands eintreffenden Soldaten ganz und gar nicht, was für ein Krieg da gleichsam mir nichts, dir nichts über sie hereingebrochen war … irgendein Erz-Herz-Perz und seine Frau seien von irgendjemandem ermordet worden, und darum wollten sich die Österreicher an den Serben rächen. Doch wer die Serben waren, wusste kaum jemand, und was das war – die Slawen –, war gleichfalls unklar», schrieb der russische General Brussilow an seine Frau.

In Berlin hatten die Menschen an jenem 1. August stundenlang auf Neuigkeiten gewartet, bis schließlich um 18 Uhr bekannt gegeben wurde, dass man sich mit Russland im Krieg befand. «Der Lustgarten war voller Leute … Es dauerte gar nicht lange, da erschien der Kaiser mit Ministern und Generälen. Ein großes Hurra und Bravo-Geklatsche begleitete die Eröffnung seiner Rede. Ich entsinne mich, dass er unter anderem sagte, ‹wir Deutschen fürchten Gott und sonst nichts

Unter den Kriegsfreiwilligen herrschen auch Sorge und Skepsis: Soldaten aus Weisenau

auf der Welt›. Tosender Beifall! Als er zu dem Satz kam ‹ich kenne keine Parteien mehr, ich kenne nur noch Deutsche›, da war auch mein Vater begeistert, der eigentlich Sozialdemokrat war», erinnert sich ein Zeitzeuge.

In größeren Städten stimmte die Menge auf öffentlichen Plätzen patriotische Lieder an. Wachen Auges registrierte in Berlin der national-liberale Reichstagsabgeordnete Eugen Schiffer, wer da feierte: «Meist sind es junge Burschen mit ihren Mädchen, die johlend und grölend den Mittelweg entlangziehen. Sobald man aber in die Seitenstraßen kommt, merkt man wieder den dumpfen Ernst, der über dem Volk wacht.»

Auch in der Provinz, etwa im ostpreußischen Rastenburg, war von

Die Bevölkerung bejubelt die ersten Freiwilligen des Krieges

Jubel kaum etwas zu spüren. «Am Sonnabend gegen 7 Uhr abends
durchzog Hauptmann Bötticher mit einem Trommler die Stadt und
verkündigte den Kriegszustand. Es war geschehen. Die sämtlichen
Kirchenglocken sangen das Furchtbare hinaus in die Landschaft ... In
allen Augen war etwas Eigentümliches zu lesen, das bange Entsetzen
vor dem Krieg, Sorge und Leid um die Betroffenen, die in kurzem sich
zur Fahne melden mussten; Tränen bei den Frauen, stilles Glühen und
ruhige Entschlossenheit bei den Männern», schreibt Hans Holz in
seinen Erinnerungen.

Eine patriotische Grundstimmung war durchaus spürbar: bei den unzähligen jungen Männern, die sich vor den Kasernen freiwillig meldeten, aber auch beim Auszug der Truppen aus den Garnisonsstädten – unter Gesang, mit blumengeschmückten Gewehren zogen die Männer ins Feld; ihre Frauen, Kinder und Mütter verabschiedeten sie mit aufmunterndem Jubel. «Ehe noch die Blätter fallen, seid ihr wieder zu Hause», hatte der Kaiser seinen Truppen zugerufen. Ganz Deutschland einte die Hoffnung, den Krieg schnell und siegreich beenden zu können.

Es war die bürgerlich-konservative Presse, die jene Hoffnung in den folgenden Wochen und Monaten ummünzte in eine «Kriegsbegeisterung», ein «Augusterlebnis» und den «Geist von 1914», der angeblich die Deutschen zusammengeschweißt hatte. Führende national-konservative Denker fabulierten von einem «Kreuzzug» zur Verteidigung der tiefgründigen «deutschen Kultur» gegen die «technisch-kalte Zivilisation» des Westens und die «Barbarei» des Ostens.

Junge Intellektuelle feierten dagegen den Kriegsausbruch als einen Abschied von der als lähmend empfundenen Normalität. In seinen Memoiren beschrieb Carl Zuckmayer das vorherrschende Gefühl jener Tage: «Befreiung! Befreiung von bürgerlicher Enge und Kleinlichkeit … von alledem, was wir – bewusst oder unbewusst – als Saturiertheit, Stickluft, Erstarrung unserer Welt empfunden hatten, wogegen wir schon im Wandervogel rebelliert hatten. … es war Ernst geworden, blutiger, heiliger Ernst, und zugleich ein gewaltiges, berauschendes Abenteuer.»

Am 3. August erklärte das Deutsche Reich Frankreich den Krieg. Nun setzte auf deutscher Seite ein militärischer Automatismus des Schlieffen-Plans ein: Bei einem Kriegsausbruch musste Deutschland unbedingt zunächst seinen Massenaufmarsch gegen Frankreich richten. Die Franzosen sollten zuerst und schnell geschlagen werden, dann würde sich die deutsche Armee nach Osten wenden und die Russen schlagen, die angeblich nur zu einer langsamen Mobilmachung fähig waren. Aus dem von Deutschland gefürchteten Zweifrontenkrieg machte der optimistische, fast übermütige Plan zwei aufeinander folgende Einfrontenkriege. Eine Alternative war nicht vorgesehen.

Dass die politische Krise, die sich im Sommer 1914 vorwiegend im Osten abspielte, völlig andere Reaktionen erforderte, änderte daran nichts. Mechanisch spulten die Militärs ihren Plan ab: Nach der Kriegserklärung Deutschlands an Frankreich am 3. August fiel das deutsche Heer ins neutrale Belgien ein und griff Frankreich an. Die schwer bedrängten Franzosen suchten Hilfe bei den verbündeten Russen: Die Armeen des Zaren sollten nicht nur, wie ursprünglich geplant, ihren Hauptgegner Österreich in Galizien angreifen. Die Franzosen drängten Russland auch dazu, sofort – noch vor dem Abschluss der russischen Gesamtmobilmachung – Ostpreußen zu attackieren. Dieser Schlag in den Rücken der Deutschen sollte deren Westoffensive entscheidend schwächen. Und die Russen kamen tatsächlich zu Hilfe – sie schickten die Armeen Samsonows und Rennenkampfs gegen den preußischen Nachbarn, der nur mit schwachen Kräften zur Verteidigung bereitstand.

«Vormarsch termingemäß, ohne Stopp, Tagesmärsche von etwa zwanzig Kilometern auf sandigem Boden. Ich kann nicht schneller marschieren», meldete General Samsonow am 23. August aus Ostpreußen. Seit vier Tagen rückte seine Armee auf deutschem Boden vor, hatte aber keinen Feindkontakt. Das Land war gespenstisch leer – die Deutschen hatten die Grenzregion geräumt. Für die russischen Bauern-Soldaten wirkten die leeren Dörfer und Gehöfte wie aus einer anderen Welt. Die einfachen Männer waren zumeist Analphabeten und hinterließen kein Zeugnis von ihren Eindrücken, doch der Schriftsteller Alexander Solschenizyn fasste ihr Erstaunen in dem historischen Roman «August 1914» treffend zusammen: «... die Dörfer mit ihren zweistöckigen Backsteinhäusern! Gemauerte Ställe! Betonierte Brunnen! Elektrische Straßenbeleuchtung (sogar in Rostow gab es das nur auf wenigen Straßen)! Elektrische Leitungen in den Wirtschaftsgebäuden! Telefone! Ein heißer Tag – und keine Fliegen und keine stinkenden Misthaufen! Nirgendwo liegt etwas herum, ist verschüttet, nachlässig hingeworfen – die preußischen Bauern werden doch nicht den Russen zu Ehren extra aufgeräumt haben!»

Tannenberg und die Masurenschlacht

Schlacht an den Masurischen Seen

		Dt. Ost-armee	Russ. Armee
Erste Phase	7./8. September 1914	•••••••	••••••••
Zweite Phase	10./11. September 1914	▬▬▬	▬▬▬

Schlacht bei Tannenberg

		Dt. Ost-armee	Russ. Armee
Erste Phase	26./28. August 1914	•••••••	••••••••
Zweite Phase	30./31. August 1914	▬▬▬	▬▬▬

Ostsee

Kurisches Haff

Rossitten

Pogegen

Tilsit

Heinrichswalde

Ragnit

Rauschen

Cranz

Rautenberg

Palmnicken

Labiau

Fischhausen

Pregel

Wehlau

Insterburg

Gumbinnen

Inster

Pillau

Königsberg

Heiligenbeil

Friedland

Janischken

Sodehnen

Walterkehmen

Bokellen

Jodlauken

Ballethen

Buylien

Ostpreußen

Abelischken

Gr. Karpowen

Trempen

Darkehmen

Kleszowen

Gr. Rominten

Gerdauen

Nordenburg

Dombrowken

Goldap

Passarge

Bartenstein

Barten

Buddern

Goldap

Alle

Korschen

Angerburg

Wormditt

Heilsberg

Bischofstein

Rößel

Rastenburg

Lötzen

Kruglanken

Orlowe

Oletzko

Guttstadt

Frankenau

Widminnen

Milken

Neuhof

Wartenburg

Bischofsburg

Sensburg

Lyck

Gr. Bartelsdorf

Kobulten

Nikolaiken

Arys

Neuendorf

Allenstein

Klaukendorf

Spirdingsee

Osterode

Mensguth

Rudczanny

Roschsee

Drygallen

Grajewo

Stabigotten

Passenheim

Ortelsburg

Johannisburg

Bialla

Hohenstein

Przykopp

Löbau

Kurken

Wallen

Schwentainen

Tannen-berg

Waplitz

Jedwabno

Friedrichhof

Kolno

Seelesen

Malga

Gr. Schiemanen

Rybno

Orlau

Glauch

Willenberg

Gilgenburg

Grünfließ

Lauten-burg

Neidenburg

Janów

Chorzele

Wizna

Rüttkowitz

Soldau

Łomża

Soldau

Illowo

Mława

Ostrołęka

| 0 | 10 | 20 | 30 | 40 | 50 km |

An jenem 23. August, um 5 Uhr nachmittags, trafen Samsonows Truppen zum ersten Mal auf den Feind. Deutsche MG-Schützen eröffneten in ihren Gräben zwischen Orlau und Frankenau ein wütendes Abwehrfeuer gegen die Spitzen der vorrückenden russischen Bataillone. Die überraschten Angreifer suchten Deckung – die flachen Kartoffeläcker, über die sie vorgerückt waren, boten kaum Schutz. Stundenlang drückten sich die Männer dicht an den Boden, zwischen stöhnenden Verwundeten und Toten warteten sie bis tief in die Nacht auf neue Befehle.

Erst in den frühen Morgenstunden des 24. August erhoben sich die russischen Soldaten wieder – nur durch einen Sturmangriff konnten sie sich aus ihrer prekären Lage befreien. Mit aufgepflanzten Bajonetten stürmten russische Infanteristen die ersten deutschen Gräben und machten die überraschten MG-Schützen nieder. Der russische Angriff gegen das XX. Armeekorps bei Hohenstein rollte. In den Morgenstunden nahm russische Artillerie Orlau und Frankenau unter Feuer, die Russen besetzten die Orte und rückten weiter vor.

Hindenburg und Ludendorff wussten, dass ihre 8. Armee, die auf sich allein gestellt war, Ostpreußen nicht gegen zwei russische Vorstöße verteidigen konnte. Ihre Truppen liefen Gefahr, zwischen den «Dampfwalzen» der russischen Armeen, die sich gleichzeitig von Osten und Süden näherten, zermalmt zu werden. Die Deutschen hatten nur eine Chance: Sie mussten erst die eine Armee schlagen, um dann mit geballter Kraft die andere anzugehen. Der Plan, den Hindenburg und Ludendorff verfolgten, war von Oberstleutnant Max von Hoffmann konzipiert worden – er hatte unter Prittwitz als 1. Generalstabsoffizier gedient und behielt diese Funktion auch unter den neuen Vorgesetzten.

Die deutsche Führung schien das Glück auf ihrer Seite zu haben: Fernmelder hatten den Funkverkehr der Russen abgehört und überraschenderweise unverschlüsselte Befehle der gegnerischen Heerführer aufgefangen – Rennenkampf befahl, nach der Schlacht von Gumbinnen nur langsam in Richtung Königsberg vorzugehen. Er nahm sich Zeit, um Nachschub herankommen zu lassen. Im Süden befahl derweil

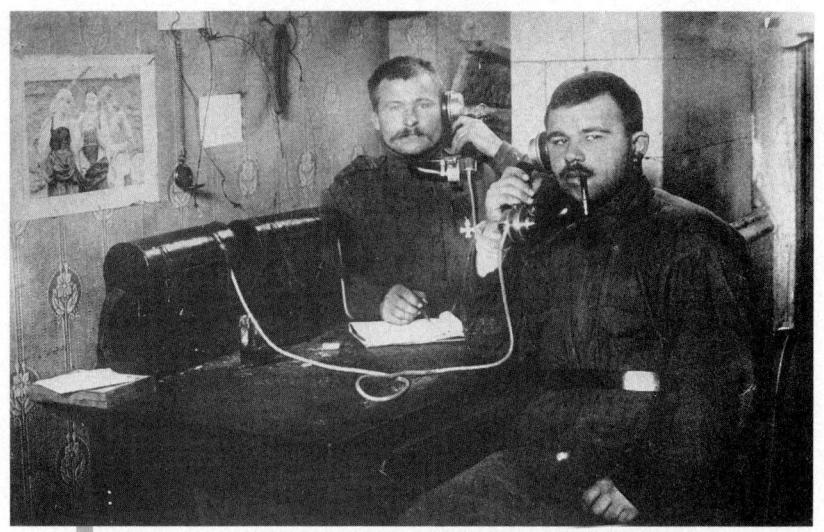

Telefonanlagen sind an der russischen Front eine Seltenheit. Auf russischer Seite mangelt es oft an moderner Kommunikationstechnik

Samsonow seinen Truppen, auf Allenstein vorzurücken. Beide Armeen marschierten so weit voneinander getrennt, dass sie sich nicht gegenseitig zu Hilfe kommen konnten. Für die deutschen Heerführer waren die abgehörten Meldungen ein Geschenk des Himmels – sie wussten jetzt, dass sie vorläufig von Rennenkampf nichts zu befürchten hatten.

Hindenburgs Divisionen konnten es wagen, diesem Gegner den Rücken zuzuwenden. Sie wurden nun Samsonows Armee entgegengeworfen und sollten das deutsche XX. Armeekorps, das bei Hohenstein in schwere Kämpfe verwickelt war, entscheidend verstärken. So setzten sich in der Sommerhitze gewaltige deutsche Kolonnen in Richtung Süden in Bewegung: In Tagesmärschen von bis zu 50 Kilometern wurden die Infanteristen gegen den Gegner im Süden gehetzt. Ganze Divisionen wurden darüber hinaus per Eisenbahn in den Raum Allenstein transportiert – in der damaligen Zeit eine logistische Meisterleistung.

**Deutsche Infanterie in einem befestigten Bauernhaus.
Der Wanddurchbruch dient als Sicht- und Schießschlitz**

Für die deutsche 8. Armee war dies einer der kritischen Momente der Schlacht: Das XX. Armeekorps musste im seenreichen Gebiet um Hohenstein elastisch kämpfen und geschlossen dem russischen Druck standhalten, bis die eigenen Verstärkungen eintrafen. Hindenburg und Ludendorff besuchten am 24. August den Korps-Kommandeur in seinem Hauptquartier bei Gilgenburg, um sich persönlich ein Bild von der Lage zu machen. Sie wussten, dass frische Truppen auf dem Weg waren: Aus den Eisenbahnwaggons, die so nah wie möglich an die Front heranfuhren, konnte ein Bataillon in 25 Minuten entladen werden. Die eintreffenden deutschen Divisionen legten sich über eine Länge von 80 Kilometern wie ein breiter Sperrriegel vor die Russen, die nun verbissen dagegen anstürmten.

General Alexander Samsonow
(1859–1914), Kommandeur der
russischen 2. Armee während der
Schlacht von Tannenberg

Entlang der gesamten Front, in den Wäldern, auf den Feldern und
in den Dörfern zwischen Lautenburg und Bischofsburg, entspannen
sich am 26. August zahllose schwere Gefechte. Einen Tag später begannen Hindenburgs Truppen auf der linken und rechten Seite des Riegels ihren Vormarsch in die Flanken von Samsonows Armee: Nach
schwerer Artillerievorbereitung griffen deutsche Infanteristen an und
drückten die russischen Linien überall ein – die Deutschen machten
aus dem lang gestreckten Riegel einen hufeisenförmigen Umfassungsring, der sich um Samsonows Armee legte.

Am 29. August schloss dieser Umfassungsring das Gros von Samsonows Armee ein – die Russen waren eingekesselt. Ihre Regimenter
kämpften weiter, bis die Verluste unerträglich wurden. Dann belegte
die deutsche Artillerie das Gebiet, in dem die Russen zusammen-

gedrängt waren, zwei Tage lang mit Schrapnellfeuer – schmutzig weiße Wolken hinterlassend, zerplatzten die Geschosse in der Luft, jede Granate gab Hunderte von Kugeln frei, die in die Kolonnen und Bereitstellungen hineinfegten.

Der Kriegsberichterstatter Rolf Brandt beschreibt den Anblick der Opfer: «Die Russen lagen da in den Stellungen, in denen sie sich eingraben wollten, oft so dicht, dass sie den Straßengraben bedeckten: Die Hände krampften sich in den Boden ... Der graue Straßenstaub lag gleichmäßig über allem, über den Gefallenen, über Mänteln, Uniformen, Gewehren, Tornistern, toten Pferden, die von der Hitze seltsam aufgetrieben waren ... Hohenstein mag ein hübsches Städtchen gewesen sein. Jetzt war die Hauptstraße ein Trümmerhaufen, in dem noch die halb verbrannten Russenleichen lagen – es muss hier ein erbitterter Kampf getobt haben, bis die Russen aus den Straßen geworfen wurden – unsere Toten hat man mit Tüchern bedeckt.»

50 000 Russen waren gefallen, General Samsonow schoss sich in einem Wald eine Kugel in den Kopf, über 92 000 Mann ergaben sich. «Noch stecken die Wälder voll von versprengten Russen», berichtet Brandt. «Die hungrigen abgerissenen armen Teufel melden sich bei den Bauern, strecken die offenen Hände hervor und ziehen ihr Kruzifix aus dem Brustlatz, zum Zeichen, dass sie Christen seien.» Der Kriegsberichterstatter besuchte das befreite Allenstein und zog eine Bilanz der zweitägigen Besetzung: «Am Donnerstagmittag zogen die Russen ein, und am Freitag kamen die ersten leichten Plünderungen vor. Bis dahin hatten sich die Russen mustergültig benommen. Sie bezahlten alles in bar, stellten Posten vor die Hotels und Lebensmittelgeschäfte. Allerdings stellten sie ungeheure Forderungen in Bezug auf Lieferungen; vor allem verlangten sie hundertzwanzigtausend Kilogramm Brot. In der Nacht buken die Bäckereien Allensteins, um ihre Stadt vor Plünderungen zu bewahren. Viele Bürger wurden in dieser Nacht freiwillige Bäcker.»

Am 31. August war die «große Kesselschlacht bei Gilgenburg und Hohenstein» gewonnen – so meldeten es die Zeitungen im ganzen Reich; der Kaiser gratulierte Hindenburg zum «Sieg bei Allenstein».

Doch der Oberkommandierende der 8. Armee wusste, dass Geschichte nicht nur auf dem Schlachtfeld geschrieben wurde. Er wandte sich an den Kaiser und bat darum, «diesen viertägigen Kämpfen die Bezeichnung ‹Schlacht bei Tannenberg› allergnädigst verleihen zu wollen». Seiner Frau erklärte Hindenburg in einem Brief, welche Bedeutung er seinem Sieg zumaß: «Bei Tannenberg, das zwischen Gilgenburg und Hohenstein liegt, wurde 1410 das deutsche Ordensheer von Polen und Litauern vernichtet. Jetzt, nach 504 Jahren, kam die Revanche.»

Der Feldherr schuf eine Legende, die seinen Platz in der Geschichte sichern sollte – er hatte, so sollte es scheinen, die Schmach der mittelalterlichen Tannenbergschlacht getilgt und die Rache des Germanentums an den Slawen vollstreckt. Eitel stellte er sich und Ludendorff in die Tradition des Deutschen Ritterordens und dessen gewaltsamer «Zivilisierung» des Ostens.

Der deutsche Glaube an schnelle Siege, die Vorstellung von der eigenen Überlegenheit – all das fand 1914 an der Ostfront die Bestätigung, die man sich erhofft hatte. Hindenburg und Ludendorff wurden als militärische Genies gefeiert – man verglich ihren Erfolg mit dem Sieg Hannibals über die Römer bei Cannae im Jahre 216 v. Chr. Dabei agierte das Erfolgsduo geschickt mit verteilten Rollen: Der großväterliche, bisweilen phlegmatische Hindenburg nahm als Galionsfigur nach außen alle Verantwortung auf sich. Ludendorff, der ehrgeizige Militärmanager, hatte freie Hand – er plante und organisierte das Vorgehen der Armeen. Zufrieden sprach Hindenburg von einer «perfekten Ehe». Nach diesem Muster sollte der Siegeszug der beiden Feldherren weitergehen.

Nachdem die Samsonow-Armee vernichtet war, wandten sich die deutschen Truppen Anfang September der Armee Rennenkampfs zu. Durch Kontingente von der Westfront verstärkt, griffen die Deutschen dann im östlichen Ostpreußen an. In der Schlacht an den Masurischen Seen, die am 7. September begann, entwickelten sich tagelange Kämpfe. Der Infanterie-Leutnant Ernst Rosenhainer führte damals Tagebuch und beschrieb ein Feuergefecht im kriegsbegeisterten Stil jener Jahre: «In wildem Sprunge brechen wir aus unserer Deckung

«Deutsch bis in die Knochen. Deutsch auch in seiner äußeren Erscheinung, der Mann mit den breiten Schultern, dem schweren, festen Gang, den großen gütigen Augen, der vollkommenen Natürlichkeit, verbunden mit gewollter, nicht beabsichtigter, in seinem Wesen liegender und von seinem Wesen ausgehender Würde ... Groß vor allem durch die sittliche Stärke, die den hervorstechendsten Zug seines Wesens bildet, verkörpert Generalfeldmarschall von Hindenburg alle guten und herrlichen Eigenschaften des deutschen Volkes und insbesondere der deutschen Armee. So steht er in unserer Geschichte als ein ganz Großer», lobte Ex-Reichskanzler von Bülow den «Sieger von Tannenberg». Schon 1914 wurde Hindenburg als «Retter von Ostpreußen» zur Titanengestalt stilisiert – eine ähnliche Rolle als Identifikationsfigur hatte zuvor nur Bismarck eingenommen.

Der «Eiserne Hindenburg», Berlin 1915

Nach dem Sieg bei Tannenberg schmückten Hindenburgporträts fast jede bürgerliche Wohnung im Reich, in den Städten benannte man Straßen nach ihm, die schlesische Ortschaft Zabrze taufte sich in «Hindenburg» um, in den Schaufenstern der Spielzeuggeschäfte tauchten Hindenburg-Puppen auf, Füllfederhalter, Zigarren und Pfefferkuchen verkauften sich mit dem Namenszusatz «Hindenburg» besonders gut. In den Städten standen hölzerne Hindenburg-Skulpturen, gegen eine Spende für das Kriegshilfswerk konnten Passanten einen Nagel einschlagen – so entstanden «eiserne» Hindenburg-Figuren.

Walter Rauscher, Autor der jüngsten Hindenburg-Biographie, beschreibt Hindenburg, der stets von Männern wie Ludendorff beraten wurde, eher als Marionette: «Nahezu ein ganzes Volk betete einen Götzen an, der die in ihn gesteckten Erwartungen unmöglich erfüllen konnte. Es verließ sich auf einen Heros, der sich selbst auf seine engste Umgebung verließ, es vertraute einem Idol, das selbst über weite Strecken den zum Teil skrupellosen Männern ausgeliefert war, die ihn zu dem machten, als den ihn die Öffentlichkeit verehrte: zum Retter der Nation und des Deutschtums in der Welt.»

hervor. Das russische MG-Feuer rasselt. In meiner Nähe ein wilder Schrei. Einer taumelt. Ein anderer lässt das Gewehr fallen und sinkt in sich zusammen. Schon sind wir 100 m vorwärts. Wir springen in einen Graben. Kurze Atempause. Sprung auf! Marsch, marsch! In den nächsten Graben … Verwundete bleiben liegen. Endlich kämpft unsere Brigade in einer Linie. Wir schießen, was aus unseren Gewehren herauskann, bis die Läufe heiß werden. Unsere MGs rasen. Wir merken, dass wir die Oberhand bekommen haben. Wie toll rennen wir in den Grund herab, während uns unser Artilleriefeuer kräftig unterstützt. Nun sehen wir deutlich einen russischen Graben; da werden in der feindlichen Linie weiße Fahnen sichtbar. Auch sieht man an Bajonette gebundene weiße Tücher. Eine Menge Russen springen hinter Deckungen eiligst auf und davon, die Mehrzahl aber kam mit erhobenen Händen im Laufschritt auf uns zu und ergab sich.»

Rennenkampfs Armee zog sich schließlich am 13. September über die russische Grenze zurück, damit waren die Schlachten in Ostpreußen beendet. Sie sollten die einzigen Kampfhandlungen bleiben, die im Ersten Weltkrieg auf deutschem Boden ausgetragen wurden. Die Zeit der Besetzung und die «barbarische Kosakenherrschaft» wurden in unzähligen Berichten in den düstersten Farben geschildert – Plünderungen, Erschießungen und Vergewaltigungen waren jedoch keineswegs so verbreitet gewesen, wie die Propaganda glauben machen wollte. Denn die war bemüht, den alliierten Schreckensmeldungen über deutsche Gräueltaten im Westen ostpreußische Zivilopfer entgegenzusetzen. Dennoch ließ die Erinnerung an Krieg und Verwüs-

Eine russische Stellung, die während der Schlacht an den Masurischen Seen von Deutschen überrannt wurde. Auf beiden Seiten zählt man hohe Verluste

tung den Sieg Hindenburgs umso glänzender erscheinen – hatte er doch, wie es damals hieß, die «Fluten halb Asiens» zurückgedrängt.

Je enttäuschender der Krieg gegen Frankreich verlief, umso strahlender glänzte der Erfolg an der Ostfront. Hindenburg und Ludendorff hatten gezeigt, dass Deutschland im Osten die Initiative an sich reißen konnte. Ihr großes Ziel war es, den Russen einen Sonderfrieden aufzuzwingen und den Zweifrontenkrieg zu beenden. Immer forscher traten nun die beiden «Ostler» den «Westlern» in der Obersten Heeresleitung entgegen, die seit Mitte September, nach dem Rücktritt des gescheiterten Moltke, unter dem Kommando von General Erich von

Der Anblick von Zerstörung und leidender Zivilbevölkerung hinterlässt tiefe Eindrücke bei den deutschen Soldaten

**General Erich von Falkenhayn
(1861–1922)**

Falkenhayn stand. Der konzentrierte weiterhin die Masse der Truppen an der Westfront, vermochte dort aber keine entscheidenden Durchbrüche zu erzielen, während es im Osten stets an Truppen und Material für ambitionierte Offensiven mangelte. Immerhin konnte Hindenburg dort als «Oberbefehlshaber Ost» – stets beeinflusst vom ehrgeizigen Ludendorff – weitgehend selbständig agieren. Oft trotzte er den Befehlen Falkenhayns, den er verachtete und dessen Ablösung schon lange das Ziel der «Ostler» war. Doch bis dahin wollte das Siegerduo an der Ostfront seinen eigenen Krieg führen.

Zunächst mussten die Deutschen den allerorts bedrängten Österreichern zu Hilfe kommen. Die hatten sich von Anfang an verzettelt – statt ihre Kräfte zu bündeln und sich auf die Offensive gegen den Hauptgegner Russland zu konzentrieren, bestand der Chef des österreichischen Generalstabs, Feldmarschall Franz Graf Conrad von Hötzendorf, auf einer Strafaktion gegen Serbien. Die Serben hatten jedoch den ersten Angriff abgewehrt und sollten den Österreichern auch weiterhin schwere Verluste zufügen.

Gleichzeitig waren von Galizien aus österreichische Divisionen zu einer Offensive gegen Russisch-Polen angetreten. Die russische Übermacht verhinderte jeden durchschlagenden Erfolg, die Russen ihrerseits griffen Galizien an. Bei diesen Operationen erlitten die Österreicher ungeheure Verluste an gut ausgebildeten Soldaten, ihre Front wurde an den Karpatenrand zurückgedrängt. Um die Österreicher zu entlasten, verlegte der deutsche Generalstab Mitte September 1914 das Gros der deutschen Truppen aus Ostpreußen unter dem Befehl Hindenburgs und Ludendorffs nach Oberschlesien und ließ an der Seite der Österreicher Mittelpolen angreifen.

Als Hauptziel galt Warschau, das unter russischer Herrschaft stand. In Zentralpolen entfaltete sich bis Ende 1914 ein Bewegungskrieg: Beide Seiten verschoben in langen Märschen ihre Truppen, um den Feind zu umgehen, abzuschneiden, einzukesseln und zu vernichten – Tannenberg war der Maßstab für den Erfolg. Die Kavallerie spielte in dieser Kriegsphase eine große Rolle. Doch die Offensiven der Mittelmächte scheiterten – die Russen waren zahlenmäßig stets überlegen. 1,8 Millionen Russen standen etwa 1,3 Millionen Soldaten der Mittelmächte gegenüber, davon waren 447 000 Deutsche. Ende 1914 erstarrte die Front. Im Februar 1915 versuchten die Österreicher in Galizien wieder Raum zu gewinnen, erlitten jedoch bei einer russischen Gegenoffensive Verluste von 90 000 Mann. Danach kämpfte die österreichische Armee fast überall nur noch als Juniorpartner – bei allen großen Operationen musste sie von deutschen Armeen und Divisionen unterstützt werden.

Im Frühjahr 1915 riss von Falkenhayn erstmalig auch im Osten die Initiative an sich – er verlegte 200 000 deutsche Soldaten von der Westfront und ordnete eine große Offensive an, um die Österreicher zu entlasten. Damit rückte der Schwerpunkt der Kriegshandlungen erstmalig an die Ostfront. Am 2. Mai begann der Siegeszug der Deutschen und Österreicher – zum Auftakt siegten sie in der Schlacht von Gorlice-

25. September 1914:

Noch war ja die Witterung nicht zu kalt, um in Scheunen und Ställen zu übernachten. Ich selber klopfte mit dem Kompanieführer bei einem Juden an; die Tür war verschlossen. Nach mehrmaligem Klopfen öffnete ein polnischer Jude mit langem Bart, Ringellöckchen und im Kaftan, die charakteristische Mütze auf dem Kopf. Der Eintritt in das Zimmer mutete fast feierlich an, viele Kerzen brannten, und in einer Ecke betete ein alter Jude. Es war der Vorabend des Sabbats. Eine junge hübsche Jüdin hatte ein Kind an der Brust. Sie betrachteten uns ängstlich und misstrauisch. Aber bald wurden sie vertraulicher. Ihre jiddische Sprache half uns über die Schwierigkeiten der Verständigung hinweg. Wir kauften ihnen Eier und Brot ab, und so saßen wir bald gemütlich bei einer Tasse dampfenden Tees in dem Judenhause, froh, nach anstrengendem Marsche Dach und Fach gefunden zu haben. Dann wurde das Zimmer ausgefegt, Stroh auf die Dielen gelegt, und bald schliefen wir den Schlaf der Gerechten. Meist mussten wir mit unseren Männern sehr früh heraus, oft gegen 4 Uhr morgens … alles raus aus den Federn oder aus dem Stroh. Die Burschen machen alles zum Abmarsch fertig, die Kompanie wird geweckt, schnell eine Tasse Tee und ein Stück Brot in den Magen, wenn noch Zeit dazu ist. Die Pferde stehen schon gesattelt. Im Halbdunkel steht die Kompanie auf der Straße, der Feldwebel meldet kurz, und wir setzen uns in Marsch in der feuchten Morgenluft. Ächzend graben sich die Wagen durch tiefen Schlamm, die Fahrer nutzen jeden Streifen besseren Wegs aus. Wir marschieren einen Bach entlang, Weidenbüsche begleiten sein Ufer. Die Kolonne ist des miserablen Wegs wegen auseinander gezogen. Über der Landschaft liegt eine gewisse schwermütige Stimmung. Man könnte sagen: alles grau in grau.

Leutnant Ernst Rosenhainer in seinem Kriegstagebuch

Deutsche Wachtposten in Winterausrüstung

Tarnow. Die Russen litten unter eklatantem Nachschubmangel, sie mussten dem deutschen Ansturm ausweichen und gaben unter den Frontalangriffen der Deutschen erst Warschau und dann ganz Russisch-Polen preis. Im August und September fielen dann die russischen Festungen Kowno, Nowogeorgiewsk, Brest-Litowsk und Grodno.

Hindenburg und Ludendorff verfolgten die Entwicklung eifersüchtig – sie standen von Falkenhayn immer unversöhnlicher gegenüber. Dessen Frontalangriffs-Konzept widersprach dem großen Wurf, der ihnen vorschwebte: Sie hofften, vom Baltikum aus eine große Umfassungsaktion gegen die südlicher stehenden russischen Divisionen initiieren zu können – eine Kesselschlacht im Stile von Tannenberg. Im September gewährte ihnen von Falkenhayn den lange gewünschten Angriff im Norden. Große Kavallerieverbände traten wieder zum Bewegungskrieg an, doch eine Umfassung der starken russischen

Truppen gelang nicht. Immerhin eroberten die Deutschen Wilna und rückten im Norden fast bis zur Düna vor – damit hatten sie den Russen ganz Litauen und Kurland genommen. Das strategische Ziel, den Kriegsgegner Russland auszuschalten oder zu lähmen, scheiterte jedoch, obwohl die Mittelmächte 1915 die größten territorialen Gewinne des gesamten Krieges verbuchten. Im Mittelabschnitt waren die Deutschen bis tief nach Weißrussland vorgedrungen – 100 Kilometer vor Minsk verlief von Norden nach Süden die Front. Doch hier sollte sie die kommenden zwei Jahre erstarren.

Bis zum Herbst 1915 hatten die deutschen Soldaten an der Ostfront einen Krieg erlebt, der sich von dem im Westen vollkommen unterschied. An der Westfront war der Mensch gefangen im Gewirr enger Grabensysteme – er konnte den Orkanen der modernen Zerstörungsmaschinerie kaum entgehen. Angriffe und Gegenangriffe brachten nur wenig Geländegewinn, der einzelne Soldat verlor sich im industrialisierten Massenkrieg.

Im Osten war von moderner Kriegführung wenig zu spüren. Die Truppen mussten in Fußmärschen riesige Distanzen überwinden – es gab kaum Eisenbahnen, die Marschkolonnen schleppten sich über Schlammpisten oder staubige Rollbahnen dahin. Doch auch an dieser Front fühlte sich der Einzelne verloren – in den Weiten des Landes. «Die Hauptstraßen sind so breit angelegt, dass man den sprichwörtlichen russischen Himmel fortwährend um sich ausgespannt sieht; er wirkt in der Tat so mystisch weit, als ob er sich immer weiter wölbe und erst hinter dem Horizont auf die Erde stoße», schrieb der bekannte Dichter und Ost-Veteran Richard Dehmel in einem 1919 veröffentlichten Kriegsbericht.

Den unbekannten Osten lernten die Deutschen nun als Besatzer kennen, sie mussten in den eroberten Regionen für geordnete Verhältnisse sorgen. Während die ehemals russisch-polnischen Gebiete als «Generalgouvernement» unter eine Zivilverwaltung gestellt waren,

Die deutschen Truppen dringen immer weiter nach Osten vor

fiel im Baltikum Hindenburgs 10. Armee die Verwaltung zu. Schon bald bezeichnete man diese Region, die dem Oberbefehlshaber Ost unterstand, als «Ober Ost». Die gewaltigen Aufgaben, die sich hier stellten, forderten den Militärtechnokraten Ludendorff geradezu heraus – «Ober Ost» wurde ganz und gar zu seinem Projekt.

Nach militärischen Prinzipien wollte er aus dem Land einen Musterstaat machen, vielleicht sogar eine Art Militärprovinz, die dauerhaft dem Reich angeschlossen wurde. Als Soldat schuf er eine strenge Hierarchie, an deren Spitze – natürlich – er selbst stand. Sein Partner Hindenburg schien weniger interessiert an derartigen Experimenten. Er genoss den Ruhm als «Held von Tannenberg», saß gelegentlich Modell für Porträtmaler und vergnügte sich ansonsten vorzugsweise bei der Wisentjagd. So wurde Ludendorff zur Personifizierung des weitgehend unabhängigen Militärstaates «Ober Ost».

Was die Deutschen in den eroberten Ostgebieten vorfanden, war

Jüdische Einwohner von Neu-Sandec beobachten die vorbeiziehenden deutschen Soldaten

für viele ein Schock. Weite Gebiete waren fast ohne Infrastruktur, ganze Landstriche hatte der Krieg verwüstet. Die Russen hatten die Ernte auf den Feldern verbrannt, Flüchtlinge irrten über die Straßen, strömten in die Städte und hausten dort im Elend. Überall drohten Epidemien. Der Krieg hatte diesem Land ein abstoßendes Antlitz verliehen. Gänzlich unzivilisiert erschien diese Gegend auch jenseits der Kriegsverwüstungen: Riesige Weiten und Wälder, kaum kultivierte Böden, von Verkehrswegen konnte nicht die Rede sein – das Gebiet schien fruchtbar zu sein, wirkte aber wie eine wüste Einöde.

«Wohin das Auge auch sah, nichts als ein Bild der Armut und Unkultur, trostlose Wegverhältnisse, armselige Dörfer mit verwahrlosten Hütten und einer schmutzigen, verlumpten Bevölkerung und mit rückständiger Feldbestellung, ein himmelweiter Gegensatz zum blühenden deutschen Lande», notierte ein deutscher Verwaltungsbeamter bei der Ankunft im Osten. Das wollte man ändern. «Deutsche

Ein deutscher Soldat auf einem Markt in Sidlovice (Russisch-Polen)

Arbeit» sollten die Einheimischen lernen, um das Land urbar zu machen. Mit Nutzen für die deutsche Kriegswirtschaft. Die Gewinne aus dem Verwaltungsgebiet «Ober Ost» würden dem Reich zufließen, Kosten waren nicht eingeplant.

Die Bevölkerung von «Ober Ost» – immerhin drei Millionen Menschen – sollte arbeiten und ansonsten gehorchen. Es gab u. a. Litauer, Letten, Weißrussen, Polen, Russen und eine große jüdische Bevölkerungsgruppe, die Jiddisch sprach – so wurden Juden bisweilen als Dolmetscher verpflichtet. «Von oben gesehen bildete das Gebiet zunächst einen Kessel, in dem allerhand Volk und Strömungen wild durcheinander zu brodeln schienen», stellte ein Verwaltungsbeamter verwirrt fest. Die Deutschen machten es sich deshalb leicht: Politische Mitsprache oder ein gewisser Grad an Selbstverwaltung war nicht vorgesehen. Und Respekt für die Einheimischen oder das, was sie geschaffen hatten, war von Besatzern, die sich als «überlegene Kulturträger» sahen, nicht zu erhoffen. Ludendorff wollte «deutsche Kultur» der «Unkultur des Ostens» entgegensetzen.

Besonders die Städte galten als verwahrloste Schmelztiegel all dieser «rückständigen» Volksgruppen. «Verließ man die Hauptstraße, so geriet man vom Ärmlichen ins Jämmerliche. Die Privathäuser besaßen zumeist nur ein Stockwerk, oft waren es elende Holzbaracken, die Straßen waren mangelhaft oder gar nicht gepflastert», beschrieb Viktor Klemperer, der als Militärzensor in der Verwaltung von «Ober Ost» tätig war, die Stadt Kowno. Die Zustände im «jüdischen Proletarierviertel» in Wilna schilderte der Journalist Arthur Seiler 1917 in der Broschüre «Neuland – eine Fahrt durch Ob. Ost»: «Da hocken sie zusammen in dunklen Kellerzimmern, in überfüllten Höfen, in undefinierbare Fetzen gekleidet, schmutzig und elend. Oder sie drängen sich auf dem Trödelmarkt, auf dem der Abfall des ganzen Landes sich zu sammeln scheint ...»

Doch die Deutschen, so glaubt Seiler, meinen es gut mit der örtlichen Bevölkerung – ermöglichen sie doch in der städtischen Badeanstalt täglich 500 Entlausungen. «Da aber diese freiwillige Inanspruchnahme nicht genügt, hat der Orts-Kommandant Badebefehle bereits an über 2500 Familien ergehen lassen, deren Empfänger sich mit sämtlichen Familienmitgliedern in bestimmten Zeitabständen zur Entlausung einzufinden haben», schreibt der Journalist, voll des Lobes für deutsche Reinlichkeit und Fürsorge. Typisch für das Denken der Zeit – die Region und ihre Bewohner werden mit bestimmten Metaphern von Schmutz, Verfall, Ungeziefer und Seuchen belegt.

In der Tat lebten die Menschen in erbärmlichen Verhältnissen. Dass dies jedoch nicht zuletzt eine Folge jenes Krieges war, den die Deutschen in die Region getragen hatten, erkannten die Soldaten nicht. Abscheu und Ekel der Deutschen verband sich mit dem Gedanken, hier aufzuräumen und «reinigend» zu wirken. Der Wunsch, das

Sie glaubten, «deutsche Kultur» zu bringen –
die deutschen Besatzer im Verwaltungsgebiet «Ober Ost»

Land zu unterwerfen und in Besitz zu nehmen, wurde mit vermeint-
lichem Edelmut verbrämt.

Der amerikanische Historiker Vejas Gabriel Liulevicius stellt in seiner Studie «Kriegsland im Osten» die These auf, in den Köpfen deutscher Soldaten sei damals eine Art «geistige Landkarte» des Ostens
entstanden – definiert durch Stereotype von den «barbarischen» Menschen, von der angeblichen «Leere» des Raumes, aber auch von den
ungeheuren Chancen dieses Landes. Viele der noch jungen Soldaten,
deren Bild vom Osten im Ersten Weltkrieg geprägt wurde, sollten, so
Liulevicius, 25 Jahre später zurückkehren – als Invasoren im Auftrage
Hitlers, auf der Suche nach «Lebensraum im Osten» für das deutsche
Volk. Nicht wenige Ost-Veteranen des Ersten Weltkriegs konnten –
inzwischen als höhere Offiziere der Wehrmacht – dieser Ideologie
durchaus etwas abgewinnen. Es galt, erneut aufzuräumen, diesmal
noch radikaler und gewalttätiger als zuvor.

Die deutsche Herrschaft in «Ober Ost» setzte schon 1915 auf drastische Maßnahmen. Das «Neuland» sollte voll und ganz für die deutschen Kriegsanstrengungen mobilisiert werden. Dies bedeutete zunächst nichts anderes als Ausbeutung: Die Bauern mussten zu festgelegten Preisen ihre Ernten an die Besatzer verkaufen; der gesamte Handel lag im Staatsmonopol, auf Waren lagen hohe Steuern. Ständig kam es zu brutalen Requirierungen von Vieh und Pferden. Sämtliche Vorgaben wurden durch eine allgegenwärtige Bürokratie bis ins Detail kontrolliert.

Im Militärstaat herrschten Fachleute und Bürokraten, die hier – unkontrolliert von ziviler Gesetzgebung – ihren Ehrgeiz und ihre Experimentierfreude ausleben konnten. So kam es zu einem schonungslosen administrativen Absolutismus: Deutsche Verwaltungsvorschriften waren das Maß aller Dinge. Doch die Bürokratie erwies sich keineswegs als effizient. Viele selbst erklärte Fachleute arbeiteten gegeneinander. Die Deutschen setzten ihren Willen oft mit rücksichtsloser Brutalität durch. «Die Interessen des Heeres und des Deutschen Reiches gehen denen des besetzten Landes stets vor» – so schien das oberste Verwaltungsmotto zu lauten.

«Ober Ost» präsentierte sich nach außen hin als autark, lieferte Nahrungsmittel an die Front und riesige Holzmengen an das Reich. Dass dafür in den Wäldern 60 000 zwangsverpflichtete Litauer schufteten, dass die Einheimischen rechtlos waren, dass ihr Land gnadenlos ausgeplündert wurde, nahm man in Kauf. Schließlich führte die Maßlosigkeit der deutschen Forderungen und die alltäglichen Demütigungen dazu, dass sich viele Einheimische widersetzten. So etwa Schmuggler und Räuber, die in den Wäldern nur ihren eigenen Gesetzen folgten. Im Kampf zwischen Banden und Polizei litt in erster Linie die Bevölkerung. Die Deutschen, vollauf damit beschäftigt, eigene Einrichtungen zu verteidigen, lehnten es ab, Landesbewohner zu schützen. So schlug die «deutsche Ordnung» in «Ober Ost» in tägliche Anarchie um.

Doch in der Heimat wurde das Kolonialland im Osten als Erfolg verkauft. Ludendorff, der dieses «Modell» geschaffen hatte, galt als genialer Militärmanager, sein kongenialer Partner Hindenburg war der «Held von Tannenberg» – was die beiden anpackten, schien von Erfolg gekrönt. Und so berief man das Duo Ludendorff-Hindenburg 1916 aus dem Osten ab. Ihr großer Gegenspieler Erich von Falkenhayn war mit seinen Offensiven an der Somme und in Verdun gescheitert, im August wurde er als Chef der Obersten Heeresleitung abgelöst. Hindenburg und Ludendorff übernahmen seine Funktionen – sie traten nun an, um den «totalen Krieg» zu planen und zu organisieren. Was sie fortan in Deutschland etablierten, war eine Art Militärdiktatur, die sich in vielerlei Hinsicht auf die Erfahrungen stützte, die Ludendorff in «Ober Ost» gemacht hatte.

Ohne die ehrgeizigen und strahlenden Helden von Tannenberg wurde der Krieg im Osten immer mehr zum vergessenen Krieg, obwohl auch hier Tag für Tag Soldaten litten und starben. Angesichts des industrialisierten Massensterbens an der Westfront geriet auch das Schicksal von über zwei Millionen Kriegsgefangenen, die bis 1918 in russische Gefangenschaft kamen, in Vergessenheit. 160000 von ihnen waren Deutsche.

In Petrograd war schon Ende 1914 die Tochter eines schwedischen Diplomaten auf das Elend der Kriegsgefangenen aufmerksam geworden. Durch Zufall sah die 26-jährige Elsa Brändström, in welchem unwürdigen Zustand verwundete deutsche Gefangene in russischen Lazaretten lebten. Auch sie mussten schließlich den Weg nach Sibirien antreten. In ihren Memoiren schildert Brändström das Los dieser Männer: «Die Schwerverwundeten schrien und stöhnten, wenn die Sanitätsmannschaften sie für die Überführung ankleideten. Es gab unter ihnen Lahme und Hilflose, die die Wärter vor Schmutz und Gestank nicht berühren wollten. Aber sie mussten alle hinaus, wo sie im Winter stundenlang im Schnee auf die elektrische Bahn warteten. Es kam sogar vor, dass Scharen von Krüppeln mehrere Kilometer durch den Schnee krochen, um die Eisenbahn zu erreichen.»

Elsa Brändström nahm sich dieser Kriegsopfer an – und wurde zum «Engel der Gefangenen» in Russland. Sie ließ mit Spenden aus Deutschland winterfeste Kleidung für die schlecht bekleideten Gefan-

Elsa Brändström,
der «Engel von Sibirien»

genen kaufen. Fortan bekam fast jeder einen Rucksack mit dem Nötigsten. Über Schweden wurden auf ihre Initiative Schwerstverwundete ausgetauscht. Elsa Brändström führte internationale Delegationen in Lager, in denen Flecktyphus-Epidemien wüteten. «Dort war der Boden mit Menschen übersät», beschreibt sie ein Krankenrevier, «die einen halb nackt, andere in Uniform und Stiefeln. An einigen Stellen standen eiserne Bettstellen ohne Stroh, auf jedem Bett lagen zwei Kranke und oft noch zwei darunter.» Weiter heißt es dort: «In zehn Monaten, bis Ende August 1915, starben in Omsk etwa 16 000 Gefangene ... Nach Turkestan wurden insgesamt 200 000 Kriegsgefangene geschickt und auf 30 Lager verteilt ... Die Gefangenen in Sibirien, die ihre in Turkestan internierten Kameraden beneideten, ahnten nicht, dass etwa 45 000 von diesen Kriegsgefangenen nicht mehr zurückkommen.» Unermüdlich reiste Elsa Brändström während des Krieges

Russische Kriegsgefangene auf deutschem Boden gehören bald zum Alltag im Deutschen Reich. Hier in Bretzenheim nahe Mainz

zu den Gefangenenlagern in ganz Russland, half vor Ort und berichtete von dem Elend.

Auch das Los der russischen Gefangenen in Deutschland war anfangs von Leid und Tod geprägt. Nach der Schlacht von Tannenberg waren die Deutschen mit den mehr als 90 000 Gefangenen schlicht überfordert. Sie wurden in provisorischen Lagern auf Truppenübungsplätzen in Zelten und Erdhütten oder in alten Festungswerken untergebracht. In den ersten Monaten brach in einigen Lagern Fleckfieber aus, mancherorts kam es zu Typhus-Epidemien. Insgesamt starben im Ersten Weltkrieg fünf Prozent der kriegsgefangenen Russen. Unterkunft und Ernährung verbesserten sich erst ab 1915, als etwa 90 Prozent aller Gefangenen zum Arbeitseinsatz herangezogen wurden. In Deutschland gab es während des Krieges 2,4 Millionen Gefangene, 1,4 Millionen von ihnen waren Russen. Zwei Drittel arbeiteten in der Landwirtschaft, viele wohnten auf den Höfen. Dort standen sie kaum unter Bewachung und wurden relativ gut versorgt. So wurde der Kontakt mit russischen Gefangenen in Deutschland zu einer Erfahrung, die Millionen von Menschen teilten.

Weit entfernt von der Heimatfront ging das Sterben weiter – auf beiden Seiten. Die Frontlinien von 1915 blieben über lange Zeit fast unverändert, obwohl es immer wieder blutige Kämpfe gab. Auch die Russen erkannten, dass die wechselhaften Kämpfe keine Entscheidung bringen würden – das Ende des Krieges war nicht in Sicht. Schon im August 1915 hatte der Zar das Oberkommando über die Armeen ergriffen, doch sein persönliches Engagement konnte nicht darüber hinwegtäuschen, dass das Land der Bürde eines langen Krieges nicht gewachsen war.

Das halb feudale Zarenregime war zu starr und unmodern, um eine effektive Kriegswirtschaft zu organisieren. Die Moral der Truppe litt, denn die Armee war schlecht gerüstet, an den Fronten kam es immer wieder zu katastrophalen Nachschubmängeln, in der Etappe suchten Epidemien die Truppen heim. Derweil litt die Zivilbevölkerung immer öfter Hunger: «In den Vororten von Petrograd kannst du gut gekleidete Frauen auf den Straßen betteln sehen. Es ist sehr kalt. Die Menschen haben kein Brennmaterial für ihre Öfen … Die Zahl von Kinderprostituierten ist erschreckend. Wenn man nachts irgendwohin geht, sieht man sie die Trottoirs entlangschlurfen, wie Kakerlaken, blau vor Kälte und Hunger», schrieb Maxim Gorki schon im Winter 1915 an seine Frau.

Auch die Erfolge, die der russische General Brussilow seit dem Sommer 1916 mit seinen Offensiven in Galizien erzielte, konnten nicht darüber hinwegtäuschen, dass unter den Belastungen des Krieges die sozialen Spannungen der russischen Gesellschaft und die Schwächen des Zarenregimes immer offener zutage traten. Im Reich Nikolaus' II. gärte es, die Menschen hungerten. «Eine Sintflut wird kommen», schrieb 1916 der liberale Duma-Abgeordnete Alexander Gutschkow, «und eine erbärmliche, gemeine und schwache Regierung bereitet sich darauf vor, dieser Katastrophe zu begegnen, in dem sie Maßnahmen ergreift, die gerade einmal taugen, sich vor einem Regenguss zu schützen. Sie zieht Galoschen an und spannt einen Schirm auf.»

Die Dämme brachen, als im März 1917 Frauen in Petrograd gegen die katastrophale Versorgungslage protestierten. Der Zar befahl, die

Demonstrationen niederzuschlagen, doch die Garnison der Hauptstadt meuterte. Der Protest wurde zum Flächenbrand, die Revolution nahm ihren Anfang. Jetzt forderten die Massen den Sturz der Dynastie – um totale Anarchie und weitere Gewalt zu verhindern, dankte Nikolaus II. am 15. März 1917 ab. Eine sozial-liberale «Provisorische Regierung» übernahm die Macht. Sie versprach politische Freiheit, wollte aber die Besitzverhältnisse nicht ändern – eine Bodenreform für die Millionen von besitz- und rechtlosen Bauern lehnte sie ab.

Der größte Fehler der Regierung unter Alexander Kerenski war jedoch die Entscheidung, den Krieg fortzusetzen. Die radikal-revolutionären Bolschewiki gaben sich mit dieser «bürgerlichen» Variante einer Revolution nicht zufrieden. Ihr Führer, Lenin, war im Schweizer Exil von den Ereignissen überrascht worden, die Deutschen hielten ihn jedoch für eine «Geheimwaffe» im Krieg gegen Russland und ermöglichten ihm die Reise durch Deutschland nach Finnland. Man habe – so ein Diplomat – Interesse daran, «dass der Einfluss des radikalen Flügels der Revolutionäre in Russland die Oberhand gewinnt». Nachdem er in Petrograd eingetroffen war, versprach Lenin seinen Mitbürgern «Brot, Land und Frieden». Dieser Frieden war nicht nur im Sinne der Deutschen – der Revolutionär hatte vor allem die Sehnsüchte der Menschen in Russland richtig erkannt. Die Regierung Kerenski musste dies schnell erkennen, als sie eine erneute Offensive gegen die Deutschen befahl. Die Soldaten waren vom Geist eines um sich greifenden «Schützengraben-Bolschewismus» erfasst, und sie begannen, den Sinn dieser Offensive in Soldaten-Komitees zu diskutieren.

Am 16. Juni 1917 griffen die Russen dennoch in Galizien an. Schon nach wenigen Tagen war alles verloren: Die Deutschen schlugen zurück, die Russen flohen in Panik. Die kampfesmüde Armee zerfiel zusehends, fast eine Million Soldaten desertierte. Von diesem Rückschlag konnte sich die bürgerliche Regierung Russlands nie wieder erholen. Am 25. Oktober 1917 lösten die Bolschewiki ihren lange geplanten Putsch aus – das Winterpalais wurde besetzt, die dort tagende Regierung verhaftet, und Lenin verkündete die «Diktatur des Proletariats».

Das Friedensdiktat von Brest-Litowsk

Die Oberste Heeresleitung unter Hindenburg und Ludendorff
verfolgte bei den Verhandlungen ihre eigene Außenpolitik – gegen den Rat deutscher Diplomaten forderten sie, Russland
müsse die von den Deutschen besetzten Gebiete in Polen sowie
im Baltikum abtreten. Ludendorff wollte den Militärstaat «Ober
Ost» unbedingt dem Reich angliedern. Die Verhandlungsposi-
tion der Annexionisten setzte sich durch, doch Trotzki stimmte
diesem Diktat nicht zu. Die Deutschen machten Druck: Mit der
antibolschewistischen Ukraine schlossen sie einen Sonderfrieden. Als Gegenleistung für die Anerkennung der ukrainischen
Unabhängigkeit sollte das Land riesige Getreidemengen an das
Reich liefern. Am 9. Februar wurde dieser «Brotfrieden» unterzeichnet. Trotzki brach daraufhin die Verhandlungen ab, erklärte aber auch das Ende der Kriegsteilnahme Russlands. Die
Deutschen verliehen ihren Forderungen Nachdruck: Ab dem 18.
Februar rückten sie in der Ukraine bis zum Dnjepr vor und be-

**Unterzeichnung des Waffenstillstandes von Brest-Litowsk durch
den Oberbefehlshaber der Ostfront, Generalfeldmarschall
Leopold Prinz von Bayern**

setzten das russische Estland. «Das ist der komischste Krieg, den ich kenne», notierte General Max von Hoffmann in seinem Tagebuch. «Er findet fast ausschließlich in Zügen und Automobilen statt. Wir setzen eine Hand voll Infanterie mit Maschinengewehren und einer Kanone in einen Zug und schicken sie zur nächsten Bahnstation; sie nimmt diese ein, macht unter den Bolschewiken ein paar Gefangene, greift noch ein paar Soldaten auf und fährt weiter. Jedenfalls hat dieses Vorgehen den Reiz des Neuen.» Unter dem Druck der Ereignisse und auf die dringende Bitte Lenins, der dem Volk Frieden versprochen hatte, unterzeichnete Trotzki am 3. März den Friedensvertrag von Brest-Litowsk: Russland musste die Ukraine, Polen, Litauen und Kurland abtreten – es verlor damit 60 Millionen Einwohner und 75 Prozent seiner Eisen- und Stahlindustrie. Der Berliner Zusatzvertrag vom 27. August 1918 zwang die Russen dazu, die Unabhängigkeit Estlands, Livlands und Georgiens anzuerkennen und sechs Milliarden Goldmark als Entschädigung an Deutschland zu zahlen.

Dem neuen «Rat der Volkskommissare» schlug er am folgenden Tag vor, allen Mächten die Beendigung der Feindseligkeiten anzutragen – der Revolutionsführer wusste, dass der Bestand seiner neuen Regierung von der Fähigkeit abhing, Frieden zu schaffen. Lenins «Dekret über den Frieden» wurde vom Sowjetkongress angenommen und in Russland erleichtert begrüßt. Am 13. November wandte sich Lenins Verhandlungsführer Leo Trotzki mit der Bitte um einen Verhandlungsfrieden an die deutsche Oberste Heeresleitung, und nach ersten Verhandlungen im deutschen Hauptquartier in Brest-Litowsk wurde am 6. Dezember ein Waffenstillstand vereinbart.

Doch die Friedensverhandlungen zogen sich hin, da die Deutschen territoriale Forderungen stellten, die die Bolschewiki nicht erfüllen wollten. Trotzki weigerte sich, ein derartiges Diktat zu unterzeichnen. Um Druck zu machen, rückten deutsche Truppen ab dem 18. Februar

Während der Waffenstillstandsverhandlungen kommt es zwischen deutschen und russischen Soldaten in den Schützengräben zu Verbrüderungen

in die Ukraine ein und besetzten das russische Estland. Militärisch fast machtlos, unterzeichnete die Sowjetregierung schließlich am 3. März 1918 den Friedensvertrag von Brest-Litowsk.

Nach drei Jahren Krieg hatte die deutsche Seite das Ziel erreicht, wofür sie seit der Schlacht von Tannenberg gekämpft hatte: einen Separatfrieden mit den Russen, der deutsche Truppen für die Westfront verfügbar machen würde. Über Jahre wurde an der Ostfront mit wechselhaftem Erfolg gerungen – doch ein Triumph wie der von Tannenberg konnte nie wiederholt werden. Der Erfolg im Osten war teuer erkauft und kam zu spät: Im Zweifrontenkrieg hatte sich das Reich nachhaltig erschöpft.

Nach dem Friedensschluss von Brest-Litowsk kämpfte Deutschland im Frühjahr 1918 nur noch an der Front im Westen – doch hier war mit den USA ein neuer Gegner auf die Bühne getreten, der mit seiner Wirtschafts- und Militärmacht das Blatt zugunsten der westlichen Mächte wendete. Die Oberste Heeresleitung unter Hindenburg und Ludendorff unterschätzte das Potenzial der Vereinigten Staaten eklatant – im Hochgefühl des «Sieges» im Osten hielten sie den Krieg noch immer für gewinnbar. Die Erfolge im Osten schienen beträchtlich. Immerhin hatte das Reich riesige Gebiete besetzt, ein ursprüngliches Ziel deutscher Hegemonialphantasien schien in greifbare Nähe gerückt: Deutschlands wirtschaftlicher Einfluss im Osten war gewachsen, als Kontinentalmacht wollte das Reich damit seine Autarkie gegenüber den Weltmächten Großbritannien und Frankreich sichern. Militärisch hatte es einen Sicherheitsgürtel geschaffen, der es von dem bedrohlich wirkenden Koloss Russland abschirmte.

Doch die Erfolge im Osten ließen die Niederlage im November 1918 umso bitterer erscheinen. Hatten nicht Helden wie Hindenburg und Ludendorff bewiesen, dass das Reich siegen konnte, wenn nur die richtigen Männer an der Spitze standen? Hatte nicht Brest-Litowsk gezeigt, dass der Gegner bezwungen werden konnte? In nationalen Kreisen fiel es schwer, Deutschland als den Verlierer des Krieges zu akzeptieren. Ludendorff heizte die Verwirrung an: Er schuf nach der Niederlage die «Dolchstoßlegende» – im Felde unbesiegt, sei die deutsche Armee durch linke Umtriebe entscheidend geschwächt worden, die Heimatfront insgesamt habe versagt.

Der jungen Republik haftete fortan der Makel an, für die Niederlage verantwortlich zu sein. Veteranenverbände und nationale Kreise feierten dagegen den «Helden von Tannenberg», ihren Heroen Hindenburg, als Repräsentanten eines starken, siegreichen Deutschland. So wurde 1927 bei Tannenberg ein monströses Denkmal eingeweiht – konservative Kräfte machten aus dem Ort der Schlacht eine Wallfahrtsstätte für das Gedenken an deutsche Größe. Hindenburg, bei der Einweihung zugegen, blieb ihr Idol. In der Krise der Weimarer Republik erblickten die Deutschen in ihm erneut die Retterfigur – und wählten ihn 1925 zum Reichspräsidenten. Er diente dieser Republik durchaus loyal. Doch schließlich war er es, der nach langem Weigern

Beisetzung Hindenburgs in der Gruft des Tannenbergdenkmals, während der Gedenkrede Hitlers, Oktober 1935

1933 den tragischen Entschluss fasste, Adolf Hitler zum Reichskanzler zu ernennen.

Auch der NS-Staat nutzte den Mythos Hindenburg. Nach dem Tode des «Helden von Tannenberg» 1934 ließ Hitler den Feldmarschall im Tannenbergdenkmal zur letzten Ruhe betten. Zwölf Jahre später, am Ende des von Hitler begonnenen und verlorenen Zweiten Weltkriegs, drangen zum zweiten Mal russische Truppen in Ostpreußen ein. In letzter Minute ließen die NS-Machthaber die sterblichen Überreste des Feldmarschalls von Hindenburg abtransportieren. Dann sprengten deutsche Truppen das Tannenbergdenkmal.

Der Mythos Tannenberg, von Hindenburg selbst geschaffen und immer wieder politisch instrumentalisiert, verlor seine Wirkungsmacht in dem Moment, als der «deutsche Osten» für immer unterging. Heute ist die Schlacht von Tannenberg – anders als das Massensterben an der Westfront – im öffentlichen Bewusstsein der Deutschen kaum noch präsent. 1914 hatten die Zeitgenossen den Sieg der Deutschen mit dem der Karthager über die Römer bei Cannae verglichen – sie konnten nicht ahnen, dass sie auf unerwartete Weise Recht behalten sollten: Das Massaker von Cannae, bei dem die Römer 60 000 Mann verloren, war eine militärische Großleistung. Doch wie Cannae hatte Tannenberg keine kriegsentscheidende Wirkung. Die Sieger dieser Schlachten waren nicht die Sieger der Geschichte.

Französischer Soldat mit primitiver Gasmaske, 1915

Heinrich Billstein

Gashölle Ypern

Gas! GAS! Schnell Jungs (…)
Kommt gurgelnd aus den schaumverdorbenen Lungen;
Obszön wie Krebs, bitter wie Wiedergekäutes
Von abscheulichen Wunden auf unschuldigen Zungen, –
Mein Freund, du würdest nicht reden mit so hoher Begeisterung
zu Kindern, die glühen nach irgendeinem verzweifelten Ruhm,
Die alte Lüge: Dulce et decorum est
Pro patria mori:
– Süß und ehrenhaft ist es,
– Für das Vaterland zu sterben.

WILFRED OWEN (1893–1918)

Wilhelm Kaiser konnte es kaum erwarten. Ungeduldig schrieb der Musketier des 234. Reserve-Infanterie-Regiments am 17. April 1915 aus Flandern an sein «Muttelchen»: «Wir sind hier wirklich arg ‹beschäftigt›. Du hast auch Recht, wenn du glaubst, dass es in unserer Gegend jetzt sehr unruhig ist. Doch darüber später, wenn *Taten* sprechen können. Meine gute Mutti, dein Wilm sehnt sich ja förmlich nach Taten. Gott wird mit uns sein ‹und der Wind günstig›.» Die jungen deutschen Soldaten in den Schützengräben an der flandrischen Front vor Ypern oder Ieper, wie die Flamen sagen, schauten in diesen Tagen mehr in den Himmel als auf den Feind. Seit Wochen warteten sie auf den großen Schlag, auf den Durchbruch zum Meer. Die Oberste Heeresleitung hatte eine neue Waffe angekündigt, die wieder Bewegung im endlosen Stellungskrieg versprach. Sie sollte die Wende bringen: Gas.

Genauer gesagt, 150 Tonnen Chlorgas wollte man dem Feind in die Stellungen blasen. Die riesige tödliche Giftwolke würde den Gegner ausräuchern und kampfunfähig machen – wenn der Wind denn «günstig» stand. Ein guter Ostwind, so glaubten die Strategen, und die Stellungen wären sturmreif für den Sieg. Nicht zu stark durfte er sein, damit das Gas nicht über den Gegner hinwegfegte, und nicht zu schwach, damit Franzosen und Briten nicht vor der Wolke rechtzeitig flohen, sondern das Chlor sich in den Gräben festsetzte. Dies war allerdings ein frommer Wunsch in einer Gegend, wo die Wolken meist Tag um Tag vom Meer ins Land treiben.

Unter großer Geheimhaltung und Aufsicht der neu aufgestellten Gastruppe, die aus Tarnungsgründen in den ratten- und ungeziefer-verseuchten Frontlinien sinnigerweise als «Desinfektionskompanie» firmierte, hatten die Landser 1600 große und 4130 kleine handels-übliche Stahlflaschen, gefüllt mit verflüssigtem Chlorgas, in den Schützengräben eingegraben und mit Bleirohren über die Brustwehr der Stellungen hinweg auf den Feind gerichtet.

Die Aktion musste immer nächtens erfolgen, zu groß war die Angst, von der Gegenseite entdeckt zu werden, die sich oft nur 100 Meter entfernt von den eigenen Reihen eingegraben hatte. Ein gezielter feindlicher Artillerievolltreffer hätte den Gas-Plan schnell zunichte gemacht und nicht beim Feind, sondern in den eigenen Linien für einen grausamen Erstickungstod gesorgt.

Geführt wurden die nächtlichen Aktionen von einem deutschen Professor aus Berlin. Der Chemiker Fritz Haber war der eigentliche Leiter des Gasexperiments. Persönlich überwachte der Direktor des Kaiser-Wilhelm-Instituts für physikalische Chemie und Elektroche-mie den schwierigen Einbau der Kampfgasflaschen in den verwinkel-ten Verläufen des deutschen Schanzensystems im nördlichen Front-abschnitt des Ypernbogens. Eine sechs Kilometer breite Angriffsfront musste mit Gasbatterien so aufgebaut werden, dass sich die Giftwolke dicht, geschlossen und geradewegs in die feindlichen Schützengräben

**Deutsche Gaspioniere öffnen bei einer Übung
die Ventile der Gasflaschen**

und Unterstände hineinwälzen konnte. Es war fast ein Kunstwerk, das
dem Chemieprofessor in den nächtlichen Grabungen gelang.

Alles war gut vorbereitet. Die eigenen Sturmtruppen, die hinter
der Angriffswolke das feindliche Schanzensystem angreifen sollten,
besaßen mit Antichlor-Stoffen getränkte Mullbinden als Mundschutz
gegen das Gas; die Spezialisten der «Desinfektionstruppe» sogar richtige im Bergbau verwendete Sauerstoffgeräte.

Nur der Wind fehlte. Auch der Gegner verhielt sich ruhig. Zwar waren Franzosen und Briten die Aktivitäten der Deutschen nicht verborgen geblieben, doch sie schenkten weder den Erkenntnissen ihrer
Luftaufklärung noch den Aussagen ihrer Agenten oder von deutschen
Gefangenen ausreichende Beachtung. Dabei hatte noch am 14. April
1915 der deutsche Überläufer August Jäger aus dem 234. Reserve-Infan-
terie-Regiment beim Verhör über das geplante Abblasen berichtet. Der
Landser, der aus derselben Einheit wie der ungeduldige Wilhelm
Kaiser stammte und bei dem man sogar ein Atemschutzpäckchen

Blasangriff mit Chlor an der Westfront.
Vom ersten Angriff in Ypern im April 1915 gibt es keine Aufnahmen

fand, wurde noch 17 Jahre später (!), als ein französischer General in seinen Memoiren über dieses Verhör berichtete, vom Reichsgericht in Leipzig wegen Kriegsverrats zu zehn Jahren Zuchthaus verurteilt.

Die Alliierten jedenfalls waren nicht beunruhigt. «Diese ganze Geschichte kann nicht ernst genommen werden», antwortete das Große Hauptquartier der Franzosen auf die Berichte von der Ypern-Front. Im offiziellen Kriegsbericht der Briten hieß es: «Wir waren uns schon einige Tage vorher der Tatsache bewusst, dass die Deutschen Vorbereitungen trafen, Gas ausströmen zu lassen … es wurde angenommen, dass der feindliche Versuch sicher fehlschlagen würde und dass man, welches Gas auch immer unsere Front erreichen würde, es leicht auflösen könnte. Keiner war auch nur im geringsten Grade beunruhigt.» Ein fataler Fehler.

Von den Gaswolken der eigenen Artillerie eingeholt, greifen deutsche Soldaten englische Stellungen an.

Am 22. April 1915 drehte der Wind. Es war ein schöner Tag. Ein Tag zum Picknicken, wie sich Willi Siebert, ein Mitglied der Gastruppe, später erinnerte, für den Nachmittag hatten die deutschen Meteorologen den richtigen Angriffswind vorhergesagt. Um 18 Uhr war es so weit. Die Gaspioniere öffneten die Ventile der Gasbatterien. Eine gelbgrüne Gaswolke von sechs Kilometer Breite und 600 bis 900 Meter Tiefe wälzte sich auf die Schützengräben der Franzosen zu, wo zu diesem Zeitpunkt die französischen Kolonialverbände, vorwiegend Zouaven und Truppen aus Algerien, ihren Dienst schoben.

Im Regimentsbuch der 234. Reserve-Infanterie berichtete Kompanie-Führer Leutnant Speyer: «Kurze Zeit lähmt wohl das Entsetzen den Gegner, dann aber schießt er, was die Flinten nur hergeben wollen. Kaum aber krachen die ersten feindlichen Granaten, da setzt unsere

Artillerie mit einem wahren Höllenfeuer ein … und wie die ersten Gasflaschen entleert sind, stürzen auch schon die ersten Sturmkolonnen nach vorne … Da standen wir auch schon im feindlichen Graben. Fast mussten wir lachen, als wir dieses erbärmliche und liederliche Machwerk sahen. Und davor hatten wir nun ein halbes Jahr lang Respekt gehabt.»

Die Franzosen und die Briten, die in diesem Abschnitt kanadische Truppen eingesetzt hatten, waren überrascht. Wild schossen die Zouaven und algerischen Schützen in die gelb-grüne Wolke. Dann kamen die Angst vor dem unbekannten Höllenstoff und die Wirkungen des schleichenden Giftes. Erst ein Kratzen in Nase, Kehle und Mund, dann heftiges Ohrensausen, schließlich auch Atembeschwerden. Soldaten schrien nach Wasser, halb blind und orientierungslos taumelten sie aus den Gräben, ihre Gesichter liefen blau an, sie wälzten sich auf dem Boden, husteten, kotzten, spuckten Blut, rangen nach Luft. Vergeblich. Wer von den Soldaten noch Kraft genug hatte, floh vor der Wolke und den herannahenden Deutschen. Viele von ihnen, die sich zu den Sanitätsposten retteten, starben an elenden Qualen.

Auch die Pferde bockten und brachen zusammen. Ratten, Maulwürfe und Kaninchen, die im Schützengrabengewirr und Niemandsland ein einträgliches Auskommen hatten, kamen aus ihren Löchern und waren auf der Stelle tot. Die vormarschierenden deutschen Truppen hatten leichtes Spiel, wie Kompanie-Führer Speyer weiter berichtete: «Unsere Artillerie und das Gas hatten auf das Völkergemisch, das wir vor uns hatten, gut gewirkt; viele Tote lagen umher, und was noch nicht mit Windeseile ausreißen konnte, ergab sich ohne Widerstand.»

Die genaue Zahl der Gasopfer ist nicht bekannt. Der englische Generalstabsbericht vermutete etwa 7000 Vergiftete und 350 Tote, die dem Gasangriff zum Opfer gefallen waren. Heute gehen wir von ca. 1200 Toten und 3000 Verwundeten aus, Vermisste und Soldaten, die den Spätfolgen des tückischen Gases erlagen, nicht mitgerechnet. «Die Leiche zeigte deutliche Verfärbung im Gesicht, am Hals und an den Händen. Beim Öffnen des Brustkorbes sprangen die beiden Lungenflügel hervor», hieß es in einem kanadischen Autopsiebericht über die

So genannte Zouaven, Soldaten aus den französischen Kolonien
in Nordafrika, waren die ersten Giftgasopfer in Ypern

Gastoten, «und beim Entfernen der Lunge strömten beträchtliche
Mengen einer schäumenden hellgelben Flüssigkeit aus ... Die Venen
an der Gehirnoberfläche waren hochgradig verstopft ...»

Auch wenn die deutsche Seite vom grandiosen Sieg in Ypern
sprach, der militärische Erfolg des ersten Blasangriffes war eher be-
scheiden. «Der Angriff riss die feindliche Front in einer Breite von
sechs Kilometern auf. Unsere Truppen nahmen das schwer umkämpfte Langemarck, drangen ohne nennenswerten Widerstand, mit
Ausnahme an den Flügeln, bis auf die Höhen von Pilkem vor und setzten sich dort fest. Vor uns lag, noch wenig zerstört, die schöne alte
Stadt Ypern. Mit bloßem Auge konnte man die berühmte Tuchhalle
erkennen», schilderte Otto Lummitsch, Mitglied der «Desinfektionskompanie», den Vorstoß. Die Delle, die die alliierten Truppen im Abschnitt der Gasattacke im Herbst 1914 bei der Schlacht um Langemarck
in die deutsche Linie geschlagen hatten, wurde zwar wieder begradigt,
aber der erhoffte Durchstoß zum Meer gelang nicht. Letztlich waren
die Truppen nur wenige Meter bis zum Ypern-Kanal vorgerückt.

Die Oberste Heeresleitung um Generalstabschef von Falkenhayn hatte der eigenen Waffe nicht vertraut. Zu wenig Reserven standen während des Gasangriffs für einen groß angelegten Vormarsch zur Verfügung, um die Front richtig aufzurollen. Schon bald konnten die Alliierten ihre Linien im Ypernbogen wieder stabilisieren, der zermürbende Stellungskrieg fand kein Ende. Die deutschen Verluste stiegen wieder an, so wie vor dem Chlorangriff. Unter den Opfern auch der ungeduldige Wilhelm Kaiser. Am 23. April, ein Tag nach der Gasattacke, wurde der 22-jährige Freiwillige vermisst, er verschwand buchstäblich in der Giftwolke des ersten Gasangriffs der Kriegsgeschichte.

Von jetzt an war das tückische Giftgas ständiger Bestandteil militärischer Planung. Kurt Rietzler, diplomatischer Mitarbeiter von Reichskanzler Theobald von Bethmann Hollweg, notierte sechs Tage nach dem ersten Gasangriff in sein Tagebuch: «Der Zusammenbruch des Völkerrechts – die Chlordämpfe nie wieder aus der Kriegsführung zu verbannen. Aus der Richtung kommen die größten Umwälzungen der ganzen Aspekte von Welt und Mensch.» Er sollte Recht behalten. «Gas! Gas! Gas!» – das war von nun an der Schreckensruf an allen Fronten. Bald sollten auch die Alliierten zu chemischen Massenvernichtungswaffen greifen. Doch noch waren es die Deutschen, die in der Weltöffentlichkeit als die Schurken und «die Hunnen» galten, weil sie als Erste gegen internationales Kriegsrecht die Gifthölle in den Schützengräben entfacht hatten. Im Mai titelte die englische Tageszeitung «Daily Mirror» zu den ersten Bildern von Chloropfern der Flandernfront: «Teufelei, dein Name ist Deutschland!»

Der vielfache Gastod an der Ypernfront vom April 1915 war jedoch nicht der erste Völkerrechtsbruch, den die Alliierten den deutschen Truppen zu diesem Zeitpunkt anlasteten. Dem ersten Schuss auf dem Weg nach Flandern folgte schon bald das erste Kriegsverbrechen.

Als die Deutschen am 4. August 1914 mit einer Million Mann in Belgien einmarschierten, sollte es schnell gehen. Grundlage für ihre Blitzkrieg-Strategie war der Schlieffen-Plan. Das nächste Weihnachtsfest wollten die Generäle bereits in Paris feiern, und die Soldaten glaubten, dann wieder bei ihren Lieben zu Hause zu sein.

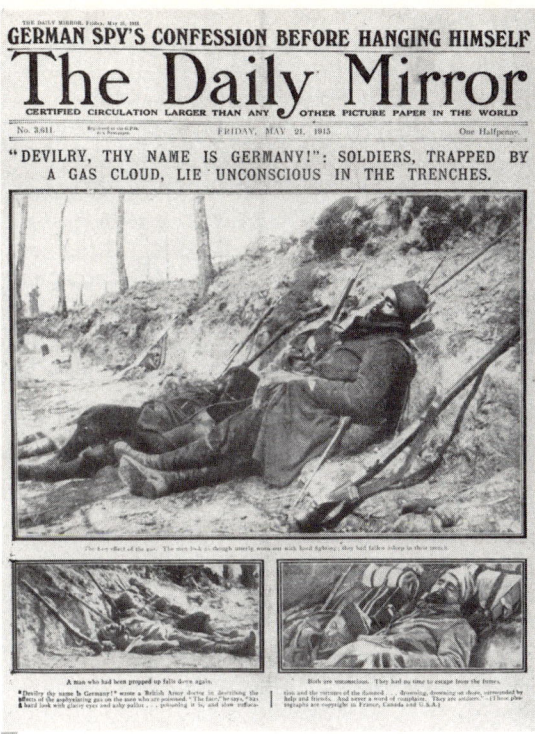

THE DAILY MIRROR, Friday, May 21, 1915.

GERMAN SPY'S CONFESSION BEFORE HANGING HIMSELF

The Daily Mirror

CERTIFIED CIRCULATION LARGER THAN ANY OTHER PICTURE PAPER IN THE WORLD

No. 3,611   FRIDAY, MAY 21, 1915   One Halfpenny.

"DEVILRY, THY NAME IS GERMANY!": SOLDIERS, TRAPPED BY A GAS CLOUD, LIE UNCONSCIOUS IN THE TRENCHES.

«Teufelei, dein Name ist Deutschland!»
Der englische Daily Mirror veröffentlichte im Mai 1915
erste Bilder von Gasopfern an der Westfront

Doch der Feldzug des gewaltigen Invasionsheeres verlief nicht nach Plan. Belgiens König Albert I. hatte den deutschen Truppen den freien Durchmarsch verweigert und zum Widerstand aufgerufen. Schon kurz hinter der Grenze zeigte sich, was Belgiens Monarch mit «der Ehre der Nation» und «Belgiens Pflichten gegenüber Europa» meinte. Wo immer sie konnte, stellte sich die belgische Armee den Eindringlingen entgegen. Die Deutschen reagierten mit Terror gegen die Zivilbevölkerung. Als beim Vormarsch in Visé belgische Einheiten

Der Schlieffen-Plan

Bereits in den Jahren bis 1905 hatte der damalige Generalstabschef Alfred Graf von Schlieffen einen Angriffsplan gegen Frankreich ausgearbeitet, der jetzt in stark modifizierter Form auch vom deutschen Generalstab umgesetzt wurde. Ziel des Plans war ein schneller Sieg im Westen, um verlustreichen und materialintensiven Kämpfen auszuweichen, denen Deutschland nicht lange würde standhalten können. Doch ein direkter Vorstoß gegen Frankreich war kaum möglich. Starke französische Forts an der deutsch-französischen Grenze in Elsass-Lothringen und der natürliche Schutz der Vogesen machten dies unmöglich. Schlieffen plante daher, in einem großen Bogen durch Mittel- und Südbelgien sowie Luxemburg die französische Nord-Flanke zu umgehen und über die weniger geschützte französisch-belgische Grenze auf Paris zu stoßen. Fünf Armeen hatte der deutsche Generalstab dafür vorgesehen. Die restlichen zwei Armeen sicherten die Front von Metz bis an die Schweizer Grenze vor einer Invasion der Franzosen. Dass die Neutralität Belgiens dabei völkerrechtswidrig verletzt werden könnte und England dann als Schutzmacht in den Krieg ziehen würde, nahm der Generalstab billigend in Kauf. Alles hing davon ab, dass der Vormarsch schnell und ungehindert ausgeführt wurde. Entscheidend war der Zeitfaktor. Der Feind im Westen musste geschlagen werden, ehe die Russen an der Ostgrenze ihre Mobilisierung abgeschlossen hatten.

---

vom anderen Ufer der Maas heftigen Widerstand leisteten, feuerten die deutschen Soldaten wahllos auf die Einwohner, brannten deren Häuser nieder und erschossen zwei Zivilisten auf den bloßen Verdacht hin, sie hätten die zerstörte Flussbrücke gesprengt. Im nahe gelegenen Berneau erschossen sie zehn Zivilisten, darunter eine Familie mit fünf Kindern, die sich im Keller versteckt hielt. Die vorrückenden Einheiten waren am Abend zuvor in Panik geraten und hatten dabei irrtümlich aufeinander geschossen. Elf Landser starben unter dem «friendly fire» ihrer Kameraden.

Immer wenn die deutschen Truppen die belgischen Soldaten nicht stellen konnten oder in unerwartete Bedrängnis gerieten, wurde die Zivilbevölkerung dafür zur Verantwortung gezogen. So etwa auch beim Vormarsch auf Lüttich, als die Invasoren in dem kleinen Dorf Battice aus einem an der Straße liegenden Gehöft beschossen wurden und bei dem «Attentat» drei Soldaten fielen. Ohne viel Aufhebens trieben sie die Bewohner aus ihren Häusern und setzten die Gehöfte in Brand. 33 Zivilisten kamen dabei ums Leben.

Offiziell waren diese Zivilisten in den Augen der Deutschen nichts anderes als Partisanen, so genannte «Franctireurs». Jedes Mal fühlten sie sich als Opfer von Anschlägen dieser «tückischen Partisanen», die in Wirklichkeit nur in ihrer Einbildung existierten. Tausende Belgier wurden aus diesem Grund auf den Marktplätzen der kleinen Städte und Dörfer zusammengetrieben, viele von ihnen standrechtlich exekutiert. Männer ebenso wie Frauen, aber auch Kinder.

Der Widerstand der belgischen Armee und die Weigerung der Bevölkerung, mit den Besatzern zu paktieren, rief bei den deutschen Soldaten und Offizieren Empörung, aber auch Angst vor angeblichen Anschlägen und Hinterhalten hervor, die schnell in Panik und Hass umschlug. Und es waren keine Sonderkommandos, sondern normale Landser, einfache Kriegsfreiwillige, die Tage zuvor noch blumengeschmückt mit Gesang und Hurra für Kaiser, Gott und Vaterland von ihren Lieben verabschiedet in den Krieg zogen und schon wenige Meter hinter der Grenze kein Pardon mehr gegenüber der Zivilbevölkerung kannten. 118 Tote in Soumagne, 108 in Melen, 262 in Andenne/Seilles, 383 in Tamines, 218 in Ethe, 674 in Dinant, 248 in Löwen. In den französischen Grenzorten der Moselregion dasselbe.

Ganze Städte und Dörfer wurden zerstört, manche dem Erdboden gleichgemacht, wie etwa die belgische Universitätsstadt Löwen (Leuven), wo die Soldateska 2000 Häuser in Brand setzte und zerstörte, unter anderem die weltberühmte Universitätsbibliothek. Die vorrückenden Armeen hinterließen eine Blut- und Gräuelspur, der am Ende des

Gasmasken-Kontrolle bei deutschen Soldaten.
Wenn die Maske nicht richtig angelegt war, konnte dies tödlich sein

Wütens mehr als 5521 belgische und 906 französische Zivilisten zum Opfer fielen.

Den siegreichen schnellen Vormarsch des deutschen Heeres hatte der unvorhergesehene Widerstand der Belgier nur unwesentlich aufgehalten. Man war im Zeitplan, die Blitzkriegstrategie schien zu funktionieren. Schon bewegte sich das Eroberungsheer auf Paris zu, ehe es im September 1914 an der Marne gestoppt wurde. Es war das «Wunder an der Marne», das die Wende einleiten sollte und die Kriegsparteien in das Völkerschlachten des endlosen Stellungskrieges führte. Eine breite Lücke in der schnell vorrückenden deutschen Linie nutzend, konnte die kaiserliche Armee rund 40 Kilometer vor der französischen Hauptstadt aufgehalten werden. Sogar mit Pariser Taxis brachten die Franzosen einen Teil ihrer Reserven an die Front. Mit Erfolg. Die Deutschen zogen sich zurück. Im Norden begann noch einmal ein kurzer Wettlauf auf die belgischen und französischen Hafenstädte, die lebenswichtig für den Nachschub der britischen Streitkräfte waren. Doch auch hier kam bald der Stillstand. Auf über 750 Kilometer von der flandrischen Küste bis zur Schweizer Grenze erstarrte die Front im Herbst 1914. 306 000 Soldaten hatte Frankreich bis dahin verloren. Allein 600 000 Franzosen waren verwundet. Das deutsche Heer beklagte 241 000 tote Soldaten. Bei Briten und Belgiern waren jeweils 30 000 Mann gefallen. Doch dies war erst der Anfang: Der Stellungskrieg hatte begonnen.

Monatelang belauerten sich die Kriegsparteien in den ausgefeilten Systemen ihrer Schützengräben, nichts bewegte sich mehr. Weihnachten waren die Landser jedenfalls nicht zu Hause. Man grub sich ein. Oft waren die feindlichen Linien nur wenige hundert Meter entfernt. Fast schien es, als lebten die Soldaten in Nachbarschaft und nicht im Krieg. Man kam sich näher, wie etwa in Flandern an der Front im Ypernbogen, wo Belgier, Franzosen und Engländer den Deutschen gegenüberlagen und die Kriegsgegner Weihnachten 1914 in einigen Schützengräben einen spontanen Waffenstillstand organisierten, ihre Toten im Niemandsland begruben und Geschenke wie Tabak und Bier austauschten.

Sogar Fußball sollen sie im gefrorenen Gelände zwischen den Fronten mit einer Mütze, einem Holzpfahl oder einer Pickelhaube als Torpfosten gespielt haben, bis die Kommandeure das unerwünschte Friedensspiel der Mannschaften verboten. Absurditäten eines unmenschlichen Krieges oder letzte menschliche Reaktionen im verhassten Stellungskampf?

Kriegstechnisch war ein Stellungskrieg mit dem vorhandenen Kriegsgerät jedenfalls nicht zu gewinnen, dies zeigte sich bis Ende 1914. Ein lang andauernder Material- und Zermürbungskrieg war absehbar, wenn nicht eine neue Waffe den Stellungskrieg wieder in eine Bewegung führte.

Die vorhandenen Waffen, urteilte Fritz Haber 1917 in einem Gutachten über die Motive für seine Kampfstoffentwicklung, gaben dem Verteidiger eine grundsätzliche Überlegenheit gegenüber dem gleichwertigen Angreifer. Gesichert im Schützengraben und von Erdwällen geschützt, konnten Maschinengewehr und Feldartillerie mit ihrer schnellen Feuer- und Durchschlagskraft jeden Angreifer mühelos tref-

Fritz Haber

Der 1868 in Breslau geborene Chemiker gehörte zu den herausragenden Wissenschaftlern seiner Zeit. Haber war Leiter des Kaiser-Wilhelm-Instituts für physikalische Chemie und Elektrochemie in Berlin. Seinen Weltruhm begründete er 1905/08 mit der synthetischen Herstellung des für die Düngung wichtigen Ammoniaks. Dafür erhielt er 1918 noch während des Krieges den Nobelpreis für Chemie.

Fritz Haber im Labor. Der geniale Wissenschaftler stellte sein gesamtes Berliner Institut in den Dienst der Gasforschung

Carl Bosch von der BASF hatte das Haber'sche Verfahren 1909 zur großtechnischen Produktion weiterentwickelt. 1914, bei Kriegsbeginn, meldete sich Haber sofort freiwillig, um seine Erfahrungen und sein Institut für den Krieg nutzbar zu machen. Zunächst arbeitete er gemeinsam mit dem AEG-Chef Walther Rathenau daran, die Rohstofffrage für den deutschen Feldzug zu lösen. Dabei erlangte die von ihm und Bosch entwickelte Ammoniaksynthese nicht nur für Düngung und Ernährung, sondern auch für die Produktion von Schießpulver und Sprengstoff große Bedeutung. Der Chemiker, der durch seine Arbeiten beste Kontakte zur chemischen Industrie hatte, beschäftigte sich außerdem an führender Stelle mit der chemischen Bekämpfung von Schädlingen. Sein Hauptaugenmerk lag jedoch auf dem militärischen Gebiet, der Erforschung, Organisation und Leitung des chemischen Krieges. Haber wurde mit der Leitung der chemischen Abteilung des Kriegsministeriums betraut. 1933 wurde Haber, der einem jüdischen Elternhaus entstammte, von den Nazis aus seinem Amt am Kaiser-Wilhelm-Institut entlassen. Ein Jahr später, am 29. Januar 1934, starb Fritz Haber in Basel. Er war auf dem Weg nach Palästina.

fen. «Aus diesem Sachverhalt ist gleichzeitig beim Feind wie bei uns das Bedürfnis nach chemischen Kampfmitteln entstanden, die den Verteidiger im Schützengraben besser als Gewehrgeschosse und Granatsplitter erreichen.» Und der Vorteil der Gasmunition, so Haber nach dem Kriege, komme «im Stellungskriege zu besonderer Entfaltung, weil der Gaskampf hinter jedem Erdwall und in jede Höhle dringt, wo der fliegende Eisensplitter keinen Zutritt findet».

Längst hatte auch die Oberste Heeresleitung erkannt, dass der munitionsfressende Stellungskrieg für die Deutschen irgendwann an Rohstoff- und Nachschubproblemen sowie an fehlender Moral scheitern könnte. Der neue Generalstabschef Erich von Falkenhayn, der den glücklosen von Moltke nach der Niederlage an der Marne abgelöst hatte, forderte folglich auch Industrie und Wissenschaft auf, nach neuen Waffen zu suchen und zu forschen – Gas einbegriffen.

Bereits im Oktober 1914 hatte das Heer an der Westfront mit Reizstaub-Geschossen, die mit feinem ungiftigem Staubnebel Augen und Nase des Gegners reizten, erste Versuche gestartet und den Generalstabschef überzeugt, dass Gas ein Ausweg aus dem Dilemma sein könnte.

Die den Weltmarkt beherrschenden deutschen Farben- und Chemiekonzerne waren die ersten, die sich der Sache mit großer Energie annahmen. Nach Kriegsbeginn lag der Großteil ihrer Ressourcen brach, ihr Exportgeschäft existierte faktisch nicht mehr, ihr ausländischer Besitz war beschlagnahmt. Lukrative Mengen von chemischen Rohstoffen, die als Zwischenprodukte der Farbenherstellung anfielen, konnten nicht weiterverwertet und verkauft werden, lagerten ungenutzt in den Kesseln und Silos der Konzerne. Nur mit dem Verkauf von Feldgrau an Staat und Armee den Krieg zu überstehen war unmöglich. In den Konzernzentralen der Farbenwerke Bayer, von Hoechst und BASF glaubte man nun, durch die Produktion von chemischen Kampfstoffen und die Grundlagenherstellung für Sprengstoff in neue Gewinnzonen zu gelangen.

Auf dem Schießplatz in Köln-Wahn experimentierte Carl Duisberg, Vorstandschef der Farbenwerke Bayer in Leverkusen und Schlüs-

Deutsche Soldaten bei der Erprobung von Atemschutzgeräten in den Farbenwerken Bayer in Leverkusen, die während des Krieges Giftgase und Atemschutzfilter produzierten

selfigur der Chemie-Industrie im aufkommenden Gaskampf, seit Kriegsbeginn mit seinen Werks-Wissenschaftlern zunächst am Einsatz von ungiftigen Reizgeschossen. Dem immer mehr in Bedrängnis kommenden Generalstab waren diese Stinkstoffe und Niesversuche jedoch zu wenig.

Nach einer Unterredung mit Stabschef von Falkenhayn berichtete der Berliner Chemiker Emil Fischer an den Leverkusener Konzernchef umgehend: «Er sprach dabei über die neuen Stinkstoffe und war mit deren Wirkung noch nicht zufrieden. Er will etwas haben, was die Menschen dauerhaft kampfunfähig macht. Ich habe ihm auseinander gesetzt, wie schwer es sei, Stoffe zu finden, die in der außerordentlich starken Verdünnung noch eine tödliche Vergiftung herbeiführen.»

Geheimrat Haber im Berliner Kaiser-Wilhelm-Institut hatte diesen höllischen Stoff bereits entdeckt. Der Star-Chemiker empfahl Chlor, das in großen Mengen in die Schützengräben des Gegners getrieben

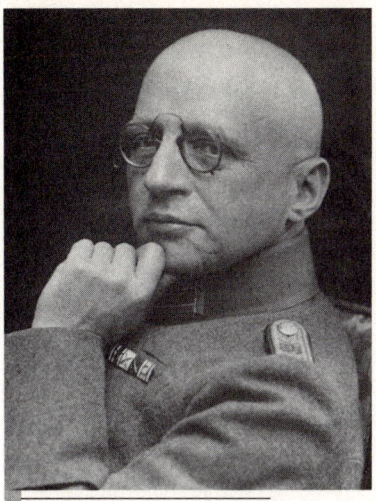

Fritz Haber als Hauptmann.
Der Chemiker war der erste Wissen-
schaftler, der in Uniform die
Erprobung seiner Forschungen
an der Front persönlich überwachte

werden sollte. Der Stoff war von hoher Wirksamkeit und vor allem in ausreichender Menge vorhanden und schnell verfügbar – das giftige Produkt lagerte ungenutzt in den Tanks der chemischen Industrie. Haber konnte die Stabschefs überzeugen.

Persönlich überwachte der Geheimrat die durchgeführten Versuche an Mensch und Tier. Dosierung, Konzentration und Prüfung der Produktionstauglichkeit des Giftstoffes gehörten ebenso zu seinen Aufgaben wie die Ausbildung einer durchschlagskräftigen Gaskampftruppe. Wenn bei Tierversuchen die Reaktion der Kreaturen auf das giftige Gas erprobt wurde, beobachteten Haber und seine Wissenschaftler auch die künftigen Gassoldaten, wie sie auf die Tierexperimente reagierten.

Nichts durfte schief gehen, wenn es an der Ypern-Front, die für den Ersteinsatz des Chlors ausgesucht worden war, Ernst wurde.

Haber leitete den ersten Einsatz in Ypern persönlich, hatte die Kontrolle, bis alles zum Angriff bereit war. Der weltbekannte Chemiker war der erste Wissenschaftler, der sich die Uniform anzog und so unmittelbar an der Front sein Wissen in den Dienst des «Vaterlandes» stellte. Andere Wissenschaftler, auch auf der alliierten Seite, sollten ihm schon bald folgen.

Trotz der verpassten Chance, die Giftgas-Überraschung militärisch besser zu nutzen, war Ypern für die Gaskrieger ein Erfolg. «Jetzt waren wir mit unserer Gastruppe auf einmal große Leute geworden», berichtete ihr Mitglied Otto Lummitsch später, «Geheimrat Haber wurde zum Kaiser befohlen und von diesem vom Vizefeldwebel d. R. zum Hauptmann befördert. Stolz erschien er in der neuen Uniform bei uns, anstatt wie bisher in seiner, wie wir sie nannten, ‹Kammerjägeruniform›, der Uniform der Militärverwaltung.»

Auch für die einfachen Gassoldaten war der Ypern-«Sieg» lukrativ – jeder erhielt 600 Mark. Beutegeld nannten sie die Belohnung, die in etwa dem Jahressold eines einfachen Landsers entsprach.

Dass die giftige Chlorwolke vor allem eine tödliche Waffe war, die den Gegner chancenlos einem grauenvollen Tod aussetzte, versuchten die Gaswerker zu verharmlosen. Noch nach dem Krieg rechtfertigte Fritz Haber den deutschen Chlor-Einsatz: «Ich stände nicht hier, wenn sie jeden tötete, den sie erfasst und außer Gefecht setzt. Denn ich bin selbst bei einem großen Geländeversuch durch Unvorsichtigkeit ohne jedes Schutzmittel in eine Wolke geraten, aus der ich mich nicht herausfand, und mit schweren, aber in einigen Tagen völlig vorübergehenden Erscheinungen davongekommen. Nur in unmittelbarer Entstehungsstelle ist die Gaswolke schlechterdings verderblich.»

Einige Militärs hatten schon mehr Skrupel als der deutsche Professor. Der kommandierende General des bei Ypern liegenden XV. Armeekorps Berthold von Deimling bekannte in seinen Erinnerungen: «Ich muss gestehen, dass die Aufgabe, die Feinde vergiften zu sollen wie die Ratten, mir innerlich gegen den Strich ging, wie es wohl jedem anständigen Soldaten so gehen wird. Aber durch das Giftgas konnte vielleicht Ypern zu Fall gebracht werden, konnte ein feldzugentscheidender

Sieg errungen werden. Vor solch einem hohen Ziel mussten alle inneren Bedenken schweigen.» Eigentlich fürchtete man mehr um die eigene soldatische Ehre als um den grausamen Tod des Feindes. Der Gasangriff als unrühmliche Mannestat bereitete den Offizieren größeren Kummer als die Todesqualen der Gasopfer.

Trotz des unsoldatischen Wesens der neuen Waffe war ihnen am Ende jedes Mittel recht, um den Feind zu besiegen. «Welche Kriegsführung! Aber wir müssen gegen die Feinde, die uns erdrosseln wollen, jedes Mittel anwenden», klagte ein General. Ein anderer Offizier schrieb: «Eigentlich ein ganz scheußliches Mittel ... Hier haben wir noch nicht derartige Stänkereien, würden uns aber nicht davor genieren. Der Krieg kann eben nicht menschlich sein, und ist es auch bei uns nicht.» Wo gehobelt wird, da fallen Späne. Ganz ungeniert vermerkt das Kriegstagebuch der 9. Armee, das den Gaseinsatz sogar rassehygienisch zu deuten wusste: «Es ist nicht zu leugnen, dass dem ritterlichen Sinn unseres Heeres die Anwendung dieses Kampfmittels zunächst nicht sehr sympathisch ist. Tatsächlich stellt aber dies Verfahren die logische Fortentwicklung der bisher in allen Armeen geübten Praxis dar ... Angesichts des Umstandes, dass unsere Gegner unter Verzicht auf jeden Rassenstolz ein buntes Völkergemisch gegen uns ins Feld führen, ist die Anwendung dieses Mittels voll gerechtfertigt. Wir erreichen auf diese Weise unseren kriegerischen Zweck und sparen an kostbarem Blute.»

Nur wenige ahnten, dass die neue Waffe von Ypern erst der Anfang einer unheilvollen Entwicklung sein könnte. Am 1. März, noch vor dem ersten Gasangriff, vertraute Rupprecht von Bayern, Kommandeur der 6. Armee, seinem Kriegstagebuch an, er habe Haber und General von Falkenhayn erklärt, «dass mir das neue Kampfmittel des Gases nicht nur unsympathisch erschiene, sondern auch verfehlt, denn es sei sicher anzunehmen, dass, wenn es sich als wirksam erwiese, der Feind zum gleichen Mittel greifen würde und bei der vorherrschenden west-

Deutsche Soldaten mit Gasmasken – nach den Blasangriffen setzten die Kriegsparteien Gasgranaten ein, die auch die feindliche Artillerie erreichen konnten

östlichen Windrichtung zehnmal öfter gegen uns abblasen könne, als wir gegen ihn».

Die Engländer wollten sofort Gleiches mit Gleichem vergelten, brauchten aber fünf Monate, bis ihr Chlorgas einsatzbereit war. Am 25. September 1915 starteten englische Einheiten bei Loos in Frankreich ihren ersten Chlorangriff gegen die deutschen Linien. Mehr als 300 Blasangriffe mit über 88 000 Flaschen, gefüllt mit Chlor und anderen Giften, folgten. Die Bedenken des bayerischen Kronprinzen waren gerechtfertigt. Insgesamt nur 50 Blasangriffe inszenierten die deutschen Gaskrieger bis Kriegsende an allen Fronten. Die ungünstigen Wetterbedingungen im Westen, die die alliierten Kräfte bevorzugten, sorgten schon bald dafür, dass die deutschen Wissenschaftler und Militärs nach neuen Gaskampftechniken suchten, die sie vom Wind unabhängiger machten und die eigenen Reihen besser schützten.

Mit Gasgranaten, Minen- und Gaswerfern wurden fortan die tödlichen Stoffe in die feindlichen Linien geschossen. Sie waren weitaus effektiver und schneller einsetzbar als das aufwendige Blasverfahren, bei dem man immer fürchten musste, dass der Wind oder ein feindlicher Artillerietreffer mehr Schaden in den eigenen Linien anrichtete als beim Gegner.

So begann der Wettlauf um den effektivsten Einsatz und die wirkungsvollste Gaswaffe. Auch Briten und Franzosen hatten schon vor Kriegsbeginn über Giftgase eifrig nachgedacht. Frankreich hatte kurz nach Ausbruch der Kampfhandlungen sogar als Erster Tränengasgeschosse in die deutschen Linien geschickt. Als das kaiserliche Heer mit dem Gasangriff in Ypern die Grenze der Unschuld übertrat, gab es hier wie dort keine Zurückhaltung mehr. Beide Seiten versuchten einander zu übertreffen. Bis 1918 wurden insgesamt 408 Blasangriffe mit flüssigem Gas durchgeführt. Und jede dritte Granate, die im letzten Kriegsjahr abgefeuert wurde, war ein Gasgeschoss.

In den Laboratorien hinter den Fronten und zu Hause analysierte ein Heer von klugen Köpfen den neuesten Stand der gegnerischen Waffentechnik, ersann neue Schutzmaßnahmen, entwickelte neue tückische Gifte. «Mit der Länge des Krieges wachsen die Bedürfnisse an neuen Gaskampfstoffen. Eine gute Armee muss ihre Gaskampfstoffe möglichst oft wechseln, um beim Feinde durch neue oder auch nur neu erscheinende Eindrücke Unruhe und Unsicherheit hervorzurufen und ihm somit durch das stete Einstellen auf neue Stoffe Schwierigkeiten zu bereiten ... Das Desiderium ist in erster Linie ein Ausbau von Gaskampfstoffen mit Latenzzeit, die außerdem im Gelände nur Stunden haften, also Offensivkraft haben», begründete Hauptmann Haber die fortwährende Suche und militärische Notwendigkeit nach immer neuen Giftstoffen, die den Gegner kampfunfähig machen, die nachrückenden eigenen Truppen aber nicht aufhalten sollten. Der Wissenschaftler wurde zum Militärtaktiker und Strategen.

Mit einer breiten Palette von tückischen Kampfstoffen schickten Militär, Wissenschaft und Industrie als Großhersteller der Gifte Tausende von Soldaten in den Tod. Chlor und Phosgen trieben die Soldaten qualvoll in den Lungentod, wie Alfred Schroth, Arzt des 35. Gaspio-

Imperial War Museum, Q.8098

Englisches Labor in Frankreich. Jede vom Gegner angewandte neue chemische Waffe wurde von der Gegenseite noch in Frontnähe sofort untersucht und analysiert

nier-Regiments, über Phosgen im Schützengraben schrieb: «Atemnot und Hustenreiz steigern sich bis zum Erstickungsfall. Der anfangs zähe und spärliche Auswurf macht einem dünnflüssigen und schaumigen Auswurf Platz, der allmählich blutig gefärbt ist und schließlich aus der Nase herausquillt. Das Aussehen der Vergifteten wirkt verfallen, und es tritt infolge Lungenödems der Tod bei fast vollem Bewusstsein ein.» Mit anderen Worten, der verwundete Soldat erstickte am eigenen Lungenwasser. Und als schließlich Atemschutz und Gasmaske – auch diese Entwicklungen kamen aus den Labors und Forschungsabteilungen der Wissenschaftler und chemischen Industrie – immer besser wurden, suchten die Professoren nach «maskenbrechenden» Giften. Wie etwa dem Kampfstoff «Clark», einer arsenhaltigen Verbindung, deren feine Staubpartikel den lebensrettenden Gasmaskenfilter durchdrangen und den Soldaten zwangen, in höchster Atemnot den Schutz vom Gesicht zu reißen. Auf Anregung Habers und eines Artille-

Britische Soldaten mit den ersten Schutzmasken unmittelbar nach dem ersten Gasangriff. Die Entwicklung des Gasschutzes gehörte während des Krieges zu den Hauptaufgaben der Wissenschaftler

rie-Offiziers folgte dann der Granatenschlag mit einem anderen Kampfstoff, der den masken- und hilflosen Soldaten endgültig außer Gefecht setzte. «Buntschießen» nannten die Experten das hinterhältige Verfahren, benannt nach den verschiedenen Farben, die die Militärs zwecks Unterscheidung der Gifte auf die Granaten pinselten.

Der Schrecken der Schützengräben auf beiden Seiten der Front, furchtbarer als alle Augen-, Nasen-, Rachen- und Lungengifte, war jedoch das Senfgas. Ein Haut- und Lungengift. Das meist tödliche Gebräu, das sich in einer senffarbenen Wolke schleichend ausbreitete, verätzte die Haut, zerstörte die inneren Organe, blendete die Augen. «Heftige Bindehautentzündungen verbunden mit Lichtscheuheit verwandelten die Vergifteten vorübergehend in Blinde. Eine brennende Blasenbildung beschränkte sich nicht auf unbedeckte Körperteile, sondern setzte sich unter den Kleidern fort und ließ nur die Teile unberührt, welche von dem Gürtel und den Hosenträgern bedeckt waren. Die Beschädigung der Lungen verbunden mit Dysphonie (Heiserkeit) vervollständigen das klinische Bild», hieß es in einem Arztbericht. Wochen-, oft monatelang hielt der teuflische Stoff den Boden verseucht. Dort, wo er die Erde kontaminiert hatte, konnte kaum noch gekämpft werden.

Auch dieser «Hunnenstoff», wie die Engländer das «mustard gas» (Senfgas) nannten, kam zuerst aus deutschen Laboratorien. Die Deutschen nannten es «Lost», benannt nach den zwei Chemikern Lommel und Steinkopf, die das Kampfgas in den Labors der Farbenwerke Bayer in Leverkusen und am Kaiser-Wilhelm-Institut in Berlin für den Krieg entdeckten und fronttauglich machten.

Bis zu 160 000 englische Soldaten soll der Hunnenstoff vergiftet haben. Das waren fast 90 Prozent aller durch Gas vergifteten Briten. Spätfolgen wie Krebs und andere Folgeerkrankungen sind dabei nicht mitgerechnet. Doch schon bald hatten auch die Alliierten den Furcht erregenden Stoff analysiert, entwickelt und produziert. Und ebenso wie die Deutschen hatten sie nicht die geringsten Skrupel, das tödliche Gift mit Tausenden von Granaten auf die gegnerischen Schützengräben regnen zu lassen. Der Weg der Gifte war immer der gleiche. Die Naturwissenschaftler erforschten, erprobten zunächst die todbringenden Substanzen entsprechend den militärischen Anforderungen und Wünschen, ehe die chemischen Konzerne in ihren Großlabors und Giftküchen nach der Rezeptur der Professoren die Gifte tonnenweise produzierten und Gewinn bringend in die feindlichen Schützengräben schütteten. Dann kam der Gegner und tat dasselbe.

Fritz Haber verpflichtete die klügsten Köpfe für diesen Gaskampf, sein Institut stellte er voll und ganz in den Dienst des Krieges. Eine geradezu olympische Mannschaft von Naturwissenschaftlern, vom Chemiker und Physiker bis zum Mediziner und Meteorologen, konnte der Geheimrat um sich scharen. Wissenschaftliche Genies wie die späteren Nobelpreisträger Richard Willstätter, Otto Hahn, James Franck, Gustav Hertz oder auch Hans Geiger, der Erfinder des Geiger-Zählers, gehörten zum Personal der neuen Chemie-Krieger, die mit Einfallsreichtum und Geschick immer tückischere Waffen ersannen. 150 Wis-

Amerikanische Soldaten 1918 bei einem Angriff durch gasverseuchtes Gelände. Insbesondere Senfgas/Lost blieb lange am Boden haften, und jeder Hautkontakt mit dem Gift war lebensgefährlich

senschaftler und 1850 wissenschaftliche Hilfskräfte arbeiteten allein in Deutschland in der Kampfstoff-Forschung. Fast ebenso groß war der Braintrust in Großbritannien und Frankreich. In den USA suchten zu Ende des Krieges sogar 1200 Wissenschaftler und 700 Hilfskräfte nach probaten Giftwaffen.

Vor allem die deutschen Naturwissenschaftler stellten ihre Arbeit und ihr Wissen ohne Bedenken in den Dienst des Krieges und eines deutschen Sieges. Es schien, dass sie im Wettstreit um die beste chemische Waffe die Überlegenheit der deutschen Wissenschaft beweisen und deutschen Erfindergeist demonstrieren wollten.

Als nach dem Kriege Gaswaffen und deren Erforschung in Deutschland verboten werden sollten, nahmen die Professoren und Doktoren einen buchstäblich atemberaubenden Standpunkt ein: «Der Fortschritt der technischen Kultur besteht darin, dass die geistige Überlegenheit, gestützt auf die Hilfsmittel der Naturwissenschaft, die Entscheidung bringt. Ein Verbot der chemischen Kampfmittel würde diesem Grundsatz technischer Kulturentwicklung widersprechen.»

Skrupel gegen die chemischen Waffen hatten nur wenige. Giftgas, so argumentierte Fritz Haber, sei nicht grausamer als «die fliegenden Eisenteile»; im Gegenteil, der Bruchteil der tödlichen Gaserkrankungen sei vergleichsweise kleiner, die Verstümmlungen fehlten. Haber stand mit diesen Argumenten nicht alleine. Tatsächlich waren die Verletzungen und Entstellungen durch Granatsplitter und Geschosse um ein Vielfaches größer und häufiger als die Gaserkrankungen. Der Wissenschaftler setzte zudem auf den psychologischen Effekt der Waffe, auf die Angst der Soldaten vor dem unbekannten Gift, das die Kampfmoral auch im Unterstand untergraben sollte. Auf diese Weise glaubte der Kopf und Organisator des deutschen Chemie-Krieges nicht nur die feindlichen Soldaten aus den Stellungen zu jagen, sondern auch den Krieg insgesamt zu verkürzen, ja sogar Menschenleben retten zu können.

Im Frieden für die Menschheit, im Krieg fürs Vaterland, das war Habers Devise. Der Geheimrat stand damit nicht allein: Der Hurrapatriotismus der ersten Kriegstage erfasste den Mann auf der Straße und die geistige Elite des Reiches gleichermaßen. Nur wenige versperrten sich dem Dienst am Vaterland. Dies gilt letztlich auch für die Wissenschaftler der alliierten und russischen Kriegsgegner, die nach anfänglichem Zögern alles taten, den Wettlauf um die beste chemische Waffe zu gewinnen und den gesamten Krieg nicht zu verlieren wegen allzu großer moralischer Bedenken.

Auf ernsthaften Widerstand stießen Haber und seine akademischen Krieger in ihren exklusiven Kreisen jedenfalls nicht, sieht man einmal davon ab, dass der Haber-Freund und Direktor-Kollege am Kaiser-Wilhelm-Institut für Physik Albert Einstein sich dem gesamten

**Fritz Haber mit Freund und Kollegen Albert Einstein
kurz vor Kriegsausbruch im Juli 1914. Im Krieg gehen
beide getrennte Wege**

Kriegstreiben versagte und mit Entsetzen in der deutschen Kollegen-
schaft eine «umfassende organisatorische Geschicklichkeit» registrierte, die die Herren im weißen Laborkittel und schwarzen Ordina-
riustalar in den Dienst des Krieges stellten. «Alle an den Universitäten
tätigen Gelehrten haben militärische Dienste oder Aufträge übernommen», wunderte sich der Pazifist. Einsteins Urteil über das moralische
Rückgrat seiner wissenschaftlichen Kollegen im Reich war vernichtend. «Nur ganz selbständige Charaktere können sich dem Druck der
herrschenden Meinungen entziehen. In der Akademie (gemeint ist die
Akademie der Wissenschaften) scheint kein solcher zu sein», schrieb er
im April 1917 resigniert.

Nur ein Fachkollege Habers wandte sich zu Kriegszeiten gegen die wissenschaftlichen Gaskrieger. Der Chemiker Hermann Staudinger, 1952 ebenfalls mit einem Nobelpreis ausgezeichnet, verurteilte seit dem Frühjahr 1917 immer vehementer das Völkerschlachten an allen Fronten. Vor allem der Eintritt der Amerikaner in den europäischen Krieg und die damit einhergehende technische und zunehmend auch wissenschaftliche Überlegenheit der Alliierten überzeugten den Wissenschaftler, dass an einen deutschen Sieg nicht mehr zu denken war. Von Zürich aus, wo Staudinger einen Lehrstuhl innehatte, forderte er in einer Denkschrift sogar den deutschen Generalstab auf, konsequent einen Verständigungsfrieden zu suchen. Die Tatsache, dass die Oberste Heeresleitung um Hindenburg und Ludendorff, die mittlerweile von Falkenhayn als obersten Krieger abgelöst hatten, stattdessen auf Sieg und einen breiten Gaseinsatz setzten, ließen den pazifistisch gesinnten Professor verzweifeln. Um den weiteren Einsatz der Gaswaffen zu verhindern, wandte er sich schließlich von der neutralen Schweiz aus an das Internationale Rote Kreuz, das im Februar 1918 einen Appell an die Kriegsparteien richtete, den Einsatz von Kampfgasen sofort einzustellen.

Staudinger wusste als Chemiker um die massenvernichtende Wirkung der chemischen Waffen. In Artikeln und Vorträgen warnte er während und nach dem Krieg vor dem Einsatz der giftigen Kampfstoffe. «Demgegenüber ist es Aufgabe und Pflicht eines Menschen, der nur einen gewissen Einblick in die heutige Technik besitzt, darauf hinzuweisen, dass sowohl die Art der Vernichtungsmittel wie ihre Größe ganz andersartige sind, sodass bei nochmaligem Kampf von Industrievölkern, die ihre technischen Fähigkeiten im Krieg ausnützen können, eine noch nie da gewesene Vernichtung eintreten wird», begründete er 1919 noch einmal seinen Standpunkt.

Auch über seine Auffassung zu den Aufgaben eines Chemikers und Wissenschaftlers in Kriegszeiten ließ Staudinger niemanden im Unklaren. In einer heftigen Brief-Kontroverse mit Fritz Haber, dem er nach Kriegsende seine pazifistischen Motive erläutern wollte, schrieb er 1919, «dass nämlich gerade wir Chemiker in Zukunft die Verpflich-

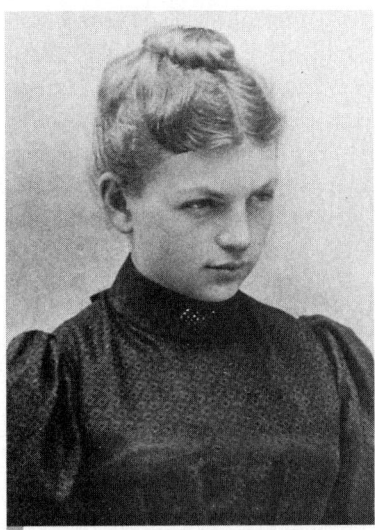

Clara Immerwahr, erste Ehefrau
Habers und promovierte Chemikerin,
missbilligte den Gaskrieg

tung haben, auf die Gefahren der modernen Technik aufmerksam zu
machen, um so für eine friedliche Gestaltung der europäischen Verhältnisse zu wirken, da ein nochmaliger Krieg in seinen Verheerungen
fast unausdenkbar wäre». Haber, der vor allem Staudingers unmittelbar vor den Versailler Friedensverhandlungen veröffentlichte Artikel
zum deutschen Gaskrieg missbilligte, antwortete kühl: «Sie sind damit Deutschland in der Zeit der größten Not in den Rücken gefallen.»
Mit seinem öffentlich geäußerten Missfallen und seinen Zweifeln am
deutschen Gaseinsatz blieb Staudinger jedoch eine kaum gehörte Ausnahme, die die deutschen Gaskrieger letztlich nicht berührte.

Heftigen moralischen Widerstand gegen das Gas erfuhr Haber allenfalls im privaten Umfeld. Bis heute aufkeimende Gerüchte, dass
seine erste Ehefrau Clara Immerwahr, die wie Haber auch Chemikerin
war, sich das Leben nahm, weil sie unter anderem mit dem radikalen

Gaskrieg-Einsatz ihres ehrgeizigen Mannes nicht einverstanden war, sind allerdings quellenmäßig nicht belegt.

Dass zumindest die deutsche Öffentlichkeit gegen den Gaskrieg Einspruch erhob, war auch nicht zu erwarten. Wie die Gaskrieger an der Ypern-Front ihren heroischen Sieg im April 1915 errungen hatten, blieb an der Heimatfront weitgehend unbekannt. Allenfalls Angehörige, deren Männer selbst Opfer alliierten Gasnebels geworden waren, konnten sich Ausmaß und Grausamkeit des chemischen Krieges ausmalen. Moralische Bedenken gegen das Gas konnten nur die erheben, die davon wussten, aber die Eingeweihten hielten sich bedeckt, die meisten von ihnen begrüßten den Gaseinsatz, Empörung und Entrüstung kamen erst gar nicht auf.

Niemand in der Militärführung und den wissenschaftlichen Amtsstuben scherte sich um das Völkerrechtsverbot. Die Haager Landkriegsordnung von 1907 hatte zwar den Einsatz und die Verwendung von Gift oder vergifteten Waffen verboten – die Völkerrechtler auf beiden Seiten glaubten jedoch aufgrund der unklaren Formulierungen, das Verbot schließe den Einsatz von offensiven Kampfgasen nicht ein. Als geächtet interpretierte man lediglich solche Waffen, die unnötige Leiden verursachten und gegen Zivilisten eingesetzt wurden.

Kampfstoffe im Feld und an der Front, die rein militärischen Charakter besaßen, die als kriegsnotwendig angesehen wurden und nicht ausschließlich Gas verbreiteten, waren in den Augen der Generäle nicht sanktioniert. Ein wenig mehr herkömmlichen Sprengstoff in die Granatenfüllungen – schon schien das Völkerrecht elegant ausgehebelt. «Mit der völkerrechtlichen Zulässigkeit der Gaswaffen bin ich niemals befasst worden … Diese Seite der Sache hat der Generalstabschef und Kriegsminister von Falkenhayn persönlich geprüft. Unzweifelhaft war er überzeugt, mit dem Völkerrecht durch seine Anordnungen auf dem Gaskriegsgebiet nicht in Widerspruch zu treten. Eine entgegengesetzte Meinung würde mich von der Mitarbeit zurückgeschreckt haben»: Mit diesem Argument entzog sich Haber, wie so viele seiner Kollegen, die in das chemische Abschlachten eingebunden waren, der Verantwortung. Überdies war der oberste Gaskrieger über-

**Britische Soldaten nach einem Gasangriff im April 1918.
Die meisten der von allen Parteien eingesetzten Gifte führten zu
vorübergehender, oft zu vollständiger Erblindung**

zeugt, er habe mit seinem Einsatz den Weltkrieg entscheidend humanisiert. Zudem habe die Gegenseite in Gestalt der Franzosen schließlich angefangen. Dass die Gegenseite dasselbe Argument vertrat und nun ihrerseits ungehindert den Gaskampf aufnahm, weil die «Hunnen» die Büchse der Pandora geöffnet hatten, ließen die Deutschen nicht gelten. Fritz Haber wurde nach Kriegsende wegen seines Gaskriegeinsatzes zusammen mit seinem Kaiser auf die Liste der Kriegsverbrecher gesetzt, doch in Wissenschaftlerkreisen galt das eher als Siegerjustiz der Nachkriegszeit.

Am Ende hat der ungehemmte Einsatz der tödlichen Stoffe keiner Kriegspartei genützt. Mehr als eine Million der insgesamt 25 Millionen Kriegsverwundeten wurde durch chemische Waffen verletzt und zum Teil lebenslang geschädigt; von rund 10 Millionen Kriegstoten starben zwischen 70 000 und 90 000 Soldaten einen lautlosen, unsichtbaren, lähmenden, erstickenden und den Körper zerfressenden Tod. Das militärische Ziel der deutschen Kriegsführung, mit Gas den Soldaten aus den Schützengräben zu jagen und den Stellungskrieg siegreich zu beenden, misslang. Die 750 Kilometer lange Westfront vom Kanal bis zur Schweizer Grenze hat sich fast vier Jahre lang so gut wie nicht bewegt. Nur der Tod in den Schützengräben wurde durch das Gift noch grausamer und schmutziger.

Kriegsende und Versailler Friedensvertrag beendeten die Suche nach giftigen Stoffen keineswegs. Alle Seiten forschten ungehemmt weiter nach neuen, noch gefährlicheren, noch wirkungsvolleren Kampfgasen – ebenso die Deutschen, auch wenn ihnen die alliierten Kriegsgegner im Vertrag von Versailles Umgang und Nutzung von chemischen Waffen verboten hatten. Heimlich und zum Teil sogar mit Hilfe des neuen Sowjetrusslands wurde versucht, die Reichswehr chemisch aufzurüsten. Haber war auch hier wieder beteiligt – diesmal nur als Berater. Vor allem die USA, die 1917 auf dem Höhepunkt des Gaskampfes in den Krieg eingetreten waren und hohe Verluste durch das Gift erlitten hatten, intensivierten ihre Anstrengungen in der chemischen Aufrüstung. Fortan waren sie führend auf diesem Gebiet.

Die Erfahrung des tausendfachen grauenvollen Gifttodes an den Fronten des Ersten Weltkrieges verhinderte nicht einmal die weitere praktische Erprobung der chemischen Waffen. 1922 bis 1927 schlug Spanien mit Senfgaswaffen marokkanische Aufständische nieder, die um ihre Unabhängigkeit kämpften. Ebenso die Italiener, die 1935/36 unter ihrem Duce mit dem tödlichen Senfgas gegen die Abessinier vorgingen.

Es war fast ein Wunder, dass die tödlichen Gifte, die in den Waffendepots der großen Mächte lagerten und sich immer weiter anhäuften, nicht auch im Zweiten Weltkrieg todbringend eingesetzt wurden. Dabei waren alle Parteien für den Giftkampf bestens gerüstet und bereit. Vielleicht war es die Angst vor dem tödlichen Gegenschlag, der die

In Frontnähe musste sich auch die Bevölkerung, wie hier im französischen Marbache, mit Gasmasken vor den Giftgasen schützen

Kriegsgegner zögern ließ, das Gas an der Front einzusetzen – die Angst vor einem Gegenschlag, der mit dem modernen Kriegsgerät das Gift auch auf die weit hinter der Front lebende schutzlose Zivilbevölkerung richten konnte. Denn wie Gas wirkte, das wussten Generäle und Politiker noch aus den Schützengräben des Ersten Weltkrieges.

Ein französischer Pionier in einem Stollen tief unter der Erde

Werner Biermann

Albtraum Verdun

Der Morgen des 21. Februar 1916 ist zuerst ganz still. Dann, um 8 Uhr 12 deutscher Zeit, lässt eine gewaltige Detonation die Landschaft erbeben: Im Wald von Warphemont wird aus einem 38-cm-Kampfgeschütz ein Schuss abgefeuert, der 22 Kilometer entfernt, in der Innenstadt von Verdun, einschlägt. Der Schuss aus dem «Langen Max» ist das Signal für eine der größten Schlachten der Kriegsgeschichte, das Startzeichen für einen Vernichtungszug gegen menschliche Körper, wie es ihn nie zuvor gab. Das Grollen liegt noch in der Luft, da bricht die Hölle los. 1225 Geschütze eröffnen beinahe gleichzeitig das Feuer: auf die französischen Linien, auf die Stellungen dahinter, auf Bahnhöfe und Verkehrsknotenpunkte, auf die alte Stadt an der Maas, Verdun. Stunde um Stunde donnern die Geschütze, Minenfelder gehen hoch, überall stehen Rauchsäulen. Die französischen Soldaten sind diesem Angriff vollkommen schutzlos ausgeliefert. Auf ihre zerfetzten Körper legt sich der sanft treibende Schnee. Die Erde wird um und um gepflügt. Binnen weniger Stunden verschwinden dichte Wälder, werden zu lunaren Trichterfeldern. Jahrhundertealte Dörfer hören für immer auf zu existieren, Häuser, Schulen, Kirchen. Die «Schlacht von Verdun» hat begonnen, der Albtraum, der niemanden mehr verlassen wird, der diese Hölle überlebt.

Am Nachmittag, gegen 16 Uhr, gehen die deutschen Geschütze zum Trommelfeuer über. Dann brechen die Sturmtruppen auf, das Gewehr im Anschlag, am Gürtel die Handgranaten. Sie überqueren das kurze Stück Niemandsland, dieses vom Beschuss Tausender von Granaten verwüstete Terrain, und dringen in die ersten französischen

Gräben vor. Man rechnet mit keinerlei Widerstand. Aber es ist hier erstaunlicherweise nicht alles Leben erloschen, die wenigen überlebenden Franzosen stellen sich den deutschen Sturmtruppen mit verzweifelter Wut entgegen. Zwischen den Stümpfen der alten Bäume, in den Schluchten und Gräben kommt es zu mörderischen Nahkämpfen. Archaisches Handgemenge, Mann gegen Mann. Oft beenden erst die deutschen Flammenwerfer-Abteilungen den Widerstand, der buchstäblich erstickt wird, verkohlt.

Dann bricht die Nacht herein. Die Kämpfe lassen etwas nach, hören aber nicht auf, der Einschlag der Granaten, die Salven der Maschinengewehre, das fauchende Gebrüll der auflodernden Flammenwerfer. Ist es einen Moment still, hört man das Stöhnen der Sterbenden, die Hilferufe der Verletzten. Es ist bitterkalt, dichtes Schneetreiben setzt ein. In dieser Nacht schon wird es den Deutschen klar, dass es einen *Spaziergang* nach Verdun hinein nicht geben wird. Der erste Tag und die erste Nacht der Schlacht von Verdun sind gerade erst vorbei. Dreihundert Tage wird sie dauern, diese Schlacht, und dreihundert Nächte.

Monate zuvor, im September 1914, knapp vier Wochen nach Beginn des Krieges, hatte die deutsche 5. Armee unter dem Oberbefehl des Kronprinzen Wilhelm die Gegend von Verdun erreicht, am 9. September stand sie sogar vor Bar-le-Duc, südlich von Verdun, dessen Einkreisung damit nahezu gelungen war. Wegen der Marne-Schlacht aber wurden die Truppen aus dem Gebiet von Verdun zurückgezogen, die Umfassung der «Festung Verdun» musste aufgegeben werden. Im Verlauf des ganzen Krieges wurden diese 1914 aufgegebenen Positionen nie wieder erreicht. Der Bewegungskrieg erstarrte zum Stellungskrieg, überall im Westen. Über 750 Kilometer Länge, von der Kanalküste bis zur schweizerischen Grenze, gruben sich die Heere ein, in einem tief gestaffelten Grabensystem, das ständig erweitert wurde und schließlich etwa 40 000 Kilometer lang war: Hauptkampflinien, Auffangstellungen, Deckungs-, Stich- und Verbindungsgräben, nach hin-

3. — ORNES (Meuse). - Mairie.

Dorfleben in Ornes (Maas), kurz vor 1914. In Ornes ist 1916 kein Stein auf dem anderen geblieben, das Dorf wurde, wie viele andere in der Umgebung von Verdun, nie wieder aufgebaut

ten mit Nachschubstellen und Lazaretten verbunden. Das ganze Kriegsjahr 1915 hindurch war im Westen der Stellungskrieg ohne Entscheidung geblieben.

Das *Prinzip des Krieges* war immer noch das alte: die systematische Ausschaltung menschlicher Körper, am besten für immer – also die Vernichtung. Das ist die Aufgabe der Kämpfenden. Der Feind ist aber selbst ein Kämpfer und verfolgt genau dieselben Absichten. Man muss also versuchen, ihn zu vernichten, zugleich muss man der Vernichtung durch ihn entkommen. Erst wenn eine hinlänglich große Zahl feindlicher Körper ausgeschaltet wurde, kann man hoffen, dass der

Schlacht um Verdun

Consenvoy
Gremilly
Drillancourt
Brabant
Cuisy
Beaumont
Malancourt
Ornes
Höhe 265
Bois d'Avocourt
Höhe 295
Louvemont
Höhe 304
Toter Mann
Champ
Chattancourt
Charny
Douaumont
Esnes
Bras
Bois de Esnes
Vacherauville
Vaux
Marre
Thiaumont
Bourus
Souville
Choisel
Belleville
St. Michel
Chana
Verdun
Chaumes
Sartelles
Belrupt

⇒ Hauptangriffe
••••••• Frontverlauf vor dem Angriff
am 21. Februar 1916
— weitester Vorstoß der
deutschen Truppen
- - - - Frontverlauf nach
Rückeroberung durch
die Franzosen
✹ Festung   ⚓ Geschütz   ▲ Hügel

Feind sich geschlagen gibt. «Solange ich den Gegner nicht niederge-
worfen habe», schreibt Clausewitz, «muss ich fürchten, dass er mich
niederwirft. Ich bin also nicht mehr Herr meiner, sondern er gibt mir
das Gesetz, wie ich es ihm gebe.»

Allerdings waren im Ersten Weltkrieg die *Mittel des Krieges*, die Waffen und Geräte, völlig andere als je zuvor, alles war neu: die ungeheure
Sprengkraft der Geschütze, die Explosivgeschosse samt der von Henry
Shrapnel erfundenen Splitterwirkung, das Maschinengewehr mit 350-
Schuss-Gurten, eine wahre Tötungsmaschine, das Kampfgas (Giftgas),
der Flammenwerfer, der Minenwerfer. Aber auch die allgemeinen
technischen Errungenschaften der Vorkriegszeit wurden für den
Krieg genutzt: die drahtlose Telegraphie (über 3000 Meilen), die Ei-
senbahn (ohne die ein solcher Krieg nicht möglich gewesen wäre), der
Fesselballon, die verbesserte Fotografie zum Beispiel für die Aufklä-
rung und Artillerie-Vorbereitung, das Flugzeug, das jetzt auch den
Himmel zum Schlachtfeld macht, das Telefon, der Verbrennungs-
motor (für Lkws und Flugzeuge), das Benzin für diese Motoren, die
Erdöl-Raffinerie ... dies alles zusammen wurde zu einer gigantischen
Vernichtungsmaschinerie, deren Wirkung in der Schlacht von Verdun
zum ersten Mal erkannt und erlebt wurde: als der massenhafte gewalt-
same Tod von Menschen.

Der Stellungskrieg, also die offensichtliche Erfolglosigkeit, steigerte die Verbissenheit, mit der die vielen einzelnen lokalen Kämpfe
geführt wurden. Das kleine Dorf Vauquois beispielsweise, nordwestlich von Verdun auf einem hundert Meter hohen Hügel gelegen, von
dem aus man die gesamte Ebene ringsherum kontrollieren konnte,
war nach monatelangen Kämpfen nur noch ein Trümmerhaufen.
Deutsche und Franzosen lagen sich im Straßenkampf gegenüber,
kämpften um jede einzelne Ruine. Der ergebnislose Kampf um den
Besitz des Hügels kostete Tausende junger Männer das Leben (man
schätzt 15 000 Tote). Schließlich verlegte man den Krieg unter die
Erde: Man grub lange Stollen bis unter die feindlichen Stellungen und
ließ von dort riesige Mengen Sprengstoff detonieren, um den Gegner
zur Aufgabe seiner überirdischen Stellungen zu zwingen. Natürlich

Mémorial de la Clairière de l'Armistice

Gräben und Gräber, nahe dem Fort Douaumont

benutzten die Franzosen sofort dieselben Methoden, der «Minen-krieg» hatte begonnen.

Da es den Deutschen 1915 auch in Russland nicht gelungen war, eine Entscheidung herbeizuführen, sah sich General von Falkenhayn als Chef des Generalstabs nicht in der Lage, im Westen offensiv zu werden. Er musste aber versuchen, der für 1916 erwarteten franzö-sisch-britischen Offensive mit einem eigenen Angriffsplan zuvor-zukommen. Wie Falkenhayn später (1919) schrieb, hat er dem Kaiser diesen Angriffsplan um Weihnachten 1915 vorgelegt: In Reichweite der Westfront gebe es ein Ziel, so bedeutsam und hochsymbolisch für Frankreich, dass für seine Verteidigung die französische Führung ge-zwungen sei, den letzten Mann einzusetzen. Hier könne man, so Falkenhayn, einen Kampf entbrennen lassen, der «wie ein Moloch die

Gas-Alarm im Argonner Wald, nordwestlich von Verdun

Kinder Frankreichs frisst», eine «Blutmühle». Das Ziel Falkenhayns war Verdun. In der Tat: Der Festungsgürtel Verduns, bestehend aus etwa 40 großen Verteidigungsanlagen, war der Ausdruck eines französischen Traumas (der Niederlage von 1870/71 mit dem Verlust von Elsass-Lothringen) und einer tiefen Angst: der Angst vor der Rückkehr der Deutschen. Man würde alles tun, um die Deutschen hier zu stoppen.

Der deutsche Angriffsplan erhielt den Decknamen «Gericht». Am 12. Februar 1916, dem festgesetzten Tag, sollte also bei Verdun das große Gericht über die Franzosen hereinbrechen.

Ein junger Leutnant und frisch ausgebildeter Beobachtungsflieger spielte dabei eine besondere Rolle: Hermann Göring (der sich 30 Jahre später in Nürnberg vor der Hinrichtung mit Gift das Leben nahm). Er hatte schon seit dem Frühjahr 1915 die ganze Kette der Forts und sonstigen Stellungen um Verdun herum überflogen und systematisch fotografiert – manchmal im Tiefflug und unter französischem Infanteriefeuer, was ihm das Eiserne Kreuz 1. Klasse einbrachte. Der Kronprinz sah den jungen Leutnant gern, weil er «so schneidig» war. Dank Göring, der inzwischen auch seine Ausbildung zum Jagdflieger absolviert hatte, kannte die deutsche militärische Führung die «Festung Verdun» bis ins letzte Detail.

Seit Anfang Januar 1916 liefen die Vorbereitungen, besetzte Dörfer wurden evakuiert, um Platz für die Truppen zu schaffen. Man baute Feldbahnen, Stationen, Depots, Barackenlager, Lazarette. Ununterbrochen rollten aus Deutschland die Güterzüge heran, die Munition brachten und Waffen, Granaten, Handgranaten, Lebensmittel, Benzin, Stacheldrahtrollen, Sandsäcke, Leuchtpistolen … Das Wetter war ungemütlich, Frost und Tauwetter wechselten ab, es regnete tagelang, und der Boden verwandelte sich in tiefen Morast.

In den französischen Hauptquartieren blieb man unbeeindruckt: Warum sollten die Deutschen so töricht sein, ausgerechnet die stärkste Festung Frankreichs anzugreifen, einen Ring aus ungefähr 40 großen Stellungen, den Forts und ihren Zwischenwerken? Man nahm an, alle diese Maßnahmen konnten nur ein Täuschungsmanöver sein, um von einem anderswo geplanten Angriff abzulenken. Allein die lokalen französischen Offiziere begriffen, was auf sie zukam. Oberst Driant, ein bekannter Schriftsteller seiner Zeit, schrieb aus seiner Stellung, dem *bois de caures* (Caures-Wald), an seine Frau: «In Eile nur ein paar Zeilen … Der deutsche Sturmangriff kann in dieser Nacht losgehen oder um ein paar Tage verschoben werden. Aber ausbleiben wird er nicht. Hier in meinem Wald werden die ersten Gräben gleich bei Beginn verloren gehen, denn sie werden Flammenwerfer und Gas einsetzen, wir erfuhren das heute von einem Gefangenen.»

Als aber der Morgen des 12. Februar, des festgesetzten Angriffstages, graute, lag die Landschaft in undurchdringlichem Nebel. Nichts geschah, die Spannung wurde unerträglich, dann wurde der Angriff auf den nächsten Tag verschoben. Vom 13. Februar an wurde das Wet-

Stille Stunde an einem Wintertag vor Verdun

ter schlechter, Orkane fegten über das Land, gefolgt von schweren Regengüssen. Die Gräben liefen voll, die Uniformen wurden nicht mehr trocken. Am 20. schlug das Wetter um, und am 21. Februar stand morgens die Wintersonne an einem wolkenlosen Himmel. Um 8 Uhr 12 feuerte der «Lange Max» im Wald von Warphemont den ersten Schuss ab.

Der zweite Tag des Angriffs, ein eiskalter Tag, unterscheidet sich wenig vom Vortag. Am Morgen brechen die deutschen Geschütze los. Tausende von Granaten graben die Kraterlandschaft noch einmal um.

Westfront

NIEDERLANDE

Nordsee

Rotterdam

DEUTSCHES REICH

Antwerpen *belgische Armee*

Ostende   Brügge   Gent

Ypern

Maastricht

Löwen   Brüssel

BELGIEN

Aachen
Eupen
Lüttich

Köln

Koblenz

Mons

Namur
Charleroi

Lille

Douai

Maubeuge

Cambrai

Le Cateau

St. Quentin

Neuf-château

Arlon   **LUXEMBURG**

Luxemburg

1. Armee

La Fère   Laon

Mont-didier

2. Armee

Soissons

Reims

Mézières

3. Armee

Sedan

Diedenhofen (Thionville)

Lothringen

5. Armee

Metz   Morhange

4. Armee

Verdun

3. Armee

„Voie Sacrée"

Châlons-sur-Marne

St. Mihiel

Nancy

Saarburg

6. Armee

6. Armee

Paris

britisches Expeditions-korps

9. Armee

Provins

5. Armee

Bar-le-Duc

4. Armee

Toul   Lunéville

2. Armee

7. Armee

Épinal

St.-Gond-Sümpfe

Mül-hausen

1. Armee

Langres

Belfort

Montbéliard

FRANKREICH

Dijon

Besançon

→ deutscher Vormarsch

········· Erste Phase

——— Zweite Phase

alliierte Stellungen
am 5. September 1914

▲▲▲ französische Stellung

▲▲▲ britische Stellung

▲▲▲ belgische Stellung

◎ militärische Befestigung

0 20 40 60 80 100 km

Bäume, Gesteinsbrocken, Gegenstände, menschliche Körper wirbeln durch die Luft. Doch hier und da antwortet jetzt die französische Artillerie. Die zweite eisige Nacht ohne warme Verpflegung bricht herein, aber voller Gewehrfeuer, MG-Salven und detonierender Handgranaten. Der dritte Tag verläuft ähnlich. Der Caures-Wald, in dem sich die Einheit von Oberst Driant befand, hat sich durch 80 000 Granaten in eine Mondlandschaft verwandelt, Driant und seine Männer sind tot. Der vierte Tag bringt den Deutschen die ersten Geländegewinne.

Am fünften Tag gelingt den deutschen Angreifern ein spektakulärer Erfolg: die Einnahme des Forts Douaumont, des größten und modernsten Forts der gesamten Festungsanlage. Ein paar deutsche Trupps, halb verirrt im Gelände, geraten in die Nähe der Anlage und stellen fest, dass sie von dort nicht beschossen werden. Das Geschütz des Panzerturms feuert auf ferne Ziele, über ihre Köpfe hinweg, aber die MGs, die normalerweise den Graben und die nahe Umgebung bestreichen, bleiben stumm. Also dringen zwei, drei Trupps, unabhängig voneinander, in den Graben ein. Dort geraten sie allerdings in den eigenen deutschen Geschosshagel, der dauernd auf das Fort niedergeht – der Krieg als immer währendes Chaos. Es gibt viele Tote. Es scheint paradoxerweise nur eine Rettung zu geben: hinein ins Fort. Granaten haben einige Breschen in das dicke Mauerwerk geschlagen, und so tastet man sich in dunkle Gänge hinein.

Überall dringen jetzt deutsche Trupps durch endlose und gespenstisch leere Gänge immer weiter ins Innere vor und nehmen, bei nur geringer Gegenwehr, in der ganzen riesigen Anlage 60 französische Männer gefangen. Erst jetzt begreift man, dass das Fort überhaupt keine reguläre Besatzung hat, sondern nur Artilleristen zur Bedienung der Panzerturm-Geschütze. Die Erklärung dafür ist erstaunlich: Die französische Führung hatte schon bald nach Kriegsbeginn, als die Deutschen beinahe mühelos die großen Festungen von Antwerpen, Lüttich, Namur und Maubeuge eroberten, das Vertrauen in solche Anlagen verloren – und Waffen und Besatzung abgezogen. Die Oberste Heeresleitung der Deutschen feiert freilich in Berlin diesen Zufallssieg wie einen groß angelegten, genialen Handstreich und erklärt, der

Ein französischer MG-Schütze hinter einer Deckung aus Sandsäcken

«Eckpfeiler der gesamten französischen Verteidigung ist nunmehr in deutscher Hand».

Das Fort ist für die Deutschen nicht besonders wertvoll. Die Waffen, vor allem die von Metallkuppeln geschützten MG-Stände und die schweren Geschütze der Panzertürme, lassen sich nicht in die andere Richtung, also gegen die französischen Linien drehen. Immerhin lässt sich das riesige Fort als geschütztes Depot benutzen, für Waffen, Munition, Lebensmittel, Sanitätsmaterial. Ein Lazarett wird eingerichtet, in dem Tag und Nacht die Verwundeten versorgt werden. Abgekämpfte Einheiten dürfen sich manchmal unter dem Schutz des zweieinhalb Meter dicken Betons für ein paar Stunden ausruhen.

Der sechste Tag der Schlacht um Verdun bringt die Krise und die Entscheidung. Für 24 Stunden sieht es so aus, als stehe die französische Armee unmittelbar vor der Niederlage, als sei die «Schlacht um Verdun» schon verloren und vorbei. Die Einheiten, die fünf Tage gekämpft haben, sind völlig aufgerieben. Der vordere deutsche Angriffs-keil steht nur noch fünf Kilometer von Verdun entfernt, die lokalen französischen Führer erwägen den Rückzug vom gesamten rechten Maas-Ufer. Da wird der General Philip Henry Pétain zum Chef der Verdun-Front ernannt. Sein Prinzip lautet: *Ils ne passeront pas* – sie werden nicht durchkommen. Er gibt den grausamen Befehl, jede einzelne Stellung zu halten. Jeder Rückzug werde gnadenlos vom Kriegsgericht verfolgt. Und der französische Widerstand formiert sich tatsächlich, unter unsäglichen Opfern, seit diesem Tag. Pétain hat genau im Sinne Falkenhayns reagiert, und die «Blutmühle» beginnt. Aber sie wird in beide Richtungen arbeiten.

Die deutschen Verluste sind jetzt ebenfalls verheerend. Bei dem Versuch, das zuvor tagelang beschossene Dorf Louvemont einzu-nehmen, empfängt die deutschen Soldaten unerwartetes MG-Feuer. Die Angreifer sterben zu Hunderten. Mit der Einnahme des Dorfes Douaumont kommt der deutsche Angriff am 2. März ganz zum Ste-hen. Nach zehn Tagen ununterbrochener Kämpfe sind die Männer völ-lig erschöpft. Man hat etwa drei Kilometer Terrain gewonnen, aber 40 000 Männer sind dafür getötet worden – auf beiden Seiten. Der Schriftsteller Walter Bloem, als Offizier vor Verdun, notiert, dass von den 850 Mann, mit denen sein Bataillon am 21. Februar angetreten ist, nur noch 107 am Leben sind.

Denn Pétain kriegt das eigene Chaos, die Panik in den Tagen nach der deutschen Attacke, allmählich in den Griff (was ihn für die Franzo-sen zum gefeierten Kriegshelden machen wird, zum Marschall von Frankreich und, am Ende, in Vichy, zu einer tragischen und traurigen Figur). Aus dem Raum um die Stadt Verdun, von den Deutschen bei-nahe zu drei Vierteln eingeschlossen, gab es bei Beginn der Offensive nur noch zwei Verbindungswege nach Süden, ins französische Hinter-land: eine kleine Schmalspurbahn («le petit Meusien», eine Benzol-bahn) und die schmale alte Landstraße ins 75 Kilometer entfernte Bar-le-Duc. Über diese Straße kommt jetzt Frankreichs Rettung.

3400 Lastwagen, eine doppelte Fahrzeugschlange, die Tag und Nacht fährt, hin und zurück, transportieren jede Woche 90 000 Män-

Die «Heilige Straße»: General Pétain beschlagnahmte für diese Aktion
sämtliche französischen Lastwagen

ner und 50 000 Tonnen Material, darunter allein in den ersten Tagen
2000 schwere Geschütze. Die Straße gewinnt für die Franzosen beinahe mythische Bedeutung, wird zur «Voie Sacrée», zur heiligen
Straße. Natürlich ist die alte Straße binnen weniger Tage völlig ru-
iniert. Um sie instand zu halten, legt man an der Strecke etliche Stein-
brüche an. Tausende, Hunderttausende Tonnen von Kieselsteinen
werden von Landwehrmännern dauernd auf die Straße geworfen. Die
endlose Kolonne der Lastwagen stampft sie mit den Hartgummireifen
in die Erde.

Der Krieg wird immer stärker industrialisiert. Der unglaubliche
Verbrauch von Munition durch automatische Waffen, Artillerie und
Maschinengewehre stellt die Produktionskräfte der beteiligten Länder vor enorme Herausforderungen. Aus dem «Handwerk des Tötens»
ist ein industrialisierter Prozess geworden, also ist es auch ein Krieg

der Volkswirtschaften gegeneinander. Wenige Jahre zuvor, etwa bei der Pariser Weltausstellung, bestaunte man noch die verheißungsvollen neuen Maschinen und Technologien: neue Methoden der Stahlproduktion, der Massenproduktion (Frederik Taylor und der «Taylorismus»), *time-and-motion*-Konzepte, um ganze Fabriken zu «rationalisieren», Arbeiten in winzige Schritte zu zerlegen; die ersten Fließbänder bei Ford – alles ist neu, alles verspricht eine glänzende Zukunft, ein großartiges Jahrhundert.

Doch jetzt dienen alle diese Produktionskräfte, in einer absurden logischen Umkehr, letztlich der Destruktion: Was man bei Krupp in Deutschland, bei Schneider in Frankreich Tag und Nacht in Dauerschichten herstellt, wird an den Fronten wie bei Verdun verbraucht, um Menschen zu töten. Die Massenproduktion ermöglicht das massenhafte Töten, das Massensterben. Der maschinelle Krieg, die Vernichtungsmaschinerie ist eine perverse organisatorische und logistische Glanzleistung. Alles fügt sich zusammen: *just in time*. Die Männer vor Verdun sind die Ersten, die diese neuen Schrecken des Krieges, die niemand kommen sah, erleben; sie leben an der Grenze der menschlichen Existenz: Hunger, Nässe, Durst, Panik, Angst, Erschöpfung, Müdigkeit, aber auch Verzweiflung, Gewaltausbrüche, Rachedurst, Mordlust, psychische Verwirrtheit.

Und die unvermeidliche Verrohung. Der Gefreite Hermann Richter, bei Beginn des Krieges noch ein heimlicher Freund Frankreichs, schreibt jetzt: «Pardon wird nicht gegeben. Da half kein Hände hoch, kein Flehen, eine Kugel war die Antwort. Was nützt es, dass sie sich zitternd im Unterstand zusammendrängen, ein paar Handgranaten lassen jeden Laut verstummen. Aber sei unbesorgt, lieb Mütterle, wenn wir dereinst in die Heimat zurückkehren, da sind wir wieder die Alten und wollen singen und jubeln.»

Die Deutschen kommen jetzt nicht mehr voran. Um jeden Unterstand, um jedes Grabenstück, um jede Deckung im Granattrichter wird erbittert und unerbittlich gekämpft – und genau das wird die nächsten Monate für alle so entsetzlich machen.

Nur etwa einen Kilometer von Fort Douaumont entfernt liegt das etwas kleinere Fort Vaux, das jetzt von Pétain eine starke Besatzung erhält. Die deutschen Pläne sahen die Eroberung dieser Festung schon für den 27. Februar vor, aber die Angreifer kommen nicht mehr voran. Von beiden Flanken, vom Dorf Vaux und vom Caillette-Wald, kontrollieren die Franzosen das Vorgelände. Einmal werden die deutschen Angreifer, nur 250 Meter vom Fort entfernt, von der eigenen Artillerie beschossen. Die Toten und Verletzten bleiben im Drahtverhau zurück. Nur Meter um Meter kommt man im Laufe von drei Monaten im Caillette-Wald voran, wo es längst keinen Wald mehr gibt, auch keine Schützengräben mehr, nur noch Granattrichter, notdürftig miteinander verbunden, oft voller Regenwasser, in denen die Männer tagsüber reglos kauern – denn die französischen MG-Schützen überblicken von oberhalb, von *Froideterre*, das ganze Gelände. Um die Toten kann man sich kaum noch kümmern. Sie liegen offen im Gelände oder sind notdürftig verscharrt, bis sie von neuen Geschossen herumgeschleudert und zerstückelt werden. Ungeheure Mengen von Ratten sind plötzlich aufgetaucht, sie sind überall, Tag und Nacht. Man erschlägt und erschießt Tausende, in hilfloser Wut. Man besorgt sich Hunde und richtet sie ab, die «Rattenhunde» von Verdun.

Alle Arbeiten müssen nachts verrichtet werden, der Abtransport von Verletzten, das Heranschaffen von Munition und Verpflegung. Alles kommt von weit her, über gefährliche Wege, Schluchten und Steilhänge, die unter Feuer liegen – etwa der Damm über den *Étang de Vaux* (Vaux-Teich), über den die Deutschen zu ihren vorderen Stellungen kommen, Nachschub, Wasserholer, Melder, Träger. Sie werden so anhaltend beschossen, dass manchmal der ganze Teich voller Leichen ist. Wenn die Wasserholer wegbleiben, wird der Durst unerträglich. Man uriniert in Blechbüchsen, die man eine Weile eingräbt, angeblich «weil es dadurch frischer wird». Die Franzosen leiden unter demselben Durst. Jean Vergne, ein Infanteriesoldat, schreibt: «Wir haben keinen Hunger, nur Durst. Am Abend gehen wir hinunter, um am Teich die Feldflaschen aufzufüllen. Im Wasser schwimmen Leichen, die darin verfaulen. Wenn man es trinkt, schmeckt es faulig. Aber man

Französische Ärzte und Sanitäter stellen hygienisch einwandfreies Wasser her

trinkt und trinkt ...» Manchmal hocken einzelne Franzosen und Deutsche schweigend nebeneinander, wenn sie ihre Flaschen füllen.

Die meisten Soldaten reagieren auf das Fronterlebnis mit Sprachlosigkeit, mit der Unfähigkeit, das Entsetzen zu beschreiben – auch in den rund sechs Millionen Feldpostbriefen, die täglich in diesem Krieg geschrieben werden. Man schreibt dauernd, aber man sagt nichts. Man muss auch nichts sagen, denn das Medium ist selbst schon die Botschaft: Egal, was drin steht, die Botschaft des Briefes ist: Ich lebe. Als ich dies schrieb, lebte ich noch, so viel wenigstens steht fest. Ich schreibe, also lebe ich.

Die frischen deutschen Truppen begreifen schon beim Anmarsch, was «Verdun» bedeutet und was es für sie bereithält: die Leuchtkugeln am Nachthimmel, die kreischenden Granaten, das Donnern der Einschläge, ein Höllenlärm, und im Aufflackern der Feuer sieht man eine Landschaft voller Toter. War es das, was im halbreligiösen Heldenjargon der Vorkriegszeit «Feuertaufe» hieß? Was einen Mann zum Mann, also zum Krieger machte? Ein Initiationsritus im Reifungsprozess zum Helden? Aber ein Held, was soll das sein – in diesem Maschinenkrieg vor Verdun? Durch das letzte Sperrfeuer rennen die Männer atemlos und ohne Besinnung, alles ist Panik, reine Angst, Todesangst, denn wer zurückbleibt, ist verloren. Eine halbe Nacht bleibt zum Ausruhen, dann der Angriff, das Töten, der Tod … Die Heimat, die Vorkriegszeit, die Schule, alle diese Studienräte und die Aufsätze über den Heldentod, *dulce et decorum est*, wie weit das weg ist, wie absurd. Das hier, das ist die «Erziehung vor Verdun», ein unerträglicher Irrsinn, da ist nichts mehr «süß und ehrenvoll».

Die Franzosen leben in demselben unerträglichen Irrsinn. Albert Garnier, ein Hauptmann von der 52. Infanteriedivision, notiert: «Legionen von Kadavern, man läuft über die Toten. Hände, Beine, abgerissene Oberschenkel ragen aus dem Schlamm hervor, man ist gezwungen, da hineinzutreten. Ein Toter versperrt den Weg, man klettert über seinen Rücken, durch das Darüberlaufen wurde seine Kleidung zerrissen, man läuft auf seiner Haut.»

Der «Minenkrieg» (im Sinne von Mine, Bergbau) in Vauquois wird nicht weniger hartnäckig und gnadenlos geführt als der Krieg auf der Erde. Der unterirdische Krieg wird zur Absicherung der Stellungen geführt, die man oben auf dem Hügel mühsam hält. Nirgendwo darf die Front einbrechen, auch nicht hier. Deutsche und französische Pioniere, oft Bergleute, haben in den Hügel insgesamt 17 Kilometer Stollen getrieben (der «Käse von Vauquois», spottet man), bis in eine Tiefe von 60 Metern – mit den weit unter Feindesland vorgetriebenen «Kampfstollen». Die Sprengladungen werden immer gewaltiger, mit 50 kg hatte man begonnen, war rasch bei 1000 kg angekommen, und jetzt, am 14. Mai 1916, hatte eine deutsche Ladung bereits die Zerstö-

Deutsche Pioniere, tief unter der Erde, mit Hermann Hoppe

rungskraft von 60 000 kg Sprengstoff. Mehr als 100 Franzosen werden durch diese Explosion getötet, ihre Körper förmlich pulverisiert. Ein riesiger Trichter von 25 Meter Tiefe und 70 Meter Durchmesser bleibt an der Erdoberfläche zurück. Deutsche und Franzosen zünden insgesamt fast 600-mal solche Sprengungen. Der Hügel, von dem das Dorf Vauquois längst völlig verschwunden ist, wird zu einer bizarren, von Kratern übersäten Mondlandschaft – bis heute.

Der Vauquois-Hügel ist ein gigantischer Termitenbau, denn im Berg befinden sich auch die Unterkünfte für 2200 deutsche Soldaten, eine Kaserne mit Depots, Küchen, Waschräumen, Lazarett, Latrinen – eine unterirdische Stadt, mit eigener Stromversorgung, mit Wasserpumpen und elektrischen Belüftungsanlagen. Wie der Pionier Hermann Hoppe in seinem Tagebuch festhält, träumen die Männer zunehmend davon, einmal «eine so große Sprengung durchzuführen, dass es mit dem Minenkrieg ein für alle Mal ein Ende nimmt». Krieg dem Kriege.

◼

Seit dem 6. März haben die Deutschen ihren Angriff auf das linke Flussufer ausgedehnt. Die Kämpfe um die «Höhe 304» und die Höhe «Toter Mann» bleiben lange unentschieden und werden deshalb besonders erbittert und erbarmungslos geführt. Man wird später feststellen, dass der Kampf um diese Hügel, also das Eingraben, der dauernde Artilleriebeschuss, die ewigen Explosionen so heftig waren, dass *Le mort homme* um 30 Meter an Höhe verloren hat. Denn auch hier ist die Lektion einfach und hart: Eine feindliche Stellung zu erobern ist blutig und grauenvoll, aber die Stellung dann auch zu halten, das ist die Hölle.

Das erfahren die Deutschen auch mit dem Fort Douaumont, mit dessen Verlust die Franzosen sich nie abgefunden haben. Im Mai greifen sie das Fort an, Artillerie hämmert auf den Beton und auf die deutschen Stellungen ringsherum, die in Unterständen, in Trichtern oder Stollen hockenden Soldaten werden zerfetzt, erstickt, verschüttet, auf jede Weise zu Tode gebracht, die sie umgekehrt selbst zufügen. Die Wände des Forts stürzen an einigen Stellen ein, Pioniere stapeln Sandsäcke in die Löcher. Im Inneren herrscht grauenvoller Lärm, Decken stürzen ein, die Luft ist voll von Zementstaub, der in die Lungen dringt. Als französische Angreifer in die Außenbezirke eindringen, beginnen die Kämpfe kleinerer Trupps gegeneinander, wie immer mit Handgranaten und Flammenwerfern … Nachts liegen sich die Gegner auf dem Dach des Forts gegenüber, beide Seiten haben MGs heraufgebracht und warten auf das Tageslicht. Die Deutschen setzen ihre schweren Minenwerfer ein und behalten noch einmal die Oberhand.

Umgekehrt versuchen die Deutschen immer noch, das Fort Vaux einzunehmen, seit mehr als drei Monaten. Die nackte Trichterland-

**Angriff deutscher Infanterie gegen die Höhe «Toter Mann»,
15. März 1916**

schaft des *bois de caillette* wird am 1. Juni durch den massiven Einsatz
von Flammenwerfern erobert. Oberleutnant Theune, der Führer dieser Flammenwerfer-Kompanie, schreibt: «Ein brausendes Feuermeer
wälzte sich auf die Franzosen ... wie ein Naturereignis von ungeheu-
rer Größe drückte diese Erscheinung den Feind nieder, das war für
Menschen zu viel, das hielten menschliche Nerven nicht aus ... Man
sah die Flammen auf den Feind brausen, ohne dass er Gegenwehr leisten konnte. Man empfand das furchtbare Wüten dieser neuen Waffe
als unerhörtes Erlebnis, es riss die Herzen vorwärts, nach vorn.» Und
in der typischen verrohten Sprache des Krieges und des Herrenabends
in der Offiziersmesse ergänzt der deutsche Hauptmann von Schae-

wen: «Der Franzmann hatte in wilder Flucht das Hasenpanier ergriffen, so hatte frischer Pioniergeist doch wieder einmal Leben in die Bude gebracht.» – Der «frische Pioniergeist» entstammte übrigens den Tüfteleien des Ingenieurs Richard Fiedler, der den Flammenwerfer, gerade rechtzeitig zum Krieg, entwickelt hatte. Im Heer durchgesetzt aber hat ihn ein Hauptmann Reddemann, im Zivilberuf als Branddirektor der Stadt Leipzig für die Bekämpfung des Feuers zuständig. Die 48 Pioniere der ersten Flammenwerfer-Abteilung sind fast alles Feuerwehrleute.

Der Widerstand im Caillette-Wald ist erloschen oder niedergebrannt worden. Jetzt greifen die Deutschen das Fort Vaux ungehindert an. Im Morgengrauen kämpfen die ersten deutschen Sturmtrupps die Männer der vorderen französischen Linie mit Handgranaten und Bajonetten nieder, erreichen den Wallgraben, erobern einen Teil des Daches und dringen sogar in das Fort ein. Die Gänge werden allerdings von innen erbittert verteidigt. Fünf Tage und Nächte dauert der Kampf im Inneren der Festung. Es brennt an mehreren Stellen, beißender Qualm erstickt Angreifer und Verteidiger, Handgranaten explodieren in den engen Gängen und verbreiten mit irrwitzigem Lärm in den Gewölben den Tod. Auch Flammenwerfer werden wieder eingesetzt. Am 7. Juni kapituliert der überlebende Rest der französischen Besatzung und geht in Gefangenschaft.

Schon seit März gibt es den Krieg auch am Himmel über Verdun. Es ist ein ganz neuer Typ von Kämpfer, der hier erscheint, oder vielmehr ein ganz alter: Es sind angeblich Ritter, «Ritter der Lüfte», als einzelne Individuen erkennbar, im ritterlichen Duell Mann gegen Mann. Die Herrenreiter jetzt als Herrenflieger. Irgendwie sportlicher als beim Grabenkrieg, wie sie da oben einander umbringen. Sie pflegen eine eigenartige Sprache, so als spielten sie ein ganz frühes Video-Spiel. Der bekannteste Pilot, Hauptmann Oswald Boelcke, schreibt am 16. März: «Es war sehr schönes Flugwetter, da gab es tüchtig zu tun. Ich startete

Ein von Deutschen abgeschossenes französisches Flugzeug

gegen 11 Uhr, um zwei französische Doppeldecker zu vertreiben ...
Nun entspann sich ein lustiges Geschieße, es war das reine Katz-und-
Maus-Spiel. Ich kriegte den einen schön von hinten zu fassen ... Den
anderen habe ich verjagt, es war eine reine Pracht. Nun haben wir den
Franzosen doch den Spaß verdorben.»

Die Entwicklung des Flugzeugs vom Kuriosum der Vorkriegszeit
zur Kriegs- und Kampfmaschine verlief ungeheuer schnell, innerhalb
weniger Monate nach Kriegsbeginn. Zuerst ergänzte es nur die fragi-
len und verwundbaren Fesselballons und betrieb Luftaufklärung für
die Artillerie. Dann begannen Piloten, sich gegenseitig an dieser Auf-
klärung zu behindern, und beschossen sich aus den Cockpits – mit Re-
volvern oder Karabinern. Das waren die ersten Luftkämpfe. Hermann
Göring ließ sich schon 1915 ein MG in sein Flugzeug einbauen. Der

Firma Fokker gelang es dann, die Feuersequenz eines eingebauten MGs mit der Umdrehung des Propellers zu synchronisieren, ein mechanisches Meisterstück, sodass die Piloten jetzt in Flugrichtung, quasi mit dem ganzen Flugzeug, durch den Propeller hindurch auf den Feind zielen und schießen konnten. Sie begannen, ihre Abschüsse zu zählen, wie Berufskiller im Film, ein internationales *ranking*, über das man redete wie über Sportergebnisse. Die Jagdflieger werden gefeierte Kriegshelden: Boelcke, Immelmann, Udet, Göring und besonders der von Boelcke ausgebildete Manfred von Richthofen, der «Rote Baron» – wegen seines rot gestrichenen Flugzeugs. In Verdun gehen beide Kriegsgegner, Deutschland und Frankreich, zum ersten Mal dazu über, ganze Fliegerstaffeln einzusetzen.

Nach seinem 50. Abschuss wird Richthofen zum Rittmeister befördert und vom Kaiser empfangen. Deutschland verherrlicht ihn, er wird ungeheuer populär. Der Propagandakrieg erschafft sich hier ein individuelles Gesicht, eine Heldenfigur, jenseits des Todes in Dreck und Schlamm, des Alltags mit den Ratten und den zerstückelten Leichen des Schützengrabens. Richthofen wird 1918 abgeschossen. Sein aus Frankreich überführter Leichnam wird 1925 in einem Staatstrauerakt in Anwesenheit von Hindenburg, der jetzt Reichspräsident ist, in Berlin beigesetzt – eine Demonstration der nationalistischen Rechten.

Denn 1925 werden sich die Erfahrungen des Fronterlebnisses schon längst zu einem andauernden deutschen Heldenlied verklärt haben, nicht nur auf den Regimentstreffen der Unverbesserlichen, auch in der amtlichen Kriegsgeschichtsschreibung. Der Totenkult um die Gefallenen wird Teil der Selbstdarstellung der Weimarer Republik sein, und Tucholsky, empört über die propagandistische Verzerrung und Ausbeutung der Fronterfahrung, wird 1925 fragen: «Habt ihr ein Mal, ein einziges Mal nur, wenigstens nachher, die volle, nackte, verlaust blutige Wahrheit gezeigt?»

Erstaunlich ist, dass die rechte und kriegstreiberische Frontliteratur sich im Grunde auf dieselben Erfahrungen berufen wird wie etwa die Bücher der Linken und der Pazifisten (etwa Remarques «Im Westen nichts Neues»). Es wird also eine Umdeutung der Kriegserfahrung geben, um dem offensichtlich Sinnlosen doch noch einen Sinn zu verleihen und damit letzten Endes auch die vielen Toten zu rechtfertigen. Danach wird der einzelne Soldat hier in Verdun und anderswo nicht etwa ein Rädchen in einem absurden, destruktiven Räderwerk des Todes sein, sondern, in der Rückschau, ein individueller Held, der im Dreck der Schützengräben zusammen mit seinen Kameraden den Grundstein für eine neue Gesellschaftsordnung legte. Die Gleichheit vor dem massenhaften Tod im Schützengraben wird für viele zu einem Gemeinschaftsideal führen, bei dem Klassen- und Konfessionsschranken überwunden sind: eine Volks- und Blutgemeinschaft für eine (biologisch verstandene) Nation, organisiert nach den militärischen Prinzipien von Befehl und Gehorsam, Führung und Gefolgschaft.

Jetzt ist es Sommer geworden, der Sommer 1916 vor Verdun. Plötzlich kommen zu den Ratten Myriaden giftig grüner Fliegen. Der Verwesungsgeruch über dem Schlachtfeld ist unerträglich, man kann ihm nicht entkommen, selbst die Nahrung schmeckt nach Tod. Wo man auch ist, was man auch tut, man ist von Toten umgeben. Am 23. Juni, einem strahlend heißen Sommertag, beginnt ein neuer deutscher Großangriff. In der Nacht zuvor das übliche Vorbereitungsfeuer, diesmal werden riesige Mengen Gasgranaten verschossen, etwa 100 000 Geschosse. Eine gigantische Wolke des giftigen Kampfstoffs «Grünkreuz» liegt über den französischen Stellungen. Alles, was Atem braucht, erstickt röchelnd, die Männer, die Pferde, die Hunde.

Der Oberleutnant Charles Leroy schreibt: «Unsere Masken können uns nicht mehr richtig schützen, unsere Lungen werden angegriffen, schwer atmend tasten wir uns vorwärts, ohne sehen zu können, jeder hält sich am Rock desjenigen, der vor ihm geht, fest. Viele fallen erschöpft nieder, und die anderen, wie Blinde tastend, steigen über ihre Körper hinweg. Ich habe auch blind gewordene Pferde gesehen, sie wieherten um Hilfe, zum Hungertod verurteilt.» Die Deutschen, übrigens, haben auch Gasmasken für ihre Pferde. Reiter und Pferd, beide

**In Erwartung des Giftes: Französische Soldaten
versuchen, sich mit provisorischem Mundschutz gegen
die tödliche Gefahr zu schützen**

mit Gasmaske unterwegs in einem giftigen weißen Nebel, wirken wie
ein neuer apokalyptischer Reiter.

Beim Vormarsch erreicht ein deutscher Trupp den Unterstand *abri-
caverne 320*, in dem etwa 1000 französische Soldaten Schutz gesucht
haben. Man erobert ihn, wie es heißt, «in unzerstörtem Zustand und
ohne eigene Verluste» – indem man durch die beiden aus dem Erdboden ragenden Belüftungsschächte Handgranaten, eine nach der anderen, fallen lässt. Die Franzosen können nicht einmal fliehen, sich
auch nicht ergeben, da die beiden Eingänge durch Artilleriefeuer

Anfangs kann man die Toten noch zur Seite schaffen und in Massengräbern bestatten. In späteren Phasen der Schlacht von Verdun ist das kaum noch möglich

zugeschüttet sind. Sie werden von Handgranaten zerfetzt, oder sie ersticken.

Bei der französischen Armee in diesem Abschnitt bricht eine Panik aus, die dem Schock vom 25. Februar ähnelt, als man alles für verloren hielt. Doch es gelingt noch einmal, die Linien zu schließen – vier Kilometer von den Vororten Verduns entfernt. Die «Linien zu schließen», das bedeutet eine ganze Woche blutiger Nahkampf, Mann gegen Mann, vom 24. Juni bis zum 1. Juli. Beim Kampf um das Dorf Fleury (16-mal erobert und zurückerobert) wird unter anderen der junge Hauptmann Charles de Gaulle gefangen genommen (ein halbes Jahrhundert später wird er gemeinsam mit Adenauer die deutsch-französische Aussöhnung beginnen).

Einen Augenblick lang, Ende Juni, scheint der Weg nach Verdun für die Deutschen frei. Und dort, so träumen die Soldaten, würde der Marsch nach Paris beginnen, dann die Siegesfeiern auf den Champs-

Élysées, endlich die Heimkehr. Denn wofür sonst kämpfte man noch? Die «Neuverteilung der Erde», der «Platz an der Sonne», der «Kampf ums Dasein» für Völker und Staaten und alle übrigen pseudo-darwinistischen Verdrehtheiten des Kaisers, die einmal so herrlich klangen – wen interessiert das jetzt noch? Nur dieser Irrsinn hier soll aufhören.

Aber man wird nicht nach Paris marschieren. Am 1. Juli 1916 beginnt, kaum 200 Kilometer entfernt, ein alliierter englisch-französischer Großangriff gegen die Deutschen, die Somme-Schlacht. Das einleitende einwöchige Trommelfeuer der Engländer bedeutet einen neuen Rekord in diesem Krieg, ebenso die Verlustzahlen am Ende der Schlacht (etwa 1,2 Millionen Männer): Alles ist in dieser Schlacht noch größer als bei Verdun. Trotzdem werden keine wirklich neuen Erfahrungen mehr gemacht, man kann eine Grenze nur einmal überschreiten, ein Tabu nur einmal brechen. Alles, was bei Verdun passiert ist, wiederholt sich nur noch, wenn auch gesteigert, vergrößert. Die Somme-Schlacht wird das «britische Verdun».

«Der Krieg ist vor allem eine Nervenfrage. Wenn wir die stärkeren Nerven haben und durchhalten, so werden wir siegen.» Das erklärte General von Hindenburg schon kurz nach Kriegsbeginn 1914. Mit dem Begriff der *Nerven*, aus einer bestimmten Richtung der medizinischen Forschung übernommen und popularisiert, werden jetzt auf schlichte Weise die unendlich komplexen Vorgänge in der Innenwelt der Soldaten, in ihrer Seele, erklärt. Denn, offensichtlich, in den Männern vor Verdun zerbricht etwas, ein Zerstörungsprozess der Seele ist im Gang, das Unaussprechliche droht, der Wahnsinn.

Die «Nerven» werden zum Gradmesser der psychischen Gesundheit. Bloß nie «die Nerven verlieren», heißt es. Besser man hat «eiserne Nerven» oder «Nerven wie Drahtseile». Gut sind auch die dran, die «keine Nerven» haben. Manchmal freilich liegen bei allen «die Nerven blank». Gesunde Nerven erscheinen als das Organ der Seele, an dem

Mut, Ausdauer, Geschicklichkeit im Kampf ablesbar sein sollen. Weit weg von der Front schreiben Journalisten und Nervenärzte vollkommen verrückte Sätze wie diesen: «Der Krieg ist ein mit Heilkraft ausgerüstetes Stahlbad für die im Staub langer Friedensjahre verdorrten Nerven.»

Meistens ist es offensichtlich, wie und in welchem Moment Männer *verrückt geworden* sind. Am 8. Mai kommt es im Fort Douaumont zu einem katastrophalen Unfall. Aus einer Reihe von Flammenwerfern ist das Öl ausgelaufen, hat sich entzündet, Munition ist explodiert. 650 Menschen werden getötet. Arthur Kronfeld, ein Arzt, erlebt mit, wie sich bei den Überlebenden in den von Qualm durchzogenen Kasematten im tiefen Dunkel «die wildesten Panikszenen abspielen»: «Es gab Massenfluchten nach diesem oder jenem vermeintlichen Ausgang, wo versucht wurde, die Barrikaden wegzureißen. Ich sah dort später die Leichen vieler Erdrückter und zu Tode Getretener. Als in einem Saal mehrere Leute mit vom Ruß und Qualm geschwärzten Gesichtern erschienen, schrie einer: Die Schwarzen kommen! (gemeint sind die frz. Kolonialsoldaten) – und sofort flogen Handgranaten gegen diese Leute. Es gab neues Sterben und neue Massenflucht. Kurz, es war eine wirre, psychisch höchst infektiöse Masse. Unter diesen Leuten sah ich später viele hysterische Dämmerzustände, verwirrte Erregungen mit Desorientierung und hysterischen Parakinesen.» Kronfeld durfte seine Aufzeichnungen übrigens nach dem Krieg nicht veröffentlichen.

Die Schlacht von Verdun ist voll von solchen krank machenden Ereignissen und Erlebnissen, die zu psychosomatischen Traumata führen: motorische Unruhe, Krämpfe, Erbrechen, zeitweiliges Erblinden ohne erkennbaren Grund, ebenso Taubheit. Manche Soldaten verstummen auch einfach, verschließen sich in ihr Inneres, die Welt bleibt draußen. Die Feldärzte hantieren hilflos mit neuen Begriffen: «Gefechtspsychose» als Ergebnis von Übersensibilität. Therapeutischer Ansatz: den Heimaturlaub streichen. Keine weitere Verweichlichung.

Der Soldat Wilhelm Pfuhl, selber Arzt, wird mit der Diagnose «Störung der Nerventätigkeit» in ein Lazarett bei Verdun eingeliefert. Er selbst will aber nicht ein einzelnes Erlebnis für diese Störung verantwortlich machen, sondern den Krieg als solchen, den ganzen Krieg: «Es kommt mir ganz unfassbar vor, wie die Menschheit sich so in gegenseitigem Massenmord zerfleischen kann. Ich bin gar so müde und matt, möchte am liebsten einschlafen und nicht wieder aufwachen, ehe Frieden ist, oder gar nicht.»

Diese Art von Sensibilität ist ein Makel. Die Familien schämen sich, wenn der Soldat als «Verrückter» nach Hause kommt. Ein anderer, dem ein Arm fehlt oder ein Bein, ist ein Held, der Verrückte ist anders, er stört, man weiß nicht, was ihm fehlt. Übrigens wird er auch, anders als die Kriegskrüppel, keine Rente beziehen, in keinem der beteiligten Länder. Der französische Psychiatrie-Forscher Kurt Bieser, der 85 Jahre nach der Schlacht von Verdun als Erster in Paris die Krankenakten der «Wahnsinnigen» einsehen durfte, sagt: «Alle gewöhnlichen Werte des Lebens sind durch den Krieg vernichtet, die religiösen, die moralischen, die ethischen Werte brechen zusammen. Aber Wahnsinn, das heißt dann auch die Fähigkeit zu haben, eine eigene innere Welt herzustellen, wenn um einen herum die Welt zerbricht.»

Im Juli ist die deutsche Offensive vor Verdun endgültig gescheitert. Falkenhayn tritt zurück, Hindenburg übernimmt die Oberste Heeresleitung. Die Franzosen ergreifen jetzt endgültig die Initiative. Jedes Grabenstück, jeder Trichter, jedes zerschossene Dorf, jeder Meter Erde wird zurückerobert – was für beide Seiten noch einmal unerträgliche Verluste bedeutet. Auch Hindenburg weigert sich, die deutschen Truppen auf ihre Ausgangsstellungen zurückzuziehen.

Die Kämpfe im August sind sehr hart. Im September ebben sie etwas ab, aber die unaufhörlichen Regengüsse machen den Soldaten das Leben schwer. Man lebt bis zu den Knien im Wasser, alles wird zu Schlamm. Die Schwerverwundeten können nicht versorgt werden, die leichter Verletzten schleppen sich irgendwie zum Fort Douaumont. Man stirbt jetzt aber auch an Typhus oder Cholera. Der Oktober ist dann wieder trocken, und die große französische Offensive beginnt. Fünf Tage lang liegt ein ununterbrochenes Trommelfeuer aus 600 schweren Geschützen auf den deutschen Stellungen und auf den Forts

Verdun, die Häuser am Ufer der Maas, nach den ersten Angriffen

Douaumont und Vaux. Alles erinnert an jene Februartage, als die Schlacht begann, nur mit umgekehrtem Vorzeichen.

Die Franzosen haben ein neues 40-cm-Geschütz entwickelt, das am 23. Oktober den dicken Beton der Douaumont-Festung durchschlägt. Der erste Schuss trifft das Lazarett. Verwundete, Ärzte, Sanitäter sind sofort tot. Der nächste Treffer zerschlägt eine voll belegte Kasematte. Der sechste Treffer schließlich bringt die Katastrophe: Er trifft das Pionier-Depot. 50 Mann werden sofort verschüttet, dann explodiert der gesamte Vorrat an MG-Munition und Leuchtgeschossen. Das Feuer lässt sich nicht mehr löschen, und nebenan lagern noch 7000 Handgranaten. Der Kommandant beschließt die Räumung. Douaumont, der «Eckpfeiler», ist wieder in französischem Besitz.

Durch Granatfeuer verwüstete Straße bei Fort Souville, 26. Juli 1916

Im Bereich Fleury bricht die deutsche Abwehr zusammen. Im Dorf Douaumont werden die letzten deutschen Gruppen niedergemacht. Die deutsche Führung beschließt, auch das Fort Vaux aufzugeben, um einer Einkreisung zu entgehen (2. November 1916). Dann kommt der Winter wieder, ein eiskalter Wind weht über das Trichterfeld. Mit Frostbeulen an den Füßen gehen die deutschen Soldaten in Gefangenschaft – kompanieweise. Durch diese hartnäckige Offensive haben die Franzosen bis zum 18. Dezember den größten Teil des Geländes zurückerobert, für dessen Gewinn die Deutschen so viele blutige Wochen gebraucht haben.

Die tödliche Arithmetik des Krieges hat sich hier *ad absurdum* geführt. Alles ist, wie es zehn Monate zuvor begann. Aber 750 000 junge Männer sind jetzt verletzt, verstümmelt oder tot. Und das ist es, warum Verdun im 20. Jahrhundert so schmerzhaft im Gedächtnis der Deutschen und Franzosen geblieben ist, mehr als jede andere Schlacht: als Beispiel und Metapher für den absurden und gänzlich sinnlosen Krieg, diesen – wie Henri Barbusse schrieb – «gemeinsamen Selbstmord», wegen nichts.

Der kleine Generalstab.

Hier schlagen wir ihn.

EAS

Anne Roerkohl

Schlachtfeld Heimat

Der Hunger – er gehört zu den wirksamsten Waffen, die im Ersten
Weltkrieg eingesetzt werden. Seit 1914 blockieren englische Kriegs-
schiffe die deutschen Nordseehäfen, um die Nachschubwege aus Übersee zu unterbrechen. Fortan können kaum noch Nahrungsmittel im-
portiert werden. Deshalb appellieren die deutschen Behörden an die
«daheim gebliebenen Männer und Frauen der Heim-Armee», mit
«Willenskraft und Selbstzucht» den «englischen Aushungerungsplan
zunichte zu machen» – Propagandaparolen, die verdecken sollen, dass
die Heimat, was die Versorgung angeht, die Hauptlast der Entbehrungen trägt. Von den Lebensmitteln, die nach der Blockade der Seehäfen
überhaupt noch zur Verfügung stehen, erhält das Heer den größten
Teil – nur etwa ein Drittel verbleibt für die Zivilbevölkerung.

Der totale Krieg schließt die Heimat in das Kriegsgeschehen mit
ein. Jeder Zivilist wird gebraucht und für das «Heimatheer» mobilisiert, das nicht nur in den Munitionsfabriken die notwendigen Waffen
produzieren, sondern der kämpfenden Truppe auch moralisch den
Rücken stärken soll. Mit Propagandafilmen und Durchhalteparolen
werden die Menschen bearbeitet, immer weitere Opfer zu bringen.
Doch bald stellt sich die Frage: Wie lange noch wird die Heimat durchhalten und den Krieg mittragen?

Bremen, 4. August 1914: In der Küche von Anna und Robert Pöhland in der Schenkendorfer Straße 14 sitzen Freunde und politische

Kriegskitschpostkarte 1914/15: «Der kleine Generalstab:
Hier schlagen wir ihn»

Mitstreiter zusammen und weinen. Draußen ertönt laute Marschmusik: «Deutschland über alles!» oder «Heil dir im Siegerkranz», «Gott strafe England» wird gebrüllt. Mit Blumen in den Gewehrläufen marschieren die Soldaten in den Krieg, wie zu einem Spaziergang. Dies sind die Bilder, die die Kriegspropaganda und die nationale Presse verbreiten. Auch im Kino sieht die Bevölkerung nur Jubel und Parolen, Szenen, die sich in das kollektive Gedächtnis fest eingeprägt und den Mythos von der allgemeinen Kriegsbegeisterung geschaffen haben.

Doch nicht alle stimmen in den patriotischen Jubel ein: Für viele Arbeiter und Sozialdemokraten, wie die Pöhlands, ist der Kriegsausbruch ein Schock. Sie fühlen sich durch ihre eigene Partei verraten, sehen die Ideale vom «internationalen Pazifismus» und der «revolutionären Arbeiterpartei» über Bord geworfen. Auch auf dem Land und in den Dörfern fehlt die richtige Begeisterung: Fahrzeuge und Pferde werden durch das Heer requiriert und die Männer eingezogen; Frauen, Kinder und alte Menschen stehen allein vor der neuen Ernte, die Kirchen sind nie so gut gefüllt gewesen wie zu Kriegsbeginn. Die Stimmung ist gedrückt, viele Menschen beten und hoffen, dass alles schnell vorbeigehen möge.

Getreu dem Kaiserwort «Ich kenne keine Parteien mehr, ich kenne nur noch Deutsche» wird offiziell jedoch die Politik der deutschen Regierung von nahezu allen gesellschaftlichen Gruppen und Parteien unterstützt. Die Kriegspropaganda nährt das Empfinden vieler Menschen, Deutschland sei «Opfer eines Überfalls seiner Nachbarn» geworden. «Mitten im Frieden überfällt uns der Feind», lautet die Parole auf einem weit verbreiteten Plakat – viele Deutsche ziehen in den Krieg mit der Überzeugung, sie würden von ihrem guten Recht auf Selbstverteidigung Gebrauch machen. Dieses patriotische Bewusstsein äußert sich etwa am 4. August, als in der ersten Kriegssitzung des Reichstages die Kriegskredite ohne Gegenstimmen bewilligt werden. Ausgerechnet Hugo Haase, ein Sozialdemokrat des linken Flügels, rechtfertigt die Zustimmung seiner Partei mit den Worten: «In der Stunde der Not lassen wir das Vaterland nicht im Stich.» Ein «Burgfrieden» wird geschlossen, in dem alle Parteien für die Dauer des Krie-

~ Front und Heimat ~

Die Front blutet	Will die Heimat feiern?
Die Front braucht Granaten	Will die Heimat versagen?
Die Front steht fest	Will die Heimat wanken?
Die Front ist einig	Will die Heimat streiten?
Die Front kämpft mit dem Feind	Will die Heimat sich bekämpfen?
Die Front kämpft für den Frieden	Will die Heimat den Krieg verlängern?

Treue um Treue! Das ist das Gebot der Stunde!

Wer streikt, hilft dem Feind!

In treuer Arbeit muß Deutschland unerschütterlich und einig bleiben

bis zum vollen Siege, der nur allein den Frieden bringt.

Flugblatt 1918: «Front und Heimat»

ges auf jede öffentliche Austragung politischer Gegensätze verzichten. Viele begrüßen den Kriegsbeginn als Aufbruch in eine neue Zeit, der die starren Gesellschaftsstrukturen des Kaiserreichs beseitigen und eine neue Gemeinschaft erzeugen soll. Besonders traditionell ausgegrenzte Gruppen, wie Sozialdemokraten oder Juden, lassen sich von dieser Illusion blenden – sie wollen jetzt beweisen, dass auch sie «von echtem Patriotismus und Opfersinn» durchdrungen sind. Nach der berühmten Reichstagssitzung vom 4. August wird der Belagerungszustand verhängt, und das Militär übernimmt die Macht.

«Jeder Schuss ein Russ'.
Jeder Tritt ein Brit',
Jeder Stoß ein Franzos'.
Und Serbien muss sterbien!»
«Ganz gleich, ob Russen oder Serben,
wir hauen sie zu Scherben!»

steht mit Kreide an den Waggons geschrieben, die zur Front rollen. Doch nicht nur deutsche Zeitungen sind gefüllt mit Gedichten, in denen sich Krieg auf Sieg und Not auf Tod reimt:

> *Down with the Germans, down with them all!*
> *O Army and Navy, be shure of their fall!*
> *Spare not one, the deceitful spies,*
> *Cut out their tongues, pull out their eyes!*
> *Down, down with them all!*

Deutsche Schüler müssen zur gleichen Zeit Ernst Lissauers «Hassgesang auf England» üben:

> *Einen Schwur von Erz, den verbläst kein Wind,*
> *Einen Schwur für Kind und Kindeskind:*
> *Vernehmt das Wort, sagt nach das Wort,*
> *Es wälze sich durch ganz Deutschland fort:*
> *Wir wollen nicht lassen von unserm Hass,*
> *Wir haben alle nur einen Hass,*
> *Wir lieben vereint, wir hassen vereint,*
> *Wir haben alle nur einen Feind:*
> *England.*

Die Presse ist fast ausnahmslos beherrscht von einem Chauvinismus, der Hass und Gewalt nicht nur rechtfertigt, sondern geradezu herbeiredet. Die Propaganda zeigt Wirkung. Wenn sogar Pazifisten wie Stefan Zweig bekennen, «in diesem ersten Aufbruch der Massen» liege «etwas Großartiges, Hinreißendes und Verführerisches», und den jungen Carl Zuckmayer «eine traumhafte Lust, fast Wollust des Mit-Erlebens, Mit-Dabeiseins» packt, so lässt dies die damalige Kriegsbegeisterung nur erahnen. Kaum verwunderlich, dass viele ausrückende Schüler und Studenten im Krieg ein großes Abenteuer sehen.

Doch nicht für alle hat Deutschlands «wichtigste Stunde in der Weltgeschichte» geschlagen, zu den Ausnahmen gehören Künstler wie Max Slevogt oder Käthe Kollwitz, aber auch der Schriftsteller Hermann Hesse und der Wissenschaftler Albert Einstein. Mit ihrem «Aufruf an die Europäer» Mitte Oktober 1914 protestieren sie öffentlich gegen den Krieg. Herwarth Waldens 1910 gegründete Kunstzeitschrift «Der Sturm» veröffentlicht weiterhin Werke von Expressionisten, Kubisten und Futuristen auch aus «Feindesländern», wie Russland und Frankreich. Helmut Herzfeld nennt sich aus Protest gegen das Verbot der «Feindessprachen» John Heartfield. Seine kritischen Collagen prangern schon bald die neue Kriegsordnung aus Kriegsgewinnlern, Lebensmittelspekulanten und Schiebern an.

Unter den linken Sozialdemokraten löst sich die politische Erstarrung erst, als Karl Liebknecht als Einziger am 2. Dezember 1914 gegen eine weitere Bewilligung der Kriegskredite stimmt. Sein couragierter Auftritt im Reichstag macht vielen Kriegsgegnern Mut – auch die Pöhlands in Bremen werden wieder politisch aktiv. Robert macht als Maurer Gewerkschaftsarbeit im Bauarbeiterverband, Anna engagiert sich in der Partei. Sie organisieren Versammlungen und verfassen Resolutionen gegen den Krieg und prangern den wachsenden politischen Chauvinismus und die vielen englandfeindlichen Artikel in ihren eigenen Presseorganen an. Robert wird daraufhin als Nestbeschmutzer und gewissenloser Hetzer beschimpft.

Als Vater von fünf Kindern ist er vom Kriegsdienst befreit und kann sich dem «freiwilligen Menschenmorden», wie er es nennt, zunächst entziehen. Doch 1915 wird auch er eingezogen. Die Familie vermutet, er sei aufgrund seiner politischen Arbeit denunziert worden. Seine erste Station ist eine Kaserne in Harburg:

«Ich kann euch gar nicht schildern, wie unglücklich ich mich fühle … Wenn dann die Schinderei auf dem Exerzierplatz losgeht … und dazu wird man immer angeschnauzt wie ein dummer Junge …», schreibt er im Juli 1915. Seinen ersten Fronteinsatz erlebt er im belgischen Ypern. Die deutsche Blitzoffensive ist mittlerweile zum Stillstand gekommen und die Front zu einem System von Drahtverhauen und Schützengräben erstarrt – alle kriegsbeteiligten Staaten haben sich auf einen längeren Krieg eingestellt.

Die Pöhlands – eine Bremer Arbeiterfamilie im Krieg

Anna Pöhland (1874–1919) stammt aus Löderburg in der Magdeburger Börde. Sie zieht in den 1890er Jahren nach Bremen und arbeitet zunächst als Dienstmädchen. Durch eine Freundin bekommt sie Kontakt zur Dienstmädchenbewegung und wird in der Gewerkschaft und später auch in der SPD politisch aktiv. Robert Pöhland (1877–1916) kommt ebenfalls vom Land. Er ist in Tirpersdorf im Vogtland geboren. Als gelernter Maurer gelangt er 1897 nach Bremen, da hier die Löhne deutlich höher sind als in seiner Heimat. Auch er ist in der SPD und im Bauarbeiterverband aktiv. Anna und Robert lernen sich auf dem Silvesterball 1898 im Café Flora, einem sozialdemokratischen Versammlungslokal, kennen. Zwei Jahre später heiraten sie.

Robert Pöhland

Die Pöhlands sind aktive Sozialdemokraten des linken Flügels, der in Bremen in der SPD die Mehrheit hat. Als sich im Juli 1914 die Kriegsgefahr immer stärker abzeichnet, nehmen rund 20 000 Menschen an Friedensdemonstrationen teil, unter ihnen Anna und Robert Pöhland. Überall wird dieselbe Resolution verabschiedet, in der die «gegenwärtig drohende Kriegsgefahr» auf das kapitalistische System zurückgeführt wird, und sie sieht «in der Einmütigkeit und dem Verbundensein mit den Ausgebeuteten aller Länder … die einzige sichere Bürgschaft dafür, dass die frivole Hetze kriegslüsterner Cliquen und Schichten den Weltbrand nicht entzünde». Gefordert wird «die sofortige Einberufung des Reichstages». Für den 2. August wird eine große

Anna Pöhland

Demonstration «zum Zwecke des Friedens» angemeldet, die von der Polizei sofort verboten wird. Auch in anderen Städten geht die Polizei massiv gegen Kriegsgegner vor und verschärft die Vorschriften «zur Aufrechterhaltung der Ruhe, Ordnung und Sicherheit».

Der Krieg ist durch die Arbeiterbewegung nicht aufzuhalten. Als auch die sozialdemokratische Reichstagsfraktion am 4. August 1914 der deutschen Regierung die Kriegskredite bewilligt, bricht für Anna und Robert Pöhland eine Welt zusammen. Im Frühsommer des Jahres 1915 wird Robert Pöhland eingezogen. Von da an schreiben sich die Eheleute beinahe täglich.

Robert erzählt von den Gräueln der Front in Belgien, aber auch von herrlichen Mohnblumen, die «nirgends so schön und so dicht stehen wie auf den Unterständen, gerade als ob sie den armen Menschen, die da unten halb verfaulen müssen, Trost zurufen möchten», Anna schreibt von den wachsenden Versorgungsnöten in der Heimat und ihren Schwierigkeiten, mit der geringen Reichsunterstützung die Familie durchzubringen. Ihre Briefe sind Zeugnisse gegen den Krieg – und gleichzeitig Dokumente des Alltags in Zeiten der Not.

Robert fällt im Oktober 1916 an der Somme in Frankreich. Die Hinterbliebenenrente reicht kaum aus. Anna muss zusätzliche Arbeiten bei der Bahn übernehmen, um irgendwie die Familie durchzubringen. Der Hungerwinter 1916/17 steht bevor. Die Familie lebt hauptsächlich von Steckrüben. Dazu ist es extrem kalt, und es gibt kaum Kohlen, um zu heizen. Im Frühjahr 1919 erkrankt sie an Lungentuberkulose. Die vielen Entbehrungen während des vierjährigen Krieges haben die Widerstandsfähigkeit vieler Menschen ausgezehrt. Anna Pöhland stirbt am 26. Februar 1919 in Bremen.

Robert und Anna Pöhland schreiben sich fast täglich. Das Schreiben gibt Robert die Kraft, den mörderischen Frontalltag durchzustehen, der stete Briefkontakt zur Familie ist sein Rettungsanker. An die Front bekommt er regelmäßig das SPD-Organ «Bremer Bürgerzeitung» geschickt und ist über die politische Entwicklung, soweit sie überhaupt in der stark zensierten Presse veröffentlicht werden durfte,

Anna Pöhland mit Kind

gut unterrichtet. So diskutieren Robert und Anna in ihren Briefen immer wieder die politische Lage. Während Robert stets genau wissen will, was in Bremen auf den politischen Veranstaltungen passiert, hat Anna oft Schwierigkeiten, mit dem Schreiben nachzukommen. Die alltägliche Versorgung mit dem Nötigsten wird für sie zu einer Zeit raubenden, kräftezehrenden Tätigkeit. Dazu trägt sie noch die «Bremer Bürgerzeitung» aus, um etwas mehr Geld für die Familie zu haben.

Die Frauen in der Heimat werden nach dem Abzug der Männer mit völlig neuen Problemen konfrontiert. Wie so viele andere Arbeiterfrauen ist auch Anna Pöhland zum ersten Mal auf öffentliche Unterstützung angewiesen und muss von ihrer knappen Kriegsunterstützung die fünfköpfige Familie allein unterhalten. Die Verteilung der Reichszahlungen und andere soziale Aufgaben in den Städten übernehmen nach Kriegsausbruch bürgerliche Frauen, die im Roten Kreuz oder im Nationalen Frauendienst organisiert sind.

Selbstporträt von Käthe Buchler an der Oker um 1905/06

Die Braunschweiger Amateurfotografin Käthe Buchler hält in ihren Bildern die Arbeiten der bürgerlichen Frauenverbände fest. Mit
außergewöhnlichem Blick, einfühlsam und treffsicher, setzt sie den
Opfer- und Durchhaltewillen des patriotischen Bürgertums in der ersten Kriegshälfte in Szene: Frauen als Lazarettschwestern bei der Pflege
verwundeter Soldaten, beim Einsammeln und Verteilen der Rohstoffe,
beim Nähen von Heereskleidung oder beim Packen von Liebesgaben
für die Soldaten im Feld – eine ganze Serie ihrer Fotografien gilt
Frauen, die seit Kriegsbeginn in Männerberufen arbeiten. Käthe Buchlers Bilder zeigen nicht nur, wie vielfältig diese Tätigkeiten geworden
sind, sondern aus ihnen spricht auch eine neue Wertschätzung der
Frauenarbeit insgesamt: «Was in den Jahren mühsamen Ringens versagt blieb, ist uns durch den Krieg geworden: das Vertrauen der Behörden und die Anerkennung der Frauenarbeit.»

Auch wenn diese «Anerkennung der Behörden» nur relativ und in
den meisten Bereichen mit Kriegsende schnell vorbei sein wird, gehört

Die Braunschweiger Amateurfotografin Käthe Buchler (1876–1930)

Käthe Buchler wird 1876 in Braunschweig geboren. Ihr Vater ist der Landsyndikus und Staatsrechtler Albert von Rhamm. Seit früher Jugend leidet Käthe Buchler unter Schwerhörigkeit. Sie reist häufig nach Berlin, um ihr Leiden behandeln zu lassen. Bei ihren Berlinaufenthalten besucht sie die Fotografie-Kurse für Amateurinnen des 1866 gegründeten «Lette-Vereins». Dieser «Verein zur Förderung der Erwerbsfähigkeit des weiblichen Geschlechts» bot seit 1890 eine völlig neue, die Frauenberufe revolutionierende Ausbildung an: die der Fotografin.

Fotos Käthe Buchler: Straßenbahnschaffnerin, 1915

Mit 19 Jahren heiratet sie Walter Buchler, den Inhaber der «Chininfabrik Braunschweig Buchler & Co.». 1901 beginnt Käthe Buchler, die Familie zu porträtieren. Später kommen sozial engagierte Fotos, wie über das Rettungshaus, hinzu. Seit 1910 beherrscht sie das Lumière'sche Autochrome-Verfahren und fertigt Farbbilder an.

Braunschweig, August 1914: Während die Männer in den Krieg ziehen, übernehmen daheim die Frauen aufopferungsvoll ihren «Dienst an der Heimatfront». Die Frauen des gehobenen Bürgertums sind aktiv im «Roten Kreuz» und im «Nationalen Frauenverein». Auch Käthe Buchler ist Mitglied und sieht ihre Kriegsaufgabe darin, die vielfachen Tätigkeiten der freiwilligen Helferinnen, meist Damen aus ihrem Freundeskreis, nicht nur zu dokumentieren, sondern auch mit «vaterländischem» Blick zu inszenieren. Die Fotografie ist ein gutes Medium, um Opfer- und Durchhaltewillen des Bürgertums an der Heimatfront festzuhalten.

Käthe Buchler dokumentiert mit ihrer Kamera die Sammlungen für Rohstoffe und Altmetall. Sie fotografiert in Kriegskrip-

Fensterputzerin, 1916   **Lastenträgerin, 1916**   **Briefträgerin, 1916**

pen und Lazaretten und zeigt verwundete deutsche Soldaten und Kriegsgefangene, die erste Gehversuche mit Prothesen unternehmen. Durch ihre gesellschaftliche Stellung hat sie überall Zugang. Eine ganze Fotoserie gilt Frauen in Männerberufen: Frauen als Schaffnerin, beim Lastentragen, bei der Zugabfertigung, bei öffentlichen Reinigungsarbeiten und bei der Postzustellung. Die Frauen in den Aufnahmen Käthe Buchlers erscheinen nicht als Inbegriff weiblicher Emanzipation, sondern vielmehr als die der pflichtbewusst-dienenden Frau, die genau weiß, wo im Krieg ihr Platz ist.

Käthe Buchler macht Ende 1916 ihr letztes Foto während des Krieges. Es zeigt bezeichnenderweise eine Lebensmittelschlange – Schlangestehen für alles Lebensnotwendige, das ist jetzt der Kriegsalltag in Deutschland. Fotografien, die auch nur ansatzweise die Versorgungsnot auf den Straßen zeigen, sind durch die Pressezensur strengstens verboten.

zu den wichtigsten Kriegsaufgaben der Frauenverbände überall die Unterstützung der Soldatenfamilien. Sie stellen deren «Bedürftigkeit» fest und verteilen Lebensmittelkarten, Scheine für Kohlen, Stiefel und Kleider – und sie entscheiden, ob eine Bescheinigung für ärztliche Hilfe nötig ist:

«Doch es ist nicht nur Aufgabe der Helferin, all diese Karten und Scheine zu übermitteln, sie steht den ihr anbefohlenen Pfleglingen in ihren Sorgen treu zur Seite, und wenn es sein muss, weist sie die Unbescheidenen zurück und ermahnt die Trägen zur Arbeit», schreibt Else Wolters über ihre Arbeit im Nationalen Frauendienst in Braunschweig.

Die Abhängigkeit «von den bürgerlichen Damen» empfindet nicht nur Anna Pöhland als diskriminierend. Außerdem sind die Unterstützungssätze sehr viel niedriger, als es die Löhne der Männer waren. Den Arbeiterfrauen wird nichts geschenkt: Annas Lohn als Zeitungsbotin wird auf die Unterstützung angerechnet.

Mein geliebter guter Robert!   Bremen 2. 11. 1915
Am Montag holte ich die Reichsunterstützung, da bekam ich anstatt 22,50 nur 18,75 M. Ich beschwerte mich sofort. Nun soll ich's nächstes Mal mit ausgezahlt bekommen … Auch war ich heute in der Zentrale vom Roten Kreuz, wegen meinem Drittel Verdienst. Zeigte ihnen meinen Krankenschein und verlangte, dass mir von jetzt ab alles erlassen würde. Wenn nicht, würde ich die Arbeit aufgeben. Dann müssten sie mir doch mehr zahlen. Nun kann es ja sein, dass ich's bekomme. Manche Frau legt die Hände in den Schoß, und unsereins muss bei Wind und Wetter hinaus. Bin neugierig, ob ich für den Robert Reichsunterstützung bekomme …

Das Geld reicht in den Familien nur für das Nötigste. Die Preise sind seit Kriegsbeginn heftig gestiegen, und jetzt werden die ersten Lebensmittel knapp. Schnell erkennen die Militärbehörden, dass nur durch «ideologische und organisatorische Zusammenfassung aller Volkskräfte» der Krieg durchgestanden werden kann. Auch in Bremen wird die «Heimatfront» mobilisiert: Vereine und Institutionen, Männer und Frauen, Alt und Jung werden in den patriotischen Dienst am Vaterland eingebunden, und «es gilt, jeden Haushalt in Kriegszustand zu versetzen». Innenminister von Loebel schreibt im Januar 1915 in einem Brief, den viele Zeitungen veröffentlichen:

«Jeder Deutsche, vor allem jede Frau sei Soldat in diesem wirtschaftlichen Krieg, was Todesmut und Tapferkeit vor dem Feind ist, das ist Sparsamkeit und Entsagung daheim … Wer nicht willig und pünktlich alle die Maßnahmen durchführt … die zur Sicherstellung unserer Volksernährung erlassen sind … versündigt sich am Vaterlande wie ein Soldat, der nicht seine Pflicht und Schuldigkeit bis zum letzten Atemzug tun würde.»

«Ehe die Blätter der Linden fallen, seid ihr wieder zu Hause», hatte der Kaiser seinen abziehenden Soldaten im Sommer 1914 versprochen. Im Herbst 1914 ist bereits allen klar, dass der Krieg sehr viel länger dauern wird. Die enormen Ausgaben für die Rüstungsmaschinerie und die anhaltenden Materialschlachten werden in allen kriegsbeteiligten Ländern über Kriegsanleihen finanziert. Die Militärbehörden setzen überall eine massive Propagandamaschinerie in Gang.

Es sei «Ehrensache des deutschen Volkes, durch umfangreiche Zeichnungen die weiteren Mittel aufzubringen, deren Heer und Flotte zur Vollendung ihrer schweren Aufgabe in dem um Leben und Zukunft des Vaterlandes geführten Krieg unbedingt bedürfen», steht auf einem Flugblatt zur dritten Kriegsanleihe. Als «inniger Ausdruck des Dankes an die Kämpfer draußen» wird sie den Daheimgebliebenen ans «vaterländische Herz» gelegt. Auf Postkarten, Flugblättern und Plakaten werden die Deutschen aufgefordert, ihrer «finanziellen Wehrpflicht» nachzukommen. Die Menschen sind überdies mit einer völlig neuen Form der Werbung konfrontiert, dem Propagandafilm. Mit ihm, so General Ludendorff, solle «der Gedanke der finanziellen Wehrpflicht hunderttausendfältig in die Köpfe eingehämmert» werden. Während die Kriegsanleihen zunächst als «neuer Weg für kleine Sparer» gepriesen werden, sind die Anteilscheine bei Kriegsende nichts mehr wert – die Verluste trägt vor allem der Mittelstand, der gerade in der ersten Kriegshälfte noch fleißig spendet.

Zu großen Teilen wird der Krieg über den Goldschatz der Reichsbank finanziert. Um an die privaten Reserven zu gelangen, startet die Regierung eine groß angelegte Kampagne unter dem Motto «Gold gab ich für Eisen». Die Bevölkerung ist aufgefordert, ihren Schmuck und Münzen abzuliefern – diese werden vom Staat «als goldenes Rüstzeug für unser Vaterland» gegen Papiergeld aufgekauft und zum Einschmelzen nach Berlin geschickt. Wer 50 Pfennig dazuzahlt, kann eiserne Erinnerungsringe mit der Aufschrift «Vaterlandsdank» oder «Treu wie Gold» erwerben – das Eisen wird bezeichnenderweise vom größten Rüstungshersteller im Reich, der Essener Firma Krupp, gespendet.

Immer mehr «freiwillige Spenden» werden auf diese Weise der opferwilligen Bevölkerung abverlangt. Als Nächstes folgt die Sammelaktion für die Unterstützung der Soldatenfrauen und ihrer Familien, aber auch der Hinterbliebenen – seit März 1915 werden überall im Deutschen Reich riesige Holzfiguren aufgestellt, die Bevölkerung ist aufgefordert, bereitgestellte Nägel in verschiedenen Preisstufen zu kaufen und als «Rüstung» der Figur einzuschlagen: eine patriotische Tat für Wohlfahrtszwecke. Jeder eingeschlagene eiserne Nagel soll ein Symbol sein für die «zur eisernen Rüstung des Vaterlandes beigesteuerte Spende».

Hamburg nagelt seinen «Eisernen Michel», Braunschweig eine Figur Heinrichs des Löwen, Hannover das «Sachsenross» und Bremen den eisernen Roland. Neben geschichtlichen Figuren werden Motive verwendet, die an die patriotischen Gefühle der Menschen appellieren: Eiserne Kreuze, Stadtwappen und Reichsadler, selbst U-Boote aus Holz werden benagelt. Der heroisch-pathetische Stil entspricht dem Geschmack der «Eisernen Zeit». Als Propagandasymbol sind die Nagelungsaktionen unschlagbar – demonstrieren sie doch auch den inneren Zusammenhalt und die Verteidigungsbereitschaft nach außen.

Am gewaltigsten entwickelt sich die Berliner Nagelungsaktion: Vor der Siegessäule wird Anfang September 1915 eine zwölf Meter hohe Figur des Feldmarschalls von Hindenburg eingeweiht. Die 26 Tonnen schwere Figur ist im oberen Teil nur über ein Podest zugänglich. Der Sieger von Tannenberg wird auch in der Heimat zur wichtigsten Galionsfigur der Propaganda – ganze Schulklassen machen sich auf den Weg nach Berlin, um ihren Teil für den «Sieg» beizutragen.

«Konnt ich auch nicht Waffen tragen, half ich doch die Feinde schlagen» – auch die Schulen werden eingespannt, den Krieg zu gewinnen. Lehrer wie Schüler stehen bei Kriegsausbruch ganz im Bann der Kriegsereignisse.

Flieg, Kugel, flieg,
Du hilfst uns gut im Krieg,
Du hilft uns gut im Belgierland,
Antwerpen ist bald überrannt.
Flieg, Kugel, flieg.

So lautet ein Kriegslied für das 1. bis 3. Schuljahr. Patriotische Lieder werden eingeübt, und die Kinder ziehen den Kriegsverlauf auf den Karten nach. Für jede gewonnene Schlacht gibt es schulfrei. Die siebenjährige Käthchen Glas aus Danzig spricht folgendes Kriegsgebet:

Ich bitte dich, du lieber Gott,
Schon unser Volk in Kriegesnot.
Send deine lieben Engelscharen,
Dass sie die Heimat uns bewahren,
Und heiße sie die Flügel breiten
Über alle Soldaten, die tapfer streiten.

Gib auch auf unsern Vater Acht,
Denn er kämpft treu für Deutschlands Macht.
Siehst du am Himmel Zeppelin fliegen,
So hilf ihm doch, damit wir siegen.
Zum Schlusse nimm meinen Dank noch hin,
Dass ich ein deutsches Mädchen bin!

Anordnung der Bremer Schulbehörde, 1917

Unter der Parole «Die Lehrerschaft bildet die Offiziere, die Schüler die
Mannschaft» wird der Schulhof zum Exerzierplatz. Ein Lehrer aus
Harthau bei Chemnitz beschreibt den «Krieg auf dem Schulhof»:

«Wenn die Truppe so kriegsmäßig ausgerüstet ist, geht es hinaus
auf den Kriegsschauplatz, auf den Schulhof. Hier wird in Vieren angetreten, denn Soldaten halten Ordnung. Einstweilen ist der Lehrer der
Hauptmann; ... Hiernach darf jeder, der sich durch Fleiß und Auf-
merksamkeit und Ordnungssinn und Wohlverhalten vor der Klasse
ausgezeichnet hat, einmal die Führung der Truppe übernehmen ...
Jetzt beginnt das Marschieren.»

Nicht nur in Deutschland ist die Schule ein bevorzugter Ort für die
Verbreitung patriotischer Gedanken: In Frankreich geht die ideologische Integration der Kinder in die Kriegskultur scheinbar am weites-
ten. Sie werden nicht nur physisch und finanziell mobilisiert, sondern
auch als Propagandaträger missbraucht, wie etwa bei den zentralen

Flugblatt 1917: «Auf zum Endkampf!»

Werbekampagnen für die Kriegsanleihen. Die Schulprogramme werden sofort 1914 «aktualisiert». Französische Schüler müssen jetzt Diktate über die Berechtigung des Krieges und die Grausamkeit der Feinde schreiben. «Eine außerordentliche Epoche wie die unsere kann gewöhnliche Kinder nicht dulden», kommentiert ein französischer Pädagoge 1916 den neuen Kriegsgeist. Ob in England, Frankreich oder in Deutschland: Unschuld und kindliche Begeisterungsfähigkeit werden von den Erwachsenen für Propagandazwecke rücksichtslos ausgenutzt: «Daddy, what did YOU do in the Great War?», fragen auf englischen Plakaten Kinder vorwurfsvoll ihre Väter, um diese an ihre vermeintlichen Kriegspflichten zu erinnern.

In Deutschland organisieren Lehrer und Frauenverbände den Einsatz der Kinder an der Heimatfront. Mit patriotischem Eifer wirbt «das zweite Heer des Kaisers» für Kriegsanleihen, die Kinder sammeln Metallgegenstände und Liebesgaben oder werden als Erntehelfer eingesetzt. Der patriotische Wert übersteigt dabei oft den wirtschaftlichen Nutzen, so bei der groß angelegten, auf vielen Plakaten propagierten Obstkernsammlung. Über die unzähligen Schulsammlungen schreibt eine ostpreußische Schülerin Ende 1915 in ihr Tagebuch:

> In unserer Klasse stehen zwei große Holzkisten. Die eine dient zur Sammlung von altem Eisen, die zweite zur Aufbewahrung von Kupfersachen. Wir haben alle unter unseren Küchentöpfen aufgeräumt … Ich habe zu Haus das Unterste zuoberst und das Oberste zuunterst gekehrt … und nahm alte Löffel, Messer, Gabeln, Töpfe, Kessel, ein Tablett, eine Pfanne, mehrere Haken und was weiß ich, was noch … Jetzt werden Patronen daraus gemacht.
> Weihnachten ist auf keinen Fall Frieden. Sonst würde man uns in der Schule nicht so auf Weihnachten hetzen. Alle Tage heißt es: Jeden Pfennig für die Soldaten. Großmutter sagt, wir machen sie mit den Schulsammlungen bankrott. Wir haben jetzt in der Schule ein großes «Eisernes Kreuz» aus Holz an der Wand hängen, in das man 1000 eiserne Nägel einschlagen muss. Es sind schwarze Nägel und solche, die wie Silber aussehen. Wenn alle Nägel in das Kreuz eingeschlagen sind, ist es wirklich ein «Eisernes Kreuz». Jede Schülerin kann so viel Nägel einhämmern, wie sie will. Die schwarzen Nägel kosten pro Stück 5 Pfennig, die silbernen 10 Pfennig. Ich habe schon zwei schwarze und einen silbernen Nagel eingeschlagen. Es macht Spaß. Der Erlös wird zu Kriegszwecken verwendet.

Aus Rohstoffmangel werden bald alle privaten Fahrradschläuche und -reifen beschlagnahmt; die Bezugsscheinpflicht für Schuhe und Kleidung steht bevor; Löffel, Töpfe und Leuchter werden zu Gewehrläufen, Kanonen und Patronen eingeschmolzen. Auch viele Kirchenglocken läuten bald das letzte Mal. Die größten Probleme bereitet jedoch die Versorgung der Bevölkerung mit Lebensmitteln.

Niemand in deutschen wie in alliierten Regierungskreisen rechnet im August 1914 mit einer längeren Kriegsdauer, ein Optimismus, der sich bitter rächen soll. Es sind kaum Vorkehrungen für die zivile Versorgung getroffen worden, stattdessen versuchen die Behörden, die Bevölkerung mit Sparsamkeitsappellen und Durchhalteparolen wie «Niemand braucht zu hungern, aber jeder muss sparen» über das wahre Ausmaß der Ernährungskrise hinwegzutäuschen. Gespart wird zunächst am Brot – es wird rationiert, und die Behörden geben Lebensmittelkarten aus. Das Brot ist neben der Kartoffel das Hauptnahrungsmittel, gerade bei der armen Bevölkerung, und jede Einsparung hat empfindliche Auswirkungen auf den täglichen Speiseplan.

Dazu kommt die enorme Teuerung – seit Kriegsbeginn treiben Hamsterkäufe und Spekulationsgeschäfte die Preise in astronomische Höhen. Eier, Butter und andere Produkte sind bald Luxusartikel – unerschwinglich, wenigstens für den Durchschnittsbürger. Die soziale Kluft wächst immer mehr und mit ihr die allgemeine Verbitterung und Resignation. Ein Gefühl der Ohnmacht nimmt von den Menschen Besitz, und ein neues Prinzip prägt ihr tägliches Leben: das Durchhalten.

In Scharen fährt die Bevölkerung aufs Land, um Lebensmittel bei den Bauern zu «hamstern», denn mittlerweile sind fast alle Nahrungsmittel rationiert. Trotzdem gelingt es den Behörden nicht, den Mangel auch nur halbwegs gerecht zu verteilen – auf die offizielle «Kartenwirtschaft» reagiert die Bevölkerung nur mit bitterem Spott. Zu oft stehen die Rationen nur auf dem Papier:

«Zeitgemäßes Rezept: Kartoffeltorte für Feinschmecker: Man rühre vier Monate Butter gut schaumig mit zwei Wochen Zucker; dann tue man zwei Tage geriebene Kartoffeln und eine Woche Mehl hinzu; zuletzt den Schnee von sechs Monaten Eiern. Die Torte wird dann mit zwei weiteren Wochen Zucker bestreut.»

Hänsel und Gretel (Ausgabe 1915).

...... und führten fie noch tiefer in den Wald hinein. Hänfel zog ein grofies Stück Kriegsbrot aus der Tafche und liefi heimlich kleine Brocken fallen ......

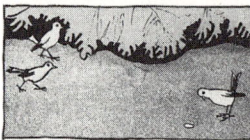

...... Und da kamen die Vöglein des Waldes.

Als fie aber von den Brocken gekoftet hatten, fpuckten fie 's gleich wieder aus und liefen eilig davon.

...... Da fagte Hänfel zu Gretel: „Siehft, wenn es nicht Kriegsbrot gewefen wäre, hätten es die Vöglein gefreffen, und wir hätten nie, nie wieder den Weg nachhaufe gefunden!"

Karikatur 1915: «Hänsel und Gretel und das K-Brot»

Inoffiziell – für den besseren Geldbeutel – ist noch alles zu haben. Die ungleiche Verteilung und der Lebensstil der Kriegsgewinnler und Spekulanten löst eine ungeheure Verbitterung aus, die auch den Solda-ten an der Front nicht verborgen bleibt. Robert Pöhland schreibt in ei-nem Brief über den verbreiteten Kriegswucher und die wachsende Raffgier vieler «Kapitalisten»:

Meine geliebte teure Frau!   25. 8. 1916
… Gestern schrieb ich dir schon, mit wes Geistes Kindern ich es
hier zu tun habe. Ein solcher «Ehrenmann» gab mir seinen
Unwillen kund, indem er meinte, wäre man jetzt nur zu Haus,
könnte man ein reicher Mann durch den Krieg werden.
Er hatte einen guten Freund, der hätte mit 40 M kurz nach
Kriegsausbruch zu spekulieren angefangen. Hätte Butter, Eier,
Schmierseife und dergleichen gekauft. Dabei hatte er in einem
Jahr 22 000 M verdient …
Als ich ihm sagte, das sei ja der schlimmste Wucher, meinte er: Ach
Mensch, wenn wirs nicht machen, tuns andere.
Warum sollen denn die Großen alles einheimsen …
Ich sagte ihm nur, das sei die unverfälschte Kapitalistenmoral,
und für diese Lumpen müssten wir uns hinschlachten lassen und
unsere Frauen und Kinder hungern und dahinsiechen …
Lieber wollte ich nicht wieder zurückkehren, als meine Über-
zeugung preisgeben.
Es grüßt euch herzlich euer Robert

So wächst die Unzufriedenheit in der Bevölkerung immer mehr: In
Berlin, Aachen und Köln kommt es bereits nach dem ersten Kriegs-
winter zu Lebensmittelunruhen und Plünderungen. Auch in Leipzig,
Stralsund, Dresden und Chemnitz gehen die Menschen mit dem Ruf
nach «Frieden und Brot» auf die Straße. Für die Regierung ist dies ein
eindeutiges Warnsignal, dass die einmütige patriotische Stimmung
umzukippen droht. Die Militärbehörden versuchen derweil mit einer
rigiden Pressezensur, die Ausschreitungen um jeden Preis geheim zu
halten.
    Zumeist sind es Preiserhöhungen oder ausverkaufte Lebensmittel,
die die Schlange stehenden Menschen vor den Geschäften in Rage
bringen. Während sich der Protest anfangs nur gegen einzelne Händ-
ler richtet, wird die Obrigkeit immer mehr zur Zielscheibe des stetig
wachsenden Unmutes. Im Sommer 1916 kommt es zu einer spontanen
Demonstration in Bremen, an der auch Anna Pöhland beteiligt ist:

Mein geliebter herzensguter Mann!   Bremen, 15. 6. 1916

… Auf dem Schlachthof wurde der Verkauf von Knochen eingerichtet. Du glaubst nicht, was für eine Menge von Frauen und Kindern da standen. Auch ich wollte etwas haben, doch als ich bereits 1 Std. dort gestanden hatte, hieß es, dass die Karten, die man erst lösen musste, verausgabt waren. Na da waren wir mit einigen Genossinnen bereit zu demonstrieren. Wir gingen zu den Frauen und sagten, dass wir zur Lebensmittelkommission gehen wollten. Es dauerte 1/4 Std., da hatten wir einige 100 Frauen, die hinzogen. Ein junges Mädchen trat öfter aus dem Zug und rief: ‹Proletarier aller Länder vereinigt euch!!!›, und wir riefen: Hurrah!! Kein Schutzmann muckste, sie waren sehr ernst.

Ach Mensch, es war für mich ein Genuss, die Frauen mit ihren Körben und Taschen so erbittert zu sehen. Diese Erbitterung! Auch die Soldaten schienen sich zu freuen. Alle, die unter den jetzigen Zuständen so leiden, freuten sich. Nun wir waren 8 3/4 Uhr am Gebäude der Lebensmittelkommission, um 9 1/4 kam Senator Biermann … Na, hättest mit dabei sein müssen. Ich saß direkt neben ihm und brachte zuerst das, was uns bedrückte, vor. Ich hatte mir eine Schnitte Brot mit dem alten Schmalz mitgenommen, im Fall, der Hunger zu schlimm würde, das holte ich aus der Tasche und hielt es ihm unter die Nase und fragte ihn, ob er meinte, dass man dabei arbeiten könne? Wochenlang bekämen wir kein gescheites Mittagessen, und unser Geruchssinn hätte uns nicht verlassen, wir könnten wohl die Bratendüfte noch riechen und beobachten, was für schöne Konserven und andere Früchte in ihre Häuser geschleppt würden. Wir dagegen bekämen Schweinekartoffeln und trocken Brot.

Er gab zu, dass alle Waren sehr teuer geworden wären. Darauf frug ich ihn, ob er denn meinte, dass die Unterstützung auch reichte. Er wurde verlegen und sagte, dass er gar nicht wisse, wie viel die Frauen bekämen. Ich sagte, dass es sehr traurig wäre, wenn er das nicht wisse …

Sei von uns allen gegrüßt und geküsst, deine Anna

Robert Pöhland sieht in der Auflehnung der Heimatfront eine Chance für die Arbeiter und bestärkt seine Frau in ihrem Protest:

Meine geliebte mutige Frau! 18.6.1916
Einen ganz besonderen Genuss hast du mir mit deinem Brief, der die Schilderung eurer Demonstration enthielt, bereitet.
Meine vollste Anerkennung muss ich euch für eure mutige Tat aussprechen. Nur auf diese Weise können wir uns Respekt verschaffen und auf Abhilfe dieser unhaltbaren Zustände dringen …
Ich kann mir denken, dass das für dich eine große Genugtuung war. Da waren wohl alle Leiden mit einem Male verschwunden?
Könnte doch auf diese Weise dem schrecklichen Massenmord ein Ende bereitet werden. Aber daran ist wohl nicht zu denken …
Man möchte bald annehmen, die Nachrichten von einem baldigen Friedensschluss, die vor Pfingsten immer wieder auftauchten, waren nur ein Mittel zu dem Zweck, die kampfesmüden Heere und im Lande das ausgehungerte, unwillige Volk zu beruhigen, resp. ihnen wieder etwas «Lebensmut» einzuflößen.
Weil diese Zeit jetzt für das Volk die bedenklichste ist. Kartoffeln und Fleisch sind fast völlig aufgezehrt, Gemüse gibt es auch nicht.
Deshalb muss man das Volk mit schönen «Hoffnungen» füttern.
Ist der Michel erst wieder über diese Zeit hinweg, lässt er sich's auch ruhig länger gefallen.
12 Milliarden sind wieder bewilligt, also ist wieder für «einige Zeit» gesorgt …
Es grüßt herzlich euer Robert

Fast 17 Millionen Briefe wandern täglich zwischen Front und Heimat hin und her – zu viele, um sie zu zensieren. Die Soldaten sind über die Situation in der Heimat gut unterrichtet. Viele machen sich Sorgen um ihre Familien – wenn ihr mörderischer Kampf überhaupt einen Sinn haben soll, muss es den Angehörigen daheim einigermaßen gut gehen. Robert Pöhland schickt regelmäßig Geld und sogar ab und zu Lebensmittel nach Hause. Front und Heimat ist eines gemeinsam: die

Erbitterung über die ungerechte Verteilung und darüber, dass nur die kleinen Leute den Krieg bezahlen und ausbaden müssen. Robert Pöhland schreibt im Juli 1916:

> Wir müssen uns hier totschießen lassen, um die Geldsäcke der Reichen zu füllen und zu schützen, und wenn ihr dort wegen diesem wahnsinnigen Krieg schon halb verhungern müsst und euch etwas Gras für Kaninchen holt, das soll dann Diebstahl sein.
>
> Hier haben wir ganze Länder wie Belgien und Frankreich fast derart verwüstet, dass diese Menschen vielleicht erst in 20 Jahren wieder ihr Land so hergerichtet haben, wie es vor dem Kriege war. Das ist aber kein Verbrechen, sondern «Gottes Schickung».

Armut und Reichtum werden im Krieg neu verteilt – während die Rüstungsindustrie gigantische Gewinne erzielt, verarmen auf der anderen Seite weite Teile des Mittelstandes: Handwerker, Kleinhändler, auch Werkstattbesitzer, die nur für zivile Bereiche arbeiten, müssen ihre Betriebe schließen.

In den Arbeitervierteln kursiert schon bald der bittere Spruch: «Die Armen liefern die Leichen, der Mittelstand muss weichen, den Krieg gewinnen die Reichen.» Anna Pöhland schildert diese Sorgen in ihren Briefen, so auch Anfang Oktober 1916:

> Mein innig geliebter armer Mann!   Bremen, 4. 10. 1916
> Unendlich Leid tust du mir, dass du so ein Leben führen musst …
> Man hat nur Sorge, wie kann man die Kinder satt bekommen.
> Leider bin ich nicht imstande, irgendwo hinzugehen. Erstens
> muss ich für die Kinder, alle vier, Schulzeug zurechtmachen, entweder ist es zu kurz oder zu eng geworden; zweitens brennen mir die Augen so sehr, dass ich sie immer anfeuchten muss. Auch bin ich wie gerädert. Musste nämlich auf der Gasanstalt 3 Stunden, am Dienstag 1 1/4 Stunde am Schlachthof stehen, dazu noch die Wäsche, dann muss ich kassieren.
> Na, wenn du kommst, wirst du sehen, wie wir Frauen ausgebeutet werden. Wenn man nur mehr Unterstützung bekäme, dass man

Kohlezeichnung von Franz Wimmer, 1916: «Wir wollen Frieden»

nicht so rechnen müsste. Manchmal weiß man nicht mehr, wo
einem der Kopf steht.

Über Käthe Duncker und ihr Auftreten den Imperialisten gegenüber habe ich mich sehr gefreut. Auch Luise Zietz geht mit uns.
Dagegen, der David und Scheidemann und drgl. sind nicht wert,
dass sie in der Sozialdemokratie einen solchen Platz haben! ...
Sei von uns innig gegrüßt
und geküsst.
Deine Anna.

Die ungeheuren Materialschlachten an der Westfront fordern derweil immer mehr Opfer, auch die Zahl der Schwerverwundeten steigt rapide. Währenddessen sind die Lazarette hinter der Front, aber auch in der Heimat überfüllt. Eine Pianistin berichtet aus Leipzig:

Am Sonntag um 6 Uhr habe ich in einem Lazarett für Schwerverwundete (Klavier) gespielt – in dem Schlafsaal waren 100 Betten, und vielleicht 50 bis 60 weitere Männer kamen hinzu …
Es sind kaum noch menschliche Wesen – nur die zerschmetterten Reste von Männern – einige ohne Beine, ohne Arme, eine Gesichtshälfte fehlt – es ist erschreckend und verfolgt einen – es gibt dort auch so viele Blinde. Solange wir leben, werden wir das Ende kaum erfahren – eine ganze Generation verstümmelter und zugrunde gerichteter Männer in mehr als der Hälfte der Welt. Man kommt von diesem Gedanken und dem Blick nicht los.

Die Truppeneinheit Robert Pöhlands wird im Oktober von Ypern in die Gegend bei Péronne verlegt.

Meine herzinnig geliebte teure Frau!   Frankreich, 15. 10. 1916
… Gestern war in der Zeit, wo wir an der Stellung arbeiteten, wieder ein so wahnsinniges Trommelfeuer im Gange, dass die ganze Erde viele Kilometer im Umkreis zitterte und bebte. Ein Dröhnen und Grollen war es, kaum im Kopf auszuhalten. Ich bekam Ohren- und Kopfweh. Dann wagte ich mich auf kurze Zeit hinaus und sah diesem fürchterlichen Schauspiel zu. Es war nachmittags 3 Uhr, als es einsetzte, und dauerte die ganze Nacht.
Nun kann ich zum größten Glück das Schrecklichste gar nicht schildern. Ich will es auch gar nicht andeuten, aber du wirst dir's denken können, nämlich das Gestöhn der Verwundeten.
Heute Abend um 9 Uhr geht's wieder hinein …
Dein Robert

«Es fielen auf dem Feld der Ehre» … mit dieser heroischen Floskel beginnen viele Verlustmeldungen in den Tageszeitungen. Als diese länger und länger werden, gibt man ihren Abdruck schließlich auf. Kaum noch eine Familie hat keinen Toten zu beklagen. Überall ist die gleiche Frage zu hören: «Wann geht der Krieg endlich zu Ende?» Auch bei Anna Pöhland wächst die Sorge um ihren Mann Robert. Sie schreibt an seinen Kompanieführer ein Urlaubsgesuch nach dem anderen.

Mein innig geliebter teurer Mann!　　　Bremen, 17. 10. 1916
… Sollten denn die Kämpfe an der Somme noch nicht nachlassen?
– Müssen denn erst alle Männer dahingeschlachtet werden? …
Ich hoffe nur, dass der Kompanieführer etwas Einsicht hat,
wenn es nur nicht zu spät ist.
Sei viel und herzlich gegrüßt und gedrückt von uns allen.
Deine unglückliche
Anna.

Meine herzgeliebte Frau!　　　　　Frankreich, 21. 10. 1916
… ich hatte einen solch schönen Traum. Ich war zu Hause bei euch
und ruhte in euren Armen. Wie wohl ward mir da zumute.
Ich konnte vor Glückseligkeit keine Worte, nur Tränen der Freude
und des Schmerzes hervorbringen. Gleich darauf wachte ich auf –
und befand mich in dem schwarzen Loch –
Ach was ist das hier für ein Elend.
Herzl. Gruß von
eurem unglückl. Robert

Mein innig geliebter, guter Mann!　　　Bremen, 30. 10. 1916
Jetzt halte ich es nicht mehr aus! Am Dienstag, d. 24., bekam ich
den letzten Kartenbrief von dir … Man weiß nun nicht, ob du
überhaupt noch lebst …
Obgleich ich vergangene Woche fast nichts von dir erhielt,
hatte ich immer ein so frohes Gefühl, als müsstest du unverhofft
kommen, sogar mit dem Essen habe ich mich immer etwas
eingerichtet …
So vergeht ein Tag nach dem anderen, und der Heißersehnte
kommt nicht.

Das Urlaubsgesuch ist sicher in den Papierkorb gewandert …
Sei bis dahin innig gegrüßt
und geküsst von uns allen.
Deine Anna

Robert Pöhland war bereits acht Tage zuvor, am 22. Oktober, in den frühen Morgenstunden gefallen – eine Granate hatte ihm den Kopf abgerissen, wie ein Kamerad berichtet. Begraben liegt er auf dem französischen Soldatenfriedhof Fricourt, Departement Somme, in einem anonymen Massengrab. Klärchen Pöhland berichtet, wie ihre Mutter auf die Todesmeldung reagierte:

«Sie hat die ganze Straße zusammengeschrien, als sie die Nachricht kriegte, geschrien und geschrien – das ist mir nie wieder aus den Ohren gegangen … Aber Mutter hat gesagt: Nee. Vater hätte geschrieben, wir sollten nicht in Schwarz gehen, wenn er nicht wiederkäme, und wir sind alle in Bunt gegangen – ja, wie an Kaisers Geburtstag. Vor denen da oben zeigen wir unsere Trauer nicht.»

Anna Pöhland bleibt nicht viel Zeit zum Trauern – sie muss ihre fünfköpfige Familie durchbringen und arbeitet als Hemmschuhlegerin bei der Bahn. Ende 1916 entwickelt sich die Lebensmittelkrise immer mehr zu einer Hungersnot, von der alle größeren Städte und Industriebezirke betroffen sind. Eine Kartoffelfäule sorgt dafür, dass die Hauptnahrung gerade für die ärmere Bevölkerung ausfällt. Dazu kommt eine ungewöhnliche Kältewelle, die die wenigen Kartoffeltransporte in die Städte und Industriegebiete erschwert – ein klirrender Frosttag folgt dem andern.

Die Menschen frieren und hungern. Der Berliner Arzt Alfred Grotjahn beschreibt in seinem Tagebuch die medizinischen Folgen der Hungersnot. Bereits im März 1916 beobachtet er, dass die Berliner Bevölkerung «mehr und mehr ein mongolisches Aussehen» bekommt: «Die Backenknochen treten hervor, und die entfettete Haut legt sich in Falten.» Im Februar 1917 stellt er fest, die städtische Bevölkerung beginne «zu ihren bereits vorhandenen Gramfalten und schlaffer Ge-

Bremen, d. 30.10.16

Anna Pöhlands letzter Brief, 30.10.1916

193   Schlachtfeld Heimat

sichtshaut auch noch kalkweiß auszusehen». Doch nicht nur in Berlin sinken die täglichen Rationen – in allen größeren Städten und Industriegebieten fallen sie unter 1000 Kalorien täglich. Nach und nach beginnt in Deutschland das eigentliche Hungern – und Sterben.

In den Gemüseläden werden im März 1917 Rezepte verteilt, wie man gefrorene Kartoffeln behandeln muss, damit sie nicht süß schmecken. Doch es gibt kaum noch Kartoffeln, sondern nur immer wieder Kohl- oder Steckrüben. Sie geben diesem Hungerwinter ihren Namen. Kohlrüben in der Marmelade, in der Wurst, im Brot und sogar im Kaffee – die Menschen lernen sie zu hassen.

Eine zweifelhafte Alternative bieten die Kriegsküchen, die seit 1915 überall eingerichtet werden. Ihr Essen besteht vorwiegend aus Suppen, deren Qualität oft minderwertig ist. Im Winter 1916/17 setzt die Kohlrübe auch hier zu ihrem «Siegeszug» an. Nur die äußerste Not kann die städtische Bevölkerung in die Kriegsküchen zwingen.

Aber es fehlt nicht nur an Lebensmitteln – alle Rohstoffe sind mittlerweile knapp. Dies gilt auch für Reinigungsmittel wie Seife. Ist die unterernährte städtische Bevölkerung schon anfällig für Hunger- und Ansteckungskrankheiten aller Art, so leisten die schlechten hygienischen Verhältnisse Epidemien Vorschub. Öffentliche Entlausungsanstalten werden eingerichtet – die Krätze, ein juckender Hautausschlag, verbreitet sich zusehends. Viele Menschen leiden unter Tuberkulose. Bei mehr als der Hälfte der Schulkinder stellen Ärzte auffallende rachitische Knochenveränderungen fest, denn das Kalzium der Milch fehlt. 1918 grassiert in ganz Europa die Grippe. Die geschwächten und unterernährten Menschen sterben überall wie die Fliegen. Doch die Oberste Heeresleitung denkt nicht an ein baldiges Kriegsende. Weitere Offensiven an der Westfront sind geplant.

«Durch Arbeit zum Sieg! Durch Sieg zum Frieden!» heißt es auf einem Plakat, das in allen Rüstungsbetrieben aushängt. Ein Soldat und ein Rüstungsarbeiter geben sich vor einer auf einer Werkbank eingespannten Granate die Hand. Patriotische Gesten und Propagandaparolen – sie sollen helfen, Streiks und Sabotage in den Rüstungs-

von magerem Fleisch muß, schon aus gesundheitlichen Erwägungen heraus, eingeschränkt, der Verbrauch von Hülsenfrüchten bis zu der Zeit, da sie wieder häufiger im Lande sein werden, zurückgestellt, das weichliche Weizenbrot durch das kräftige Roggenbrot ersetzt, Rotkohl und Weißkohl, Mohrrüben, weiße und rote Rüben, Haferflocken- und Kartoffelgerichte müssen bevorzugt werden. Das mag jede Hausfrau nicht nur selbst beherzigen, sondern auch der Köchin einprägen. Möge jede Hausfrau nicht früher ihr Heim verlassen, um sich gemeinnütziger Arbeit zu widmen, als bis sie sich überzeugt hat, daß auch die Dienstmädchen wissen, worauf es bei der Wirtschaftsführung im Kriege ankommt; dann erst werden die Frauen mit gutem Gewissen draußen Kriegshilfe üben können!

Die 7 K-Gesetze der Kriegsküche.

Aufgestellt vom Nationalen Frauendienst.

Eßt Kriegsbrot!
Kocht Kartoffeln in der Schale!
Kauft keinen Kuchen!
Seid klug, spart Fett!
Kocht mit Koch-Kiste!
Kocht mit Kriegs-Kochbuch!
Helft den Krieg gewinnen!

Diese sieben K-Gesetze der Kriegsküche verdienen eindringlichste Beachtung. Sie prägen sich leicht dem Gedächtnis ein. Jede Hausfrau, jede Köchin sollte sie beherzigen. Wenn diese Gesetze in jeder Küche, bei hoch und bei niedrig prangen und tagtäglich die rechte Würdigung finden, dann dürfen die deutschen Frauen und Mädchen von dem stolzen Bewußtsein durchdrungen sein, daß auch sie zum guten Teil dazu beitragen, daß wir durchhalten, daß wir den großen Krieg gewinnen.

Öffentliche Forderung des Nationalen Frauendienstes 1916:
«Die 7 K-Gesetze der Kriegsküche»

**Plakat 1918: «Durch Arbeit zum Sieg!
Durch Sieg zum Frieden!»**

fabriken zu verhindern, gleichzeitig werden die Arbeiter daheim eindringlich auf ihre vaterländischen Pflichten hingewiesen:

«Das deutsche Volk in Waffen hat nie gesehene Heldentaten verrichtet, das Volk in der Heimat aber hat durch Energielosigkeit und
Kurzsichtigkeit den Verlust des Kampfes herbeigeführt. Die Oberste

Heeresleitung hat das gesamte Heer im Auge, das sind nicht nur die Kämpfer an der Front, die die Hauptlast zu tragen haben – diese Front kann nicht leben, wenn der Körper hinter ihr, der durch unzählige Fäden mit ihr verbunden ist, nachlässt. Dies geschieht durch den Streik», hieß es bereits in einer Erklärung des preußischen Kriegsministeriums im April 1917.

Die Heeresleitung unter Hindenburg und Ludendorff hatte in der zweiten Kriegshälfte mit dem «Hindenburg-Programm» ganz Deutschland energisch auf die weitere Kriegführung ausgerichtet. Die Produktion an Heeresbedarf sollte für die großen Westoffensiven auf das äußerste gesteigert werden. Seit dem Frühjahr 1917 wurden hierzu immer größere Reserven des «Ersatzheeres» mobilisiert: In der Munitionsindustrie wurde das Berufsalter auf 16 herabgesetzt, viele Jugendliche übernahmen die Schichten von Schwer- und Schwerstarbeitern, es lockten Nahrungsmittelzulagen und höhere Löhne. Über die verbreitete Mädchenarbeit schrieb die sozialistische «Arbeiter-Jugend» im Juni 1917:

«Zahllos sind auch die jungen Mädchen, die bei der Herstellung von giftigen Gasen und Säuren, bei der Fabrikation von feuer- und sprenggefährlichen Stoffen tätig sind. Dabei gibt es keinen Zehnstundentag mehr, keinen früheren Sonnabendabschluss, keine Sonntagsruhe und kein Verbot der Nachtarbeit ... Nachtschichten von zwölf Stunden, mit nur zweimaliger Pause von je einer halben Stunde sind häufig; ja selbst zu 24-Stunden-Schichten zieht man junge Mädchen heran. Da wird Wirklichkeit, was das Lied von der Granatendreherin singt:

Mir ist der Kopf, das Herz so schwer,
Ich denke, ich fühle, ich hoffe nicht mehr,
Ich drehe Granaten, Granaten.»

Viele Schutzbestimmungen waren außer Kraft gesetzt worden, dazu kamen die ständige Übermüdung und unzureichende Ernährung, die Zahl der Arbeitsunfälle stieg rapide. Darüber hinaus verursachten die gefährlichen Werkstoffe Verätzungen und Lungenkrankheiten. In

Plakat nach 1916: «Deutsche Frauen helft zum Siege!»

England hießen die in den Munitionsfabriken arbeitenden Frauen bereits «Kanarienvögel», da die Chemikalien ihre Gesichter und Hände auffallend gelb färbten.

In der russischen Oktoberrevolution sahen viele deutsche Pazifisten und Sozialisten ein Hoffnungssignal. Silvester 1917 schrieb die Künstlerin Käthe Kollwitz in ihr Tagebuch:

Was hat dieses Jahr gebracht? Was hat es genommen? ...
Es hat nicht den Frieden gebracht. Es hat immer genommen und
genommen. Menschen genommen und Glauben genommen,
Hoffnung genommen, Kraft genommen.
Gegeben hat es neue Ausblicke durch Russland. Von da ist etwas
Neues in die Welt gekommen ...

So beginnen Ende Januar 1918 in Berlin und anderen Städten die großen Massenstreiks in den Munitionsfabriken. Die anschließenden
Demonstrationen auf der Straße finden auch unter der übrigen Bevölkerung großen Zulauf. Nicht mehr nur Rufe nach «Brot» und «Frieden» werden laut – die Menschen fordern jetzt auch politische Grund-
rechte ein, vor allem mehr Demokratie, das Wahlrecht für Frauen und
die Freilassung der politischen Gefangenen. Die Militärbehörden ver-
hängen derweil den verschärften Belagerungszustand und drohen mit
Kriegsgerichten.

«Jeder Versuch, die russischen Zustände auch bei uns einzuführen,
muss rücksichtslos unterdrückt werden. Bei uns liegen die Verhältnisse ganz anders als in Russland. Hier bei uns ist die Masse des Volkes
im Innern durchaus zufrieden», schreibt der Chef des Berliner Gene-
ralkommandos an den Kaiser. Deswegen sei es wichtig, «gegen irrege-
leitete Volksmassen unter allen Umständen mit Strenge vorzugehen».

Doch die Menschen haben keine Angst mehr – sie haben den Krieg
nach vier Hungerjahren gründlich satt. In Berlin sind am 28. Januar
Hunderttausende auf der Straße; unter ihnen Anna Nemitz. Die So-
zialdemokratin aus dem Ruhrgebiet wohnt seit 1911 mit ihrer Familie
in Berlin, in Siemensstadt. Als überzeugte Kriegsgegnerin schließt sie
sich 1917 der Unabhängigen Sozialistischen Partei Deutschlands
(USPD) an und wird eine engagierte Rednerin auf Massenveranstal-
tungen.

Als am 28. Januar 1918 der Generalstreik ausgerufen wird, spricht
Anna Nemitz auf einer Kundgebung in Siemensstadt unter einem
Decknamen:

«Schon nach wenigen Minuten hat sich eine Rednerin Gehör ver-

Die Sozialdemokratin und erste weibliche Reichstags-abgeordnete Anna Nemitz (1873–1962)

Anna Nemitz wird am 3. Januar 1873 im damaligen Bromberg (Bydgoszcz) geboren. 1893, im Alter von 20 Jahren, tritt die gelernte Schneiderin in die SPD ein. Seit 1911 lebt sie mit ihrer Familie in Berlin – hier führt sie ihre politische Arbeit für die SPD fort. Zeit ihres Lebens setzt sie sich für die politischen Rechte der Frauen ein und kämpft als überzeugte Pazifistin für den Frieden gegen jegliche Kriegsgefahr.

Anna Nemitz vor 1920

1912 droht der Balkankrieg sich zu einem Weltkrieg auszuweiten. Das Internationale Sozialistische Büro ruft zu Massenversammlungen auf. «Krieg dem Kriege! – Nieder mit den Kriegshetzern!» – «Hände weg vom Balkan!» ist auf vielen Flugblättern in Berlin zu lesen. Anna Nemitz ist am 17. November 1912 unter den Hunderttausenden, die in der Hasenheide begeistert die Rede des französischen Sozialistenführers Jean Jaurès verfolgen:

«Als sich der Krieg abzeichnete, waren viele Frauen, so auch Anna Nemitz, pazifistisch gesinnt. Und als sich die Krise zuspitzte, war der große französische Sozialistenführer Jean Jaurès noch einmal in Berlin mit einer großen Kundgebung. Und sie hat mir erzählt, wie die Frauen dort waren mit Tränen in den Augen und gehofft

schafft. Sie spricht als Mutter von zwei Söhnen, von denen sich einer an der Front und der andere in einem englischen Internierungslager befindet. Mit Leidenschaft geißelt sie den Wahnsinn des Krieges und fordert die Verantwortlichen auf, Schluss zu machen, ehe es zu spät ist. Jede Verlängerung des Völkermordes bedeutet den Tod von Tausenden von jungen Menschen, bedeutet Verzweiflung für die Frauen, Mütter und Bräute, sei ein Verbrechen am Volk. Die Regierung solle wissen,

hatten, dass es eine Möglichkeit gäbe, über die Frauen den Krieg zu verhindern. Damals gab es das Stichwort von der Internationale der Frauen, die verhindern müsse, dass ihre Söhne abgeschlachtet werden. Das war das Klima, das angehalten hat, bis in den Weltkrieg hinein.» (Kurt Nemitz, Enkel von Anna Nemitz, 2003)

Den Ausbruch des Krieges erlebt sie in Berlin-Siemensstadt. Öffentlich politisch in Erscheinung tritt Anna Nemitz zum ersten Mal Anfang 1918. Als überzeugte Kriegsgegnerin ist sie zur USPD übergetreten und nimmt aktiv an den Massendemonstrationen im Januar 1918 teil. Als Mutter zweier Söhne – der eine kämpft als Soldat an der Westfront, der andere wird in einem englischen Internierungslager gefangen gehalten – fordert sie die Regierenden auf, das sinnlose Abschlachten und Massenmorden endlich zu beenden. Als einzige Frau gehört sie dem Arbeiter- und Soldatenrat Berlin-Charlottenburg an. Nach einer Rede auf einer großen Protestveranstaltung in Siemensstadt wird sie verhaftet und wegen Hochverrats angeklagt. Nur der Ausbruch der Novemberrevolution verhindert, dass ihr der Prozess gemacht wird.

1919 erhalten die Frauen die staatsbürgerliche Gleichstellung, sie dürfen selbst wählen, aber auch gewählt werden. Anna Nemitz ist politisch am Ziel. Als eine der ersten weiblichen Abgeordneten zieht sie in den Reichstag ein.

dass die Arbeiterschaft nicht mehr gewillt sei, tatenlos zuzusehen», schreibt ihr Enkel Kurt Nemitz in einer Biographie 1988.

Die Polizei beendet die Demonstration in Siemensstadt gewaltsam – nach der Rednerin wird gefahndet. Eine Welle von Verhaftungen setzt in ganz Deutschland ein. Anna Nemitz kann zunächst bei Freunden untertauchen, wird aber schließlich aufgespürt und wegen Hochverrats angeklagt. Nur der politische Zusammenbruch im November

1918 und der Ausbruch der Revolution verhindern, dass es zur Verhandlung kommt.

Nach vier Jahren Krieg waren allein in Deutschland weit über 700 000 Zivilisten an den Folgen des Krieges gestorben, vor allem allein stehende Frauen und Kinder, aber auch Kranke, Invaliden und ältere Menschen.

Die Chancen, Hunger und Entbehrungen des Krieges unbeschadet zu überstehen, blieben sehr ungleich verteilt, denn die Kriegswirtschaft führte zu einer neuen Klassengesellschaft – privilegiert waren Militärangehörige und Rüstungsarbeiter, die vorrangig versorgt wurden und darüber hinaus Zulagen erhielten. Die unterste Stufe bildeten die «Kriegsuntüchtigen», dazu zählten nicht nur sozial Schwache, sondern auch Angestellte, Beamte und Angehörige geistiger Berufe.

Die anfängliche Solidarität der Heimatfront zerbrach immer mehr, je offensichtlicher sich Einzelne auf Kosten aller anderen bereicherten. Dabei empörte sich die Bevölkerung mehr über die ungleiche Verteilung der knappen Vorräte als über die Knappheit selbst. So entlud sich die wachsende Verbitterung seit dem Frühsommer 1916 in Straßenkundgebungen, Hungerkrawallen und Streiks.

«Das Vaterland lässt uns schon nicht verhungern» – diese Überzeugung teilten in der zweiten Kriegshälfte nur noch wenige Menschen. Die anfängliche patriotische Begeisterung war längst verflogen, weil die täglichen Nöte allzu übermächtig geworden waren: endlose Käuferschlangen vor den Lebensmittelläden, Kriegsküchen, Ersatzlebensmittel – das Rattenfleisch in der Wurst war schon lange kein Witz mehr – und schließlich Hungerdemonstrationen und Streiks. Nach vier Jahren totaler physischer und psychischer Überforderung und völliger Erschöpfung hatten die meisten Menschen nur noch den Wunsch nach Frieden.

Unterernährte Berliner Kinder gegen Kriegsende

**Fotografie der fünf «gueules cassées», mit denen die deutsche
Delegation bei der Vertragsunterzeichnung konfrontiert wird**

Christine Beil und Gabriele Trost

Trauma Versailles

Am 28. Juni 1919 spielt sich im Spiegelsaal des Schlosses in Versailles eine gespenstische Szene ab: Hinter einem Tisch stehen fünf französische Soldaten mit schwersten Gesichtsverletzungen, vor ihnen der Versailler Vertrag, der die Niederlage Deutschlands im Ersten Weltkrieg besiegeln soll. Die deutsche Delegation wird gezwungen, den Vertrag im Beisein der Kriegsversehrten zu unterschreiben. Einer von ihnen, Albert Jugon, wird später sagen: «Indem die französische Regierung uns ausgewählt hat, demonstrierte sie ihren Willen, den deutschen Delegierten die schmerzhaften Konsequenzen des Krieges vor Augen zu führen, den sie verschuldet haben.»

Doch diese Botschaft kommt bei den Deutschen nicht an. Weder gestehen sie ihre Schuld am Ersten Weltkrieg ein, noch akzeptieren sie ihre Niederlage. Für sie ist der Vertrag ein bewusster Akt der Demütigung durch die ehemaligen Kriegsgegner, vor allem durch Frankreich. Während der Weimarer Republik entwickeln sie ein regelrechtes «Versailles-Trauma» und tun alles, um den Vertrag rückgängig zu machen.

Noch ein Jahr zuvor hält niemand in Deutschland ein solches Zeremoniell für möglich. Selbstbewusst diktiert der deutsche Generalstab im März 1918 seine Bedingungen für einen separaten Frieden mit Russland in Brest-Litowsk. Er zeigt sich kompromisslos und machtbewusst: Russland verliert 90 Prozent seiner Kohlevorkommen, ein Drittel der Bevölkerung, mehr als die Hälfte der Industrie, seine gesamte Öl- und Baumwollproduktion. Um Versöhnung oder um einen Weg zum friedlichen Zusammenleben der beiden Staaten geht es den Deutschen nicht. Für sie ist der Friede von Brest-Litowsk nur eine

Etappe auf dem Weg zum endgültigen Sieg. Nach der russischen Niederlage, so die Großmachtphantasien der Obersten Heeresleitung (OHL), werde man über ein riesiges Gebiet im Osten verfügen.

Brest-Litowsk ist zwar ein Triumph des deutschen Militarismus, aber ein verhängnisvoller. Denn die Alliierten werden die Deutschen später, als diese über die harten Bedingungen des Versailler Vertrages klagen, an ihre starre Haltung in Brest-Litowsk erinnern.

Im Frühjahr 1918 ist der endgültige Sieg noch weit entfernt. Da man nun den Rücken im Osten frei hat, wird ein Großteil der hier stationierten Truppen an die Westfront verlegt. Dort sollen sie dem deutschen Westheer in einer letzten großen Schlacht zum Sieg verhelfen. Die OHL unter Paul von Hindenburg und Erich Ludendorff hat es jetzt eilig, sie will den Krieg gewinnen, bevor noch mehr amerikanische Truppen eintreffen.

Die USA hatten im April 1917 dem Deutschen Reich den Krieg erklärt, ein Jahr später kämpfen bereits eine Million amerikanische Soldaten auf alliierter Seite. Zu dieser Zeit sind der Reichstag und Kanzler von Hertling so gut wie machtlos, der Kaiser nur noch eine Marionette der Generäle. Die wichtigen Entscheidungen trifft die «Firma Hindenburg und Ludendorff», wie die OHL von den Zeitgenossen genannt wird. Hindenburg mimt die Rolle eines «Ersatzkaisers», schafft den Mythos des militärischen Erfolges. Ihm vertrauen die Menschen. Doch der eigentliche Mann der Stunde ist General Erich Ludendorff.

Nach monatelangen Diskussionen fällt in der OHL die Entscheidung zur «Michaelsoffensive», benannt nach dem Erzengel und deutschen Nationalheiligen. In dem vollkommen verwüsteten Gebiet der blutigen Schlachten von 1916 und 1917, auf einer Frontbreite von 70 Kilometern zwischen Arras und dem Chemin des Dames, wird die deutsche Armee am 21. März 1918 in den Angriff geschickt. Ludendorff vertritt alles oder nichts. Als er gefragt wird, was passiere, falls die Offensive scheitere, ist seine Antwort knapp: «Dann muss Deutschland eben zugrunde gehen.»

Dass einige der Militärs am Vermögen der deutschen Armee, den Krieg zu gewinnen, von Anfang an stark zweifeln und deshalb für Friedensverhandlungen plädieren, dringt nicht an die Öffentlichkeit. Den Deutschen wird die Michaelsoffensive als der endgültige Befreiungsschlag verkauft: Er werde den seit Jahren im Schlamm stecken gebliebenen Grabenkrieg zum siegreichen Ende führen. Aber auch die Franzosen hoffen auf eine letzte entscheidende Schlacht, die ihnen den Sieg über Deutschland und die Befreiung ihres Landes bringt.

Mobilisierung ist auf beiden Seiten bitter nötig, denn die Menschen sind kriegsmüde. Deutsche, britische wie französische Soldaten sind durch den jahrelangen Stellungskampf ausgelaugt. An der deutschen «Heimatfront», wo die Nahrungsmittelversorgung zusammenbricht, kommt es im Januar 1918 zu Streikaktionen, Demonstrationen und Hungerkrawallen. Frankreich hatte bereits 1917 ein Jahr der politischen Krisen und Streiks erlebt. Nach den langen Kriegsjahren auf französischem Boden ist der Patriotismus zerrüttet und die seelische und körperliche Erschöpfung der Soldaten derart groß, dass es häufig zu Fahnenflucht und Meutereien kommt.

Doch im Winter 1917/18 zeichnet sich in Frankreich allmählich ein Stimmungswandel ab. Seit November ist Georges Clemenceau Regierungschef – ihm vertrauen die Soldaten, denn er verbringt bis Herbst 1918 ein Viertel seiner Zeit bei ihnen an der Front. Als begabter Redner findet er die richtigen Worte, um die Bevölkerung zum Durchhalten zu ermuntern. Die Aussicht, eine letzte große Kraftanstrengung aufbringen zu müssen, um zum ersehnten Frieden zu gelangen, weckt auf allen Seiten noch einmal Kampfgeist – schließlich sollen die erlittenen Opfer nicht umsonst gewesen sein.

Von den deutschen Soldaten wird der Beginn der Michaelsoffensive am 21. März mit großen Hoffnungen begrüßt: «Frühlingsanfang ist heute und nicht nur das, seit 4h früh donnern die Kanonen ununterbrochen. Ja, Herzel, es ist wieder Krieg, und ich glaube, mit der Ruhe ist's vorbei. Überall wird fieberhaft gearbeitet, und das Straßenbild ist ein so belebtes wie in den ersten Kriegsmonaten», schreibt ein Soldat voller Zuversicht an seine Frau.

Zunächst scheint Ludendorffs Taktik aufzugehen: «Wir hauen ein Loch hinein. Das Weitere findet sich. So haben wir es in Russland auch gemacht.» In den ersten Wochen ist die deutsche Armee erfolgreich, es herrscht eine große Entschlossenheit und Zuversicht. Der Krieg gerät wieder in Bewegung, die britische 5. Armee wird geschlagen, 90 000 Gefangene werden gemacht, in Paris schlagen deutsche Granaten ein. Ein Unteroffizier schildert im Mai in einem Brief an seine Arbeitskollegen in der Heimat die Stimmung, die die Offensive bei der Truppe auslöst: «Dieses tägliche ‹Vorwärts› wirkt aufmunternd und belebend auf das durch die überlange Dauer des Stellungskampfes eingetrocknete Gemüt des Soldaten, weckt es doch von neuem die Hoffnung, dass dieser neu begonnene Bewegungskrieg die endliche Entscheidung, die heiß ersehnte Rückkehr in die Heimat, zur lieben Familie, zur gewohnten friedlichen Arbeit bringen könnte. Und dieser schöne Preis, der aus der Ferne so verheißend winkt, stärkt Körper und Geist und lässt das unstete, ungeordnete Leben, das sich mit seinen immer gleichen Bildern an Elend, Kummer u. Sorgen abspielt, leichter ertragen.»

Aber der Vormarsch ist teuer erkauft: Allein in den zwei Wochen nach Beginn von «Michael» werden Verluste von 230 000 deutschen und 212 000 alliierten Soldaten gezählt. Die militärische Führung lässt sich davon nicht beirren. Die Offensive gerät dennoch nach drei Wochen ins Stocken, das Vorhaben, französische und britische Truppen voneinander zu trennen, misslingt. Und dies, obwohl auf «Michael I» noch weitere Offensiven folgen. Sie bringen zwar einzelne strategische Gewinne, doch der Sieg für Deutschland bleibt aus.

Bis Juli beträgt die Zahl der Verluste im deutschen Heer bereits eine Million. Während die alliierten Truppen ihre Verluste an Menschenleben durch amerikanische Soldaten ersetzen können, fehlt es den Deutschen an neuen, «unverbrauchten» Männern. Auch der technischen Übermacht der alliierten Tanks und deren massivem Fliegereinsatz hat die deutsche Armee wenig entgegenzusetzen, denn in Deutschland läuft die Produktion dieser Waffen zu spät an.

Allmählich versandet der Angriff, und die Soldaten geraten in blutige Rückzugsgefechte. Ein Bericht des Kommandeurs der Maschinengewehr-Scharfschützenabteilung 77 fasst am 31. Juli 1918 die Situation an der Front zusammen: «Bald waren die Tage des lebendigen Vormarsches gezählt, und wir verschwanden wieder unter der Erde, um nur gelegentlich zu mühseligen Angriffen aufzutauchen.»

Das Scheitern der Offensive, mit der eine sich ständig verschlechternde Versorgung der Soldaten einhergeht, bringt einen erneuten Stimmungsumschwung. Prompt wächst die Kritik an der militärischen Führung: «Vaterland, Heldentod, Ehre, der heiße Dank des Vaterlandes ist gewiss, und so weiter. In Wirklichkeit ist alles Lug und Trug, denn meiner Ansicht nach fallen nur fürs Vaterland die gemeinen Soldaten bis hinauf zum Feldwebel. Die höheren Grade sind doch bezahlt und sterben fürs Geld», empört sich der elsässische Bauer Dominik Richert in seinen nach dem Krieg verfassten Erinnerungen. Unter den Soldaten macht sich das Gefühl breit, von den Vorgesetzten sinnlos «verheizt» zu werden.

Angesichts der drohenden Niederlage wird klar: Die alten sozialen Konflikte zwischen einfachen Soldaten und Vorgesetzten haben sich in der Grabengemeinschaft keinesfalls aufgelöst, sondern treten nun umso stärker zutage. Typisch die Klage eines Soldaten: «Während man im Kampfe mit hungrigem Magen darben muss, schwelgen die Herren Offiziere hinten an der Front im Überfluss mit Weibern.»

Um die Kampfhandlungen besser koordinieren zu können, entscheiden sich Franzosen und Briten, ihre Truppen unter das Kommando eines Oberbefehlshabers zu stellen. Die Wahl fällt im April 1918 auf Marschall Ferdinand Foch. Am 18. Juli 1918 holt dieser zum Gegenschlag aus, der die Wende bringt. Unter seinem Oberbefehl greifen 23 Divisionen mit 400 Tanks aus den Wäldern von Villers-Cotterêts an. Die deutschen Stellungen werden buchstäblich überrollt. Ähnlich ergeht es ihnen am 8. August, als bei Amiens britische Truppen mit 500 Panzern angreifen, die Verluste an Material und Menschenleben sind enorm. Für Ludendorff ist dies ein «schwarzer Tag», und dennoch lässt er gegen den Ratschlag seiner Offiziere die Truppen weiterkämpfen, um jeden Fußbreit Boden.

Im Sommer ist in den Feldpostbriefen von der Siegesgewissheit und Aufbruchstimmung des Frühjahrs nichts mehr zu finden. Längst treten Enttäuschungen und eine große Verzweiflung an ihre Stelle.

«Die Soldaten wollen nicht mehr kämpfen, lieber laufen sie über und lassen sich gefangen nehmen», erfährt Reichskanzler Graf von Hertling im August aus dem Brief eines besorgten Bürgers an ihn. Auch die Desertionen nehmen beständig zu. Rund 100 000 Soldaten setzen sich ab und kehren nicht mehr zu ihrer Truppe zurück. Andere versuchen, in ein Lazarett hinter die Front verlegt zu werden, indem sie sich selbst Verletzungen zufügen.

Von einem solchen Fall berichtet Dominik Richert in seinen Erinnerungen: «Als ich in das Granatloch zurückkroch, sah ich, dass einer der Rheinländer einen Handschuss erhalten hatte. Der Verwundete sagte, er habe den Dampfablassschlauch vorn am Maschinengewehrmantel befestigen wollen und habe in diesem Moment den Schuss erhalten. Ich glaubte es ihm nicht, denn sein scheuer Blick sagte mir, dass er sich mit der Pistole selbst durch die Hand geschossen hatte, um zurück ins Lazarett zu kommen.»

An der Heimatfront verschlechtert sich derweil die Stimmung von Tag zu Tag. Hatte man die Offensive vom März 1918 noch mit Freude begrüßt, so ist die Ernüchterung angesichts des Scheiterns nun umso größer. Mit zunehmender Resignation ertragen die Menschen in der Heimat den Krieg.

Ratlosigkeit herrscht auch bei den Verantwortlichen im Hauptquartier im belgischen Spa, als Mitte August der so genannte Kronrat zusammentritt, dem Kaiser Wilhelm II., Kronprinz Wilhelm, der seit Jahren für einen Verständigungsfrieden votiert, Kanzler von Hertling, Staatssekretär Paul von Hintze, Hindenburg und Ludendorff angehören. Die Generäle verbreiten Optimismus und können oder wollen nicht einsehen, was sich schon lange abzeichnet: Die deutschen Truppen sind am Ende, der Krieg ist für Deutschland verloren. Im Protokoll wird festgehalten, «dass unsre Kriegsführung sich als Ziel setzen muss, durch eine strategische Defensive den Kriegswillen des Feindes allmählich zu lähmen. Die politische Leitung beuge sich vor diesem Ausspruch der größten Feldherren, die dieser große Krieg hervorgebracht habe».

Dass Ludendorff ein völlig falsches Bild der Lage zeichnet, hat

Wilhelm II. (links) im Gespräch mit Paul von Hindenburg (rechts) und dem österreichischen Militärbevollmächtigten Klepsch-Roden am 15. Juni 1918 im Großen Hauptquartier in Spa

mehrere Gründe: Er kennt tatsächlich die Stimmung unter den Soldaten nicht, da er in den vorangegangenen Monaten so gut wie nie selbst an der Front war. Zudem leidet er unter einer nervösen Depression, die bewirkt, dass er sich in strategischen Details verliert und die Dramatik der Situation nicht begreifen kann. Erst Ende September teilt er seinem Stab den Entschluss mit, ein Waffenstillstandsgesuch zu stellen. Notizen eines Beteiligten zeigen, dass die Reaktionen ganz und gar nicht der militärischen Etikette entsprechen: «Die Wirkung dieser Worte auf die Hörer war unbeschreiblich! Während Ludendorff sprach, hörte man leises Stöhnen und Schluchzen, vielen, wohl den meisten, liefen unwillkürlich die Tränen über die Backen.»

Die «Helden von Tannenberg» drohen als die großen Verlierer des Ersten Weltkrieges in die Geschichte einzugehen – nun geht es darum, sich eine weiße Weste zu verschaffen. Die Lösung liegt nahe: Sollen doch Vertreter der Regierung den Waffenstillstand aushandeln und unterzeichnen. Die Generäle jedoch, die im Namen des Kaisers, für Volk und Vaterland den Krieg viereinhalb Jahre geführt haben, stehlen sich aus der Verantwortung.

Ludendorff gelingt ein kluger Schachzug: In seinem Auftrag lässt er die Führer der Reichstagsfraktionen darüber informieren, dass ein Siegfrieden nicht möglich sei, und fordert am 28. September, Kaiser und Kanzler sollen «ohne jeden Verzug» in Waffenstillstandsverhandlungen eintreten. Bei einer internen Stabsbesprechung kommen die wahren Beweggründe für Ludendorffs Forderungen ans Licht. Er habe den Kaiser gebeten, «jetzt auch diejenigen Kreise an die Regierung zu bringen, denen wir es in der Hauptsache zu verdanken haben, dass wir so weit gekommen sind. Die sollen nun den Frieden schließen, der jetzt geschlossen werden muss. Sie sollen die Suppe jetzt essen, die sie uns eingebrockt haben.» Das Kalkül der Militärs geht auf.

In den nächsten Wochen überschlagen sich die Ereignisse in Deutschland. Am 3. Oktober werden Prinz Max von Baden zum neuen Reichskanzler und der Zentrumspolitiker Matthias Erzberger zum Staatssekretär ernannt. Bereits in der darauf folgenden Nacht geht die erste Friedensnote an den amerikanischen Präsidenten Woodrow Wilson. Man hofft auf einen «gerechten» Frieden, «der unsere Ehre nicht berührt», wie Max von Baden im Reichstag verkündet.

Dieser Friede soll sich an den so genannten 14 Punkten Wilsons orientieren, die der amerikanische Präsident Anfang 1918 veröffentlicht – sie gelten als maßvoller als die Kriegszielforderungen der europäischen Alliierten. Unter anderem umfassen sie das Selbstbestimmungsrecht der Völker – besonders darauf setzen die Deutschen ihre

Hoffnung, da sie glauben, unter dem Schutz dieses Rechtes die Abtrennung von deutschen Gebieten wie Elsass-Lothringen verhindern zu können. Vor allem die Franzosen wollen eine umfassende materielle, aber auch symbolische Entmachtung der Deutschen – also die vollständige Kapitulation. «Plus jamais ça!», «Nie wieder Krieg!» ist ihr Ziel.

Schnell wird im Oktober 1918 klar, dass der amerikanische Präsident keinesfalls bereit ist, mit dem Kaiser Frieden zu schließen. Er will den Sturz des wilhelminischen Systems, verkennt jedoch, wie sehr ein Großteil der Deutschen dies als Ehrverlust empfindet. Auch Ludendorff schäumt gegen die «unerträgliche Demütigung», doch er kann sich nicht durchsetzen – am 26. Oktober bittet er um seine Entlassung, kurz darauf flieht er inkognito nach Schweden.

Der Kaiser selbst sucht schließlich am 29. Oktober vor den zunehmenden Rücktrittsforderungen Zuflucht bei der OHL in Spa. Noch gibt er sich selbstbewusst – er denke nicht daran, «wegen der paar hundert Juden und der tausend Arbeiter abzudanken».

Welch eine Täuschung ... Denn als in Kiel am selben Abend der Befehl erteilt wird, am nächsten Morgen die Anker für eine letzte große Seeschlacht zu lichten, meutern die Matrosen, Arbeiter aus der Stadt schließen sich ihnen an. Es gründen sich «Arbeiter-und-Soldaten-Räte», die die städtische Verwaltung übernehmen. Schließlich schwappt die Welle der Verweigerung und des Protests auf das ganze Land über und führt zur so genannten Novemberrevolution, die dazu beiträgt, dass aus dem Kaiserreich eine Republik wird.

Obwohl die Waffenstillstandsverhandlungen laufen, gehen zur selben Zeit an der Front die blutigen Rückzugsgefechte weiter – es scheint, als werde der Krieg bis ins nächste Frühjahr hinein dauern. Die deutschen Offiziere sind trotz der absehbaren Niederlage und wohl auch wegen der politischen Umbrüche im Land vielfach nicht gewillt aufzugeben. So verlieren Tausende von Soldaten noch in den letzten Kriegswochen ihr Leben. Auf beiden Seiten herrscht Wut darüber, dass die Waffenstillstandsverhandlungen nicht schneller vorangehen. Ein französischer Soldat, der den sofortigen Frieden einfordert,

**Marschall Foch (vorn, 2. v. r.) und seine Begleitung
verlassen Compiègne**

entrüstet sich: «Die Herren warten – während sie ihre Schokolade
schlürfen – auf das Morgenkommuniqué und erdreisten sich dann
auch noch zu sagen, das sei unser Wille.» Tatsächlich sind die Soldaten
schwer zum Weiterkämpfen zu bewegen. So berichten französische
Offiziere, ihre Männer griffen nur noch unter Murren an und weigerten sich regelrecht, die Deutschen zu verfolgen. Allein die Todesangst
treibt sie jetzt an, weiterzukämpfen.

Endlich, am 5. November, stimmen die Alliierten dem Waffenstill-
standsangebot der Deutschen zu; am 7. November erreicht Kurt Eisner,
Führer der bayerischen USPD, die Abdankung des Königs; am 9. No-

vember, während in Berlin Hunderttausende streiken und demonstrieren, dankt Kaiser Wilhelm II. ab; Max von Baden übergibt am selben Tag sein Amt an den Sozialdemokraten Friedrich Ebert, dessen Partei die Regierungsgeschäfte übernimmt. Eigentlich ein Bruch der Reichsverfassung, der jedoch durch die Ausrufung der Republik im Reichstagsgebäude durch Philipp Scheidemann rechtskräftig wird.

Am Tag darauf setzt sich Wilhelm II. nach Holland ab, wo er bis zu seinem Tod bleiben wird. Wiederum einen Tag später, am 11. November, unterzeichnet eine Delegation um Matthias Erzberger, der zu diesem Zeitpunkt nicht einmal weiß, dass Deutschland mittlerweile eine Republik ist, den Waffenstillstand im Wald von Compiègne. Die militärische Niederlage der Deutschen ist besiegelt.

In Frankreich reagieren die Menschen mit einer Mischung aus Freude und großer Erleichterung auf die Verkündung des Waffenstillstandes. In den Städten und Dörfern sind Kanonenschüsse zu hören, es läuten die Glocken, und die Menschen feiern das Ende des Krieges.

An der Front hingegen sieht es anders aus, hier herrscht angesichts der Strapazen der vorangegangenen Monate und Jahre nur verhaltener Jubel. Man ist froh, überlebt zu haben, und hofft, bald zur Familie zurückkehren zu können. Im Brief eines französischen Soldaten heißt es: «In die Freude mischt sich so viel Schmerz, dass man am liebsten in Tränen ausgebrochen wäre. Der Soldat hat seine innere Ruhe verloren. Er kann sich noch gar nicht vorstellen, dass dieses schlimme Kampfgetümmel wirklich zu Ende sein soll.»

Die Soldaten sehnen sich nach rascher Rückkehr und vor allem nach Normalität. Doch was sie zu Hause erwartet, ist alles andere als normal. Viele von ihnen finden ihre Häuser, ihre Bauernhöfe und Felder zerstört vor. Viele haben Angehörige verloren, die oftmals Opfer deutscher Luftangriffe geworden sind. Bis finanzielle Entschädigungen und Renten fließen, vergehen teilweise Jahre, denn der französische Staat ist durch den Krieg hoch verschuldet. Nach dem Krieg lautet deshalb die Parole: «L'Allemagne payera!», «Deutschland wird zahlen!»

Compiègne, eine kleine Stadt nordöstlich von Paris, erlangt durch den Waffenstillstand am 11. November 1918 Weltberühmtheit. Auf einem Abstellgleis in einem Eisenbahnwaggon treffen sich Vertreter der Siegermächte und eine deutsche Delegation um Matthias Erzberger zur Unterzeichnung des Waffenstillstandsabkommens. Von den Franzosen wird der Ort aus Sicherheitsgründen gewählt. In Deutschland hingegen empfindet man das Szenario im Wald von Rethondes bei Compiègne als demütigend. Die Atmosphäre ist eisig. Der Oberbefehlshaber der Alliierten Truppen, Ferdinand Foch, macht den Deutschen unmissverständlich klar, es gebe keine Verhandlungen, sondern nur die Möglichkeit anzunehmen. Sonst werde man die bedingungslose Kapitulation mit Gewalt erzwingen. Erzberger, der unsicher ist, lässt die Bedingungen an Hindenburg übermitteln. Hindenburg kabelt zurück, falls nicht mehr zu verhandeln sei, «so wäre dennoch abzuschließen», allerdings unter «flammen-

Während der Unterzeichnung des Waffenstillstandes sind keine Kameras zugelassen. Das Gemälde «Signature de l'Armistice» – hier auf einer Bildpostkarte – prägt die Erinnerung an dieses Ereignis bis heute

dem Protest». Mit der Unterschrift verpflichten sich die Deutschen, alle Kampfhandlungen des deutschen Heeres sofort einzustellen, Truppen aus den besetzten Gebieten in Belgien, Frankreich und Ost- und Südosteuropa abzuziehen und Waffenbestände an die Alliierten auszuliefern. Man will die deutsche Armee hindern, die Kampfhandlungen wieder aufnehmen zu können.

Für Deutschland bedeutet der Waffenstillstand, vor den Augen der Welt bedingungslos zu kapitulieren. Die Unterschrift Erzbergers hat fatale Auswirkungen: Denn nicht die Militärs, die den Krieg geführt und immer weiter vorangetrieben haben, sondern die Politiker erscheinen nun verantwortlich für den Waffenstillstand. Eine Hypothek, an der die neue Republik noch schwer zu tragen hat. In Frankreich hingegen wird der 11. November zum Nationalfeiertag ernannt, hier feiern die Franzosen bis heute alljährlich das Ende des Krieges und gedenken ihrer Kriegstoten.

Diese symbolische Bedeutung des Ortes kann auch das zweite Ereignis nicht überlagern, durch das Compiègne während des Zweiten Weltkrieges noch einmal Berühmtheit erlangt: Ganz bewusst wählt Adolf Hitler die Waldlichtung von Rethondes für die Unterzeichnung des Waffenstillstandes mit Frankreich am 21. Juni 1940. Zu dem Ereignis lädt er die Presse ein und inszeniert eindrücklich die Revanche für den als «Schmach» empfundenen Versailler Vertrag: Er lässt den historischen Salonwagen aus dem Museum von Compiègne in den Wald bringen und das Denkmal, das seit dem Ersten Weltkrieg an den französischen Sieg über die Deutschen erinnert, zerstören. Über dem Schloss von Versailles weht nun die Hakenkreuzfahne. Vom Wagen, der zunächst im Berliner Lustgarten als Beutestück ausgestellt und dann nach Thüringen gebracht wird, sind heute nur noch Bruchstücke erhalten, er wurde 1945 in der Nähe von Dresden zerstört. Heute befindet sich in Compiègne ein Exemplar derselben Baureihe mit rekonstruiertem Interieur.

Rückkehr der Soldaten nach Freiburg (Breisgau) im Winter 1918

Für die Deutschen ist das Kriegsende ein Schock. Man hat nicht nur den Krieg verloren, mit dem Ende der Monarchie bricht für einen Teil der Deutschen eine ganze Welt zusammen. Clemens Rosset, Enkel des letzten Reichstagspräsidenten Constantin Fehrenbach, ist damals sieben Jahre alt: «Ich erinnere mich noch genau, wie ich mit meiner Mutter am Schwabentor in Freiburg war im Jahr 18, ich seh das noch heute, und dann hat eine Frau ganz entgeistert meine Mutter angeschaut und gesagt: ‹Frau Rosset, haben Sie schon gehört? Was Entsetzliches, der Kaiser ist geflohen, wir haben keinen Kaiser mehr!› Das war ein Einbruch, ein totaler Einbruch in das ganze Lebensgefühl, in das nationale Lebensgefühl. Unvorstellbar. Der Kaiser ist geflohen. Kein Kaiser mehr.»

Bis März 1919 kehren acht Millionen Männer von der Front in ihre Heimat zurück. Sie treffen auf chaotische Zustände: Hunderttausende von Menschen hungern aufgrund der alliierten Wirtschaftsblockade, allein in Berlin gibt es rund 10 000 Tote. Es herrscht Wohnungsnot, in den Straßen betteln die Menschen, 2,7 Millionen Kriegsinvaliden müssen versorgt werden, Demonstrationen finden fast täglich statt. Der Waffenstillstand beendet zwar den Staatenkrieg, doch jetzt folgt ein Bürgerkrieg zwischen Anhängern der Republik und ihren Gegnern.

So mancher Soldat nutzt die unübersichtlichen Verhältnisse, um den Frust über ungerechte Behandlungen während des Krieges loszuwerden, und rechnet mit den ehemaligen Vorgesetzten ab, wie im folgenden Brief: «Hier im Inland wird es immer toller. Heute war hier mal wieder eine große Massenversammlung. Zuletzt ist die ganze Gesellschaft nach Böblingen gezogen, nachdem die Meute einem Soldaten die Achselklappen abgerissen und ihn zum Voraustragen der roten Fahne gezwungen hatte! Auch in Stuttgart geht es immer toller zu. Mit den Offizieren sollen sie da gar nicht glimpflich umgehen. Anrempelungen sind auf der Tagesordnung.»

Mit Flugblättern sollen die Soldaten zur Ordnung gerufen werden: «Aber Kameraden, seid vernünftig! Ihr habt größere Aufgaben, als eure Kraft an diesen Äußerlichkeiten zu erproben. Lasst jeden seinen Orden tragen oder nicht; für manchen der Dekorierten ist es eine liebe Erinnerung an eine Tat selbstloser Hingabe für seine Kameraden … Darum vergreift euch in keiner Art an irgendeinem Kameraden, ob Offizier, ob Musketier, besudelt nicht unsere Bewegung durch irgendeine Rohheit! Seid vernünftig!»

Während es einem Großteil der ehemaligen Soldaten gelingt, schnell in das zivile Leben zurückzufinden, gibt es dennoch viele Männer, die in der Nachkriegsgesellschaft nicht mehr zurechtkommen. Sie fühlen sich von ihren Familien und der Gesellschaft unverstanden – besonders betroffen sind die Offiziere. In welcher schwierigen Situation sie sich befinden, macht Clemens Rosset deutlich: «Das kann man sich nur schwer vorstellen, das waren ja Soldaten, Hunderttausende Offiziere, ausgebildete Offiziere. Die kommen hierher in die Heimat zurück und finden nichts. Nichts. Keine Möglichkeit, Fuß zu fassen. Ausgebildet als Soldaten, ja was fangen sie damit an? … Das war ein ständiges Problem auch nach 1918: die arbeitslosen und weitgehend hilflosen Offiziere und Soldaten. Normale Soldaten waren natürlich wieder in ihren Berufen, aber Berufsoffiziere waren schlecht dran.»

Die Rückkehr ins Berufsleben bleibt vielen Soldaten verwehrt. Sie verdienen sich ihr Geld – wie dieser Soldat der Regierungstruppen – mit «kleinen Geschäften» wie dem Zigarettenhandel.

Rund 400 000 Soldaten, darunter viele Offiziere, schließen sich deshalb Freikorps, Einwohnerwehren und Geheimbünden an. Denn diese paramilitärischen, gewalttätigen Verbände suchen «stramme, junge Kerls, Turner, Jungmannen, Wandervögel und wer sonst noch Lust zum Soldatenleben hat». So können sie das soldatische Leben auch nach Kriegsende weiterführen – Freikorps werden in Oberschlesien und im Baltikum eingesetzt, wo sie gegen die Abtrennung der Ge-

Am 8. Dezember 1919 marschieren Freikorpssoldaten, die von Kämpfen im Baltikum zurückgekehrt sind, am Brandenburger Tor in Berlin vorbei

biete vom Reich kämpfen. In Deutschland liefern sich Freikorpsanhänger blutige Straßenschlachten mit Kommunisten, Spartakisten und Arbeiterräten.

Auch vor politischen Morden schrecken sie nicht zurück: Karl Liebknecht, Rosa Luxemburg, Walter Rathenau und Matthias Erzberger fallen Anschlägen zum Opfer. Das Ziel der Freikorps sei es, «eine möglichst große Anzahl national denkender Deutscher zu sammeln, vor allem solcher, die gewillt sind, einer vollkommenen Revolutionierung Deutschlands mit der Waffe entgegenzutreten», gibt Manfred von Killinger, angeklagt wegen Mordes, am 20. Oktober 1921 vor Gericht zu Protokoll. Killinger gehört der «Organisation Consul» an, einer Nachfolgeorganisation des Freikorps Brigade Erhardt, die für die Ermordung Erzbergers verantwortlich ist.

Reichskanzler Friedrich Ebert versucht derweil, die innenpolitische Lage um jeden Preis zu beruhigen. Doch er konzentriert sich in dieser Zeit überwiegend auf die «bolschewistische Gefahr», die von den Arbeiter- und Soldatenräten ausgeht – sie kämpfen für die Diktatur des Proletariats und gegen die Demokratie. Vor dem Allgemeinen Kongress der Arbeiter-und-Soldaten-Räte erläutert er im Dezember 1918 seine Ablehnung der Revolution: «Gewaltherrschaft hat uns ins Verderben gestürzt; nun dulden wir keinerlei Gewaltherrschaft mehr, komme sie, von wem sie wolle. Je eher wir dazu gelangen, unsern deutschen Volksstaat auf feste Rechtsgrundlagen des Willens der ganzen Nation zu stellen, umso eher wird die deutsche Volksrepublik gesund und stark, umso eher kann sie an die Erfüllung ihrer großen sozialistischen Ziele herangehen.»

Am Ende zahlt Ebert, um sich durchzusetzen, aber einen hohen Preis: Er arrangiert sich mit den alten Eliten des Kaiserreichs, mit Militär, Bürokratie, Industrie und Geschäftswelt. Um die bis in den März 1919 hinein dauernden Aufstandsversuche von Arbeitern niederzuschlagen, bedient er sich nicht nur des Heeres und der Polizei, sondern auch der rechtsgerichteten Freikorps. Für den neuen Staat bedeutet dies eine große Belastung – jederzeit können die Feinde der Republik sich gegen ihn wenden. Diese Gefahr sollte im Kapp-Lüttwitz-Putsch 1920 und im Hitler-Putsch 1923 zur Gewissheit werden.

Während die Weimarer Republik vor der Zerreißprobe zwischen links und rechts steht und um ihr Überleben kämpft, wird am 18. Januar 1919 im prachtvollen Uhrensaal des französischen Außenministeriums am Quai d'Orsay die Pariser Friedenskonferenz eröffnet. Seit dem Wiener Kongress im Jahre 1815 hat es keine Konferenz mehr gegeben, die solch gewaltige Probleme lösen muss: Der Krieg hat das alte Europa, die alte politische und wirtschaftliche Weltordnung erschüttert,

Monarchien sind zusammengebrochen, nationale Freiheitsbewegungen entstanden, und mit der Sowjetunion ist erstmals ein kommunistischer Staat gegründet worden. Zudem betreten die USA als neue Weltmacht die Bühne.

Auf Drängen der französischen Regierung findet die Konferenz in Paris statt. Der amerikanische Präsident Wilson hätte Genf in der neutralen Schweiz als Verhandlungsort bevorzugt, aber Frankreich will unbedingt den Blick der Weltöffentlichkeit auf das durch den Krieg zerstörte Land und die Leiden der Bevölkerung lenken: 1,3 Millionen Kriegstote, viele Witwen und Waisen, Hunderttausende Verstümmelte und Gasopfer, ausradierte Dörfer und riesige zerstörte Landstriche, die sich erst Jahrzehnte später von den Folgen erholen werden.

Auf der Konferenz geht es in den folgenden fünf Monaten um nicht weniger als eine neue Weltordnung, die, so hofft man, eine friedliche sein würde. Die Zukunft Deutschlands ist dabei ein wichtiges Thema, aber bei weitem nicht das einzige. Es geht auch um die neuen Staatsgründungen in Ost- und Südeuropa und im Nahen Osten. Über zahllose Fragen wird verhandelt, gerungen, bisweilen gestritten, doch der Zankapfel bleibt Deutschland.

Eine Reihe von Plenarsitzungen aller teilnehmenden Länder finden statt, die Entscheidungen fallen aber im Rahmen des so genannten Viererrats – also zwischen den Ministerpräsidenten Frankreichs, Großbritanniens und Italiens, Georges Clemenceau, David Lloyd George und Vittorio Emanuele Orlando, sowie US-Präsident Woodrow Wilson.

Nach der Abreise der Italiener sind es diese «Großen Drei», die über das Schicksal Deutschlands verhandeln. Wilson und Lloyd George treffen sich hin und wieder privat, während Clemenceau keinen von beiden besonders schätzt. Er fühle sich, so wird kolportiert, wie zwischen Jesus Christus und Napoleon Bonaparte. Und er glaubt, Wilson habe zu geringe Kenntnisse von Europa, um richtig urteilen zu können.

Was Deutschland angeht, ist Clemenceaus Ziel klar: Sicherheit, Sicherheit, Sicherheit. Für die französischen Politiker bedeutet das eine

Reichsaußenminister Ulrich Graf von Brockdorff-Rantzau (1869–1928) im Jahre 1919

dauerhafte militärische Schwächung des Landes und eine Zurückdrängung der deutschen Westgrenze hinter den Rhein. Lloyd George will den Konkurrenten auf den Weltmeeren ausschalten, aber Deutschland als künftigen Handelspartner nicht ruinieren. Und Woodrow Wilson sieht im geplanten Völkerbund den Garanten für Frieden und Schutz vor Deutschland. Den weit reichenden französischen Forderungen steht er reserviert gegenüber, und so manches Mal scheint eine Einigung in weite Ferne gerückt.

In Deutschland richten sich die Hoffnungen auf den amerikanischen Präsidenten, der mit seinem 14-Punkte-Programm von Anfang 1918 als Vertreter eines milden Friedens gilt. Man versucht über die Presse, die internationale öffentliche Meinung günstig zu stimmen und mit Hilfe diplomatischer Kanäle die amerikanische Delegation für Deutschland einzunehmen. Die deutschen Vertreter bereiten umfangreiche Gutachten und Vorschläge vor und erwecken so gegenüber der deutschen Öffentlichkeit den Eindruck, sie könnten auf dieser Basis mit den Siegermächten verhandeln.

In einem Presseinterview erklärt der neue deutsche Außenminister, Ulrich Graf von Brockdorff-Rantzau, vor seiner Reise als Delegationsleiter nach Versailles: «Die deutschen Delegierten werden jede Forderung zurückweisen, die sich in wesentlichen Punkten von dem Programm des Präsidenten der Vereinigten Staaten von Amerika entfernt.» Für Brockdorff-Rantzau darf Deutschlands Stellung als Großmacht nicht infrage stehen, Kolonien eingeschlossen, und Elsass-Lothringen darf nicht ohne demokratische Abstimmung an Frankreich fallen. Zu harte Bedingungen würden die «bolschewistische Gefahr» in Deutschland heraufbeschwören.

Die Hoffnung, man könne in Versailles mit den anderen Mächten auf Augenhöhe verhandeln, sollte sich aber bald als Illusion erweisen. Denn die Sieger haben keinerlei Interesse an Verhandlungen. Schon die symbolische Inszenierung der Konferenz zeugt davon – allem voran die Wahl von Versailles als Ort des Friedensabschlusses. Hier hatte Frankreich seine Niederlage im deutsch-französischen Krieg von 1870/71 besiegeln müssen und das deutsche Kaiserreich seinen großen Triumph zelebriert. Der französische Außenminister Pichon erklärte dazu: «Auf unserem Territorium, in Versailles, vor den Toren unsrer Hauptstadt, hat Deutschland den Grundstock für seine Weltherrschaft gelegt, die es durch die Vernichtung der Freiheit der Völker aufbaute. Sollte sich nicht dort, gleichsam als Sinnbild des Triumphes der Gerechtigkeit, der Kongress versammeln, dessen wichtigster Grundsatz das Recht der Völker auf Selbstbestimmung sein wird?»

Dass 1919 die Kräfteverhältnisse anders liegen, bekommt die deutsche Delegation von der ersten Minute ihrer Reise nach Versailles an zu spüren: Die Zugfahrt führt durch das zerstörte Frankreich, besonders langsam fährt der Zug in Compiègne, ab und zu winken deutsche Kriegsgefangene den Reisenden. Man hat die Deutschen nach Versailles ein*bestellt*, und nicht ein*geladen*. Die französische Presse verfolgt mit großem Interesse ihre Ankunft am 25. April 1919. Die Franzosen können über «les boches» lesen, die sich angeblich arrogant und unbescheiden benehmen und maßlose Forderungen an ihre Verpflegung stellen würden.

Der Delegation wird ein Quartier unweit des Schlosses zugewiesen, das «Hôtel des Réservoirs» – hier hatten nach dem Krieg 1871 Vertreter der französischen Friedensdelegation gewohnt. In den ersten Tagen gibt es kein Personal, und die deutsche Delegation darf das Hotel aus Sicherheitsgründen, wie es heißt, nicht verlassen. Die Deutschen empfinden dies als reine Schikane und vermuten alsbald, im Hotel seien Abhörapparate installiert. Aus Berlin wird eigens ein Grammophon herbeigeschafft, um bei wichtigen Themen die Gespräche mit den ungarischen Rhapsodien von Liszt oder dem Pilgerchoral aus Tannhäuser zu übertönen. Die Delegierten sind angespannt, allen voran Brockdorff-Rantzau, ein ohnehin misstrauischer, nervöser Charakter. Es ist eine Zeit des Wartens.

Wenige Tage darauf, am 7. Mai 1919, sollen sie im Hotel «Trianon Palace» den Vertragsentwurf entgegennehmen, auf den sich die Alliierten in letzter Minute einigen. Brockdorff-Rantzaus Auftritt geht in die Geschichte ein, denn er fällt, wohl angeschlagen durch die Anspannungen der Wochen zuvor, aus der Rolle: Nicht nur, dass er eine scharfe Anklage gegen die Siegermächte vorbringt. Während seiner Ausführungen bleibt er zudem sitzen – völlig gegen die diplomatische Etikette. Für die Sieger ist dies eine ungeheuerliche Provokation und Demonstration deutscher Überheblichkeit, viele Deutsche jedoch bejubeln sein Verhalten als Ausdruck nationalen Stolzes. Für Brockdorff-Rantzau ist dies der Versuch, die eigene und die deutsche Würde zu wahren, auch wenn damit seine politische Karriere ein vorläufiges Ende findet.

Die Empörung in Deutschland über die Vertragsbedingungen ist allenthalben groß, reicht quer durch alle politischen Lager. Man fühlt sich bewusst gedemütigt. Ein Aspekt, auf den die Franzosen besonderen Wert legen, ist Paragraph 231, der die «Alleinschuld» Deutschlands am Krieg festschreibt. Bereits in seinem Vortrag während der Eröff-

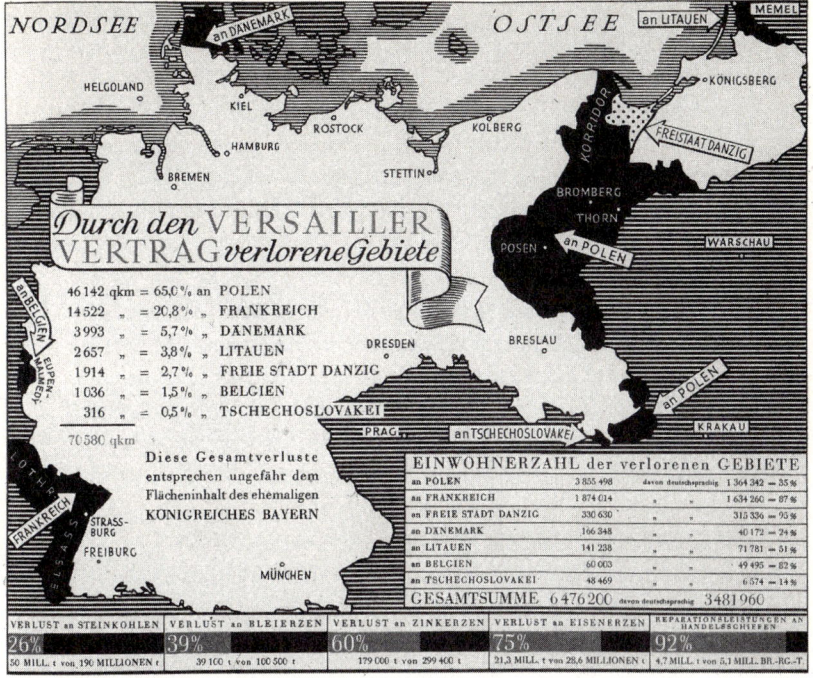

Propagandaplakat von 1934

nung der Friedenskonferenz beschuldigt Raymond Poincaré Deutschland, «das größte Verbrechen der Geschichte» begangen zu haben. Auch wenn der Kriegsschuldparagraph zur juristischen Absicherung der umfassenden Reparationsforderungen aufgestellt wurde, ist mit ihm doch eine moralische Verurteilung verbunden.

Noch weitere Bestimmungen rufen bei den Deutschen Empörung hervor: die Rückgabe der Kolonien und der Verlust von 13 Prozent des Staatsgebietes (der Großteil wird dem wieder gegründeten Staat Polen zugesprochen) und damit auch zehn Prozent seiner Bevölkerung. Und die weit gehende Entmilitarisierung. Angesichts der verheerenden wirtschaftlichen Lage in Deutschland zu dieser Zeit werden insbesondere die Reparationsforderungen mit großem Entsetzen aufgenommen. Die Summe steht zwar noch nicht fest, da die Höhe der entstandenen Schäden erst noch berechnet werden muss. Aber die Formulierungen im Vertrag machen unmissverständlich klar, dass Deutschland für alle im Krieg entstandenen materiellen Schäden und für sämtliche Kriegsfolgen, etwa die Versorgung der französischen Kriegsopfer, aufkommen soll.

Brockdorff-Rantzau vertritt die Position, man solle den Vertrag nicht unterzeichnen und gegebenenfalls eine militärische Besetzung durch die Alliierten in Kauf nehmen – er rechnet damit, dass der passive Widerstand der deutschen Bevölkerung schließlich mildere Bedingungen erzwingen würde. Eine Sicht, welche die Kriegsmüdigkeit der deutschen Bevölkerung vollkommen unterschätzt.

Als die Friedensbedingungen bekannt werden, ist die Empörung in Presse und Öffentlichkeit zwar groß, doch zu mehr als vereinzelten Protestaktionen reicht die Kraft nicht: In Berlin, München und zahlreichen deutschen Kleinstädten demonstrieren Zehntausende von Menschen. Erbeutete Kriegsfahnen von 1870/71 werden vor dem Zeughaus verbrannt, um sie nicht, wie gefordert, zurückgeben zu müssen. Angehörige der «Kurzen-Marine-Kanonen-Batterie» sprengen das legendäre 42-Zentimeter-Geschütz «Dicke Berta», damit sie nicht den Alliierten in die Hände fällt. Bei Scapa Flow versenkt die deutsche Besatzung einen Teil der deutschen Kriegsflotte, neun Menschen sterben.

Aus Protest gegen die Bedingungen des Versailler Vertrages treten Brockdorff-Rantzau und das Kabinett unter Philipp Scheidemann zurück. Scheidemann spricht die berühmten Worte: «Welche Hand müsste nicht verdorren, die sich und uns in diese Fesseln legt?» Doch eine Nichtunterzeichnung des Vertrages würde Krieg und Besetzung bedeuten. Friedrich Ebert lässt bei Hindenburg anfragen, wie sich die Armee verhalten würde, solle das Parlament dem Vertrag zustimmen – man fürchtet, die Armee könne putschen. Hindenburg selbst weigert sich, ans Telefon zu gehen. Er will nicht derjenige sein, der zur Zustimmung zum «Schandfrieden» geraten hat. So muss sein Quartiermeister verkünden, die Armee werde sich ruhig verhalten.

Es ist schließlich Matthias Erzberger, der als einer der Ersten für die Unterzeichnung plädiert. Er warnt vor einer Zerstückelung des Reiches durch separate Friedensverträge mit einzelnen deutschen Ländern. Und anders als Brockdorff-Rantzau will er die militärische Besatzung des Landes verhindern. Indes macht Clemenceau unmissverständlich klar, dass es die französische Seite ernst meint. Hinter ihm steht die überwiegende Mehrheit der Soldaten – sie sind bereit, den Kampf gegen die «Boches» wieder aufzunehmen: «Wenn die ‹Boches› nicht unterzeichnen, sind wir hier sofort bereit zu marschieren, und diesmal wird es ein schreckliches Massaker bei ihnen geben, keiner von uns wird sie verschonen, genau wie sie es 1914 gemacht haben, wir werden aber noch schlimmer sein», schreibt ein Soldat im Juni an seine Familie.

Matthias Erzberger (1875–1921)

Der Zentrumspolitiker gilt heute als der «große Mann des Parlamentarismus», als engagierter Kämpfer für die Demokratie. Vielen seiner Zeitgenossen ist er verhasst, nicht wenige seiner Parteifreunde tun sich schwer im Umgang mit dem unbequemen Schwaben.

Erzberger wächst in «kleinen Verhältnissen» in Buttenhausen auf der Schwäbischen Alb auf. Nur dank seiner hervorragenden schulischen Leistungen erhält er eine Ausbildung an einem Lehrerseminar, wird Volksschullehrer und Redakteur einer katholischen Arbeiterzeitung. Mit 27 Jahren wird er Reichstagsabgeordneter für die konservative Zentrumspartei. Er gilt als Fachmann für Kolonial-

Porträt von Matthias Erzberger als Reichstagsabgeordneter im Jahre 1911

und Finanzfragen, avanciert schließlich zu einem der wichtigsten Zentrumspolitiker des Kaiserreichs. Bei Kriegsbeginn ist Erzberger wie die meisten seiner Kollegen ein militanter Befürworter des Krieges, im Rausch der ersten Siege fordert er weit gehende Annexionen für das Deutsche Reich. Doch mit der Dauer des Krieges wächst seine Einsicht in die Notwendigkeit eines Verständigungsfriedens. Nur noch mit parlamentarisch-diplomatischen Mitteln könne der Krieg beendet, mit dem Schwert könne der Friede nicht mehr diktiert werden, so Erzberger im Juli 1917. Im Reichstag initiiert er die berühmte «Friedensresolution» und zieht damit den Hass der nationalen Rechten auf sich.

Als er die Aufgabe des Verhandlungsführers bei den Waffenstillstandsverhandlungen annimmt, kennt er die Gefahren, die damit verbunden sind. Doch er lässt sich in die Pflicht nehmen und hofft, zu einem milden Frieden beitragen zu können. Am 11. November 1918 unterschreibt er im Wald von Compiègne den Waffenstillstand und macht sich damit zum Sündenbock – man beschimpft ihn fortan als «Novemberverbrecher». Das Ausmaß des Hasses – er übersteht mehrere Mordversuche – muss ihn schwer getroffen haben. An einen Rückzug aus der Politik denkt er dennoch nicht.

Am 26. August 1921 wird er während eines Urlaubs im Schwarzwald Opfer eines Attentats. Heinrich Tillessen und Heinrich Schulz, zwei ehemalige Offiziere und Mitglieder der terroristischen Vereinigung «Organisation Consul», erschießen ihn in der Nähe des Ortes Bad Griesbach. Die Mörder können, vermutlich gewarnt und unterstützt durch die bayerische Polizei, nach Ungarn entkommen.

Schließlich beugt sich die Mehrheit der deutschen Nationalversammlung dem Druck eines alliierten Ultimatums. Die Versammlung wird mit den Worten geschlossen: «Wir vertrauen unser unglückliches Vaterland der Fürsorge eines gnädigen Gottes an.» Doch Erzberger ist für die politische Rechte fortan der «Erfüllungspolitiker», der die nationale Ehre Deutschlands angeblich zerstört hat.

Unterzeichnung des Versailler Vertrages im Spiegelsaal des Versailler
Schlosses am 28. Juni 1919

Als Tag der Unterzeichnung wählt man den 28. Juni 1919 – wiederum ein hochsymbolisches Datum: An diesem Tag jährt sich zum fünften Mal das Attentat auf den österreichischen Thronfolger Ferdinand, das die Krise ausgelöst hatte, die zum Ersten Weltkrieg führte.

So begeben sich der neue Außenminister Hermann Müller und der Verkehrsminister Johannes Bell nach Versailles. Der Weg vom «Hôtel des Réservoirs» zum Schloss ist der schwerste Gang in ihrer politischen Laufbahn. Müller wird später sagen, die Unterzeichnung im Spiegelsaal von Versailles sei die schlimmste Stunde seines Lebens gewesen. Die Vertragsunterzeichnung selbst ist ein Medienereignis für die internationale Öffentlichkeit, erstmals sind Kameras zugelassen.

Die Choreographie der Vertragsunterzeichnung zieht sich über Stunden hin und wird als Anklage gegen die Deutschen inszeniert: Alle Vertreter der 27 Siegermächte, zahlreiche Beobachter und Ehren-

Das Deutsche Reich nach dem Versailler Vertrag von 1919

DÄNEMARK
Kopenhagen

SCHLESWIG
10.2.1920

N o r d s e e

Kiel
Rosto

Schleswig-
Holstein

Hamburg

NIEDERLANDE

Bremen

Amsterdam

Den Haag

Hannover

DEUTSCHES
REICH

Leipzig

BELGIEN

Calais

Brüssel

Köln

Weimar

EUPEN-
MALMEDY
24.7.1920

Rhein-
provinz

Amiens

LUXEMBURG

Frankfurt

Compiègne

Luxemburg

Würzburg

Paris
Versailles

SAARLAND
13.1.1935

Metz

Saarbrücken

Nürnberg

Elsass-
Lothringen

Karlsruhe

FRANKREICH

Straßburg

Stuttgart

Württem-
berg

Bayern

Orléans

Langres

München

Bourges

Dijon

Basel

Zürich

Innsbruc

Bern

Grenzen des Deutschen
Reiches 1914

Ostgrenze der ent-
militarisierten Zone

SCHWEIZ

ITALIEN

0   50   100   150 km

CHWEDEN

Ostsee

Bornholm

Memel · LITAUEN

Memel

FREIE
STADT
DANZIG

Tilsit ○

Danzig

○ Königsberg

Ostpreußen

Pommern

○ Stettin

Marienwerder

West-
preußen

○ Allenstein

**ALLENSTEIN
MARIENWERDER
11.7.1920**

Branden-
burg

○Berlin

Posen

Posen ○

Oder

Weichsel

■ Warschau

Brest-Litowsk

Nieder-
schlesien

POLEN

○ Lublin

achsen

Breslau ○

○ Kielce

**OBERSCHLESIEN
20.3.1921**

Oppeln

Lemberg ○

Prag ■

Krakau ○

TSCHECHOSLOWAKEI

○ Brünn

Verluste des Deutschen
Reiches 1919–1921

Besetztes Gebiet innerhalb
der entmilitarisierten Zone
im Rheinland

○ Linz

Wien ■

○ Pressburg

Abstimmungsgebiete

Salzburg

Donau

ÖSTERREICH

UNGARN

Saargebiet unter Verwaltung
des Völkerbundes (bis 1920)

○ Graz

KÄRNTEN
agenfurt **10.10.1920**

Memel unter alliierter Verwaltung (ohne Volksabstimmung)
1923 an Litauen

JUGO-
SLAWIEN

Freistadt Danzig unter dem
Schutz des Völkerbundes

gäste sind bereits im Spiegelsaal, als die beiden Deutschen über einen Seiteneingang ins Schloss geführt werden, vorbei an Hunderten Zuschauern und Teilnehmern. Am Ende leisten die deutschen Delegierten unter den Augen der Weltöffentlichkeit mit zitternder Hand ihre Unterschrift. Zurück im Hotel, bricht Müller zusammen.

Etwas mehr als ein halbes Jahr später, am 10. Januar 1920, tritt der Vertrag in Kraft.

Es ist die Tragödie des Jahres 1919, dass dieser Vertrag in Frankreich als zu milde, in Deutschland aber als zu hart empfunden wird. Vielen Politikern und ehemaligen Soldaten in Frankreich gehen die Sanktionen des Vertrages nicht weit genug. Es sei ein «verschenkter Sieg» und kein Schutz vor einer erneuten Bedrohung durch Deutschland.

So beschwert sich ein Soldat der französischen 10. Armee Ende Juni 1919: «Enttäuschend war die Unterzeichnung des Friedens für den Soldaten, der begierig auf eine Revanche wartete, in der Hoffnung, einige dieser schönen deutschen Städte in denselben Zustand versetzt zu sehen wie Reims, Soissons, St. Quentin usw.» Aus den Briefen der Soldaten sprechen Ängste und Zweifel: Werden die Deutschen die Reparationen zahlen? Sind sie tatsächlich für immer militärisch außer Gefecht gesetzt? Viele fühlen sich in ihren Wünschen und Erwartungen von den politisch Verantwortlichen übergangen und um einen «richtigen Frieden» betrogen: «Das französisch-deutsche Problem ist nicht gelöst, wir haben weiterhin die Macht und den Hass des Germanen vor unserer Haustür. Der ‹Boche› hat nicht abgerüstet. Wir sind zu schüchtern, zu höflich gewesen. Die Männer im schwarzen Anzug haben die Arbeit der Männer in der blauen Uniform verdorben.»

Was zudem die Stimmung der Soldaten trübt, ist die Tatsache, dass erst drei Millionen von ihnen in ihr ziviles Leben zurückkehren konnten. Zwei Millionen sind noch immer nicht demobilisiert. Das hat unter anderem logistische Gründe – das Schienennetz der französischen Bahn ist größtenteils zerstört, es gibt nicht genügend Personenzüge, sodass die Rückführung nur langsam vorangeht. Noch wichtiger ist die Bestrebung der französischen Regierung, durch die stationierten Soldaten militärischen Druck auf die deutsche Delegation auszuüben.

Doch bei den Soldaten stößt die Haltung der Regierung auf Unverständnis, und der Unmut wächst. Sie fühlen sich als «Vergessene des Sieges». Viele der Soldaten sind zudem auf deutschem Boden, unter anderem im Rheinland, stationiert und damit in einer besonders schwierigen Situation. Manche berichten in ihren Briefen über Feindseligkeiten, die von «bösen Blicken» bis hin zu Prügeleien reichen.

Und mit der Vertragsunterzeichnung radikalisiert sich die Stimmung gegenüber den Franzosen noch – es kommt zu blutigen Ausschreitungen, auf die die französischen Soldaten wiederum mit Gewalt reagieren. Von einem besonders drastischen Fall berichtet ein Angehöriger der französischen 10. Armee: «Sie haben einen unserer Kameraden, der auf den Feldern spazieren ging, gestern Abend umgebracht, sie haben sich zu siebt oder acht mit Spitzhacken auf ihn gestürzt und ihn tot auf der Wiese liegen lassen. Wir werden mit zehn Männern heute Abend dorthin gehen und sie büßen lassen.»

Die Deutschen fühlen sich keineswegs als Schuldige, sondern als Opfer des Krieges. Jeder Deutsche ist schließlich direkt oder – als Angehöriger – indirekt ein Kriegsopfer. Doch vor allem fühlt man sich als Opfer der Siegermächte. In der Presse und auf Demonstrationen wettern die Menschen gegen den «Schandfrieden», «Erdrosselungsfrieden», «Höllenfrieden», «Vernichtungsfrieden», «Schmachfrieden» und «Diktatfrieden». Vor allem die einseitige Schuldzuweisung löst eine Schockreaktion aus. So mancher ist durchaus bereit, wohl eine Mitschuld des Deutschen Reiches, aber nicht die alleinige Schuld am Krieg anzuerkennen. Schließlich widerspricht die Rede von der Alleinschuld dem Verständnis vom «Verteidigungskrieg», den Deutschland angeblich gegen «eine Welt von Feinden durchfochten hat», wie es Kaiser Wilhelm II. zu Kriegsbeginn verkündete. Trotz der Niederlage lautet die Parole noch immer: «Im Felde unbesiegt».

Es sind nicht allein die alten Eliten, die so denken. Im Dezember 1918 empfängt auch Friedrich Ebert in Berlin die zurückgekehrten Soldaten mit der Feststellung, sie seien von keinem Feind überwunden worden. Worte, die viele Bürgermeister in ihren Begrüßungsansprachen und Hunderte von Leitartiklern fast gebetsmühlenartig wieder-

Demonstration gegen den «Gewaltfrieden» von Versailles
im August 1919 in Berlin

holen: «Nun kehrt ihr heim in ein Vaterland, das zusammenbrach, ihr, die ihr nicht besiegt seid ... Willkommen, deutsche Soldaten, Sieger von gestern, Sieger von heute, Sieger von morgen», so der SPD-Abgeordnete Alwin Saenger am 7. Dezember 1918. Der Kampf gegen die «Kriegsschuldlüge» eint die deutsche Bevölkerung quer durch die politischen Milieus. Für viele übernimmt er eine Schutzfunktion, um sich nicht eingestehen zu müssen, dass alle im Krieg erbrachten Opfer umsonst waren.

Doch wenn es nicht die Armee war, die den Krieg verlor, wer dann? Diese Frage stellen und beantworten vor allem die ehemaligen Militärs und die politische Rechte. Schnell finden sie die Schuldigen an der «Heimatfront» in Deserteuren, streikenden Arbeitern, Sozialisten

DER
DOLCHSTOSS

Süddeutsche Monatshefte G. m. b. H., München
Preis Goldmark 1.10.

Illustrationen des «Dolchstoßes»,
wie hier auf dem Titelblatt zu den
«Süddeutschen Monatsheften» (April
1924), kursieren in den 1920er
Jahren zu Dutzenden

und Kommunisten. Bereits während der Januarstreiks 1918 machen
Gerüchte die Runde, die Zivilisten fielen dem kämpfenden tapferen
Heer in den Rücken. Gerade das Militär hat Interesse an der «Dolch-
stoßlegende», um die eigenen militärischen Fehler zu kaschieren.

Am 18. November 1919, ein halbes Jahr nach den Vertragsunter-
zeichnungen, wird die «Dolchstoßlegende» gleichsam offiziell. Denn
an diesem Tag treten Hindenburg und Ludendorff gemeinsam vor
dem parlamentarischen Untersuchungsausschuss auf, der sich mit
den Ursachen des militärischen Zusammenbruchs beschäftigt und die
Kriegsschuld Deutschlands widerlegen soll. Beide nutzen nur allzu
gern die Bühne, wenngleich sie das Gremium insgeheim verachten.
Angeblich soll sich Hindenburg geweigert haben, dem Ausschuss-Vor-

sitzenden die Hand zu geben, Ludendorff jedenfalls nutzt den Auftritt für scharfe Attacken gegen die neue Republik. Hindenburgs Sicht auf die letzten Monate des Krieges ist eindeutig: «In dieser Zeit setzte die heimliche planmäßige Zersetzung von Flotte und Heer als Fortsetzung ähnlicher Erscheinungen im Frieden ein ... So mussten unsere Operationen misslingen, es musste der Zusammenbruch kommen; die Revolution bildete nur den Schlussstein. Ein englischer General sagte mit Recht: ‹Die deutsche Armee ist von hinten erdolcht worden.› ... Wo die Schuld liegt, ist klar erwiesen.»

So verdrehen die ehemaligen Heerführer die Tatsachen, obwohl sie wissen, dass der Krieg durch Erschöpfung, Materialprobleme und militärische Fehlplanung bereits verloren war, bevor das Heer erste Auflösungserscheinungen zeigte. Doch ihr Ziel ist die Reinwaschung des Militärs und eine Anklage gegen die republikanischen Politiker. Mit Erfolg: Im Laufe der Weimarer Republik kann die politische Rechte mit ihren nationalistischen Parolen immer mehr Anhänger mobilisieren.

Während sich Hindenburg in den nächsten Jahren mit der Republik arrangiert – 1925 wird er Reichspräsident –, kämpft Ludendorff, wann immer sich die Gelegenheit bietet, aktiv gegen die Republik. Im März 1920 beteiligt er sich in Berlin am Kapp-Lüttwitz-Putsch. Anlass für diese Aktion ist die im Versailler Vertrag festgelegte Reduzierung der Armee auf 100 000 Soldaten und 4000 Offiziere und damit verbunden auch die Auflösung der Freikorps. Oberstes Ziel der Putschisten ist jedoch die Beseitigung der Regierung. Unterstützung erhalten sie durch die Freikorps. Doch ihre schlecht vorbereitete Aktion ist nach vier Tagen zu Ende. Denn die deutsche Bevölkerung folgt in überwältigender Mehrheit dem Aufruf der Regierung und tritt in den Generalstreik. Selbst führende Ministerialbeamte verweigern Wolfgang Kapp die Unterstützung.

Nicht gewaltsam, sondern über den Weg der Diplomatie versucht die republikanische Regierung in diesen Jahren, die Bedingungen des Versailler Vertrages zu mildern. Nicht Revanche, wie es die Rechte im Sinn hat, sondern friedliche Revision ist ihr Ziel. Auf zahl-

Viele Gruppierungen protestieren in den 1920er Jahren mit Plakaten, Postkarten und Filmen gegen die Bedingungen des Versailler Vertrages

reichen Konferenzen feilscht die deutsche Regierung mit den beteiligten Vertragspartnern um die Höhe der Reparationssumme. Als diese im Frühjahr 1921 durch die Londoner Reparationenkonferenz auf 132 Milliarden Goldmark (ursprünglich sollen es 269 Milliarden sein) festgelegt wird, betonen die Deutschen, sie seien nicht zahlungsfähig. Unter dieser «Schuldknechtschaft» würden noch ihre Kinder und

Enkel leiden – für die Deutschen ein neuerlicher Beweis für die Nicht-erfüllbarkeit des Versailler Vertrages.

Am Ende des Jahres 1922 geraten die Deutschen mit den Reparationszahlungen wieder einmal in Verzug – auf diese Gelegenheit hat Frankreich gewartet. Der französische Ministerpräsident Raymond Poincaré lässt als Druckmittel das Zentrum der deutschen Schwerindustrie, das Ruhrgebiet, besetzen. Ab dem 11. Januar 1923 marschieren belgische und französische Soldaten in Essen, Gelsenkirchen, Bochum und Dortmund ein, im Laufe der folgenden Monate wächst die Zahl auf rund 100 000 an.

Sie sollen die im Versailler Vertrag festgelegten Reparationen eintreiben, heißt es. Doch eigentlich sind die ausbleibenden Sachlieferungen ein willkommener Anlass, um die deutsche Grenze nach Osten zu verschieben und den Versailler Vertrag zugunsten Frankreichs zu revidieren – eine Forderung, die Frankreich bei den Versailler Vertragsverhandlungen von den anderen Siegermächten verweigert wurde.

Zwei Tage später ruft die deutsche Regierung zum passiven Widerstand auf. Die Bevölkerung steht überraschend geschlossen hinter ihr und weigert sich, mit den Besatzern zusammenzuarbeiten. Darauf reagieren die Franzosen mit Entlassungen und Ausweisungen von rund 130 000 Menschen und gehen mit großer Brutalität gegen Streikende vor. Bis August gibt es 137 Tote und rund 600 Verletzte. Schließlich beginnt der Widerstand zu bröckeln. Die Versorgungslage wird unerträglich, denn die Ruhrbesetzung droht die deutsche Wirtschaft endgültig zu ruinieren.

Aus der Inflation wird eine Hyperinflation, und die Menschen können den Verfall des Geldwertes täglich mitverfolgen. Für sie steht der Schuldige am wirtschaftlichen Zusammenbruch fest: der Versailler Vertrag und die Reparationen. Dass die Nachwirkungen der Rüstungs- und Kriegswirtschaft zur Inflation beigetragen haben und die Ruhrbesetzung das Fass nur zum Überlaufen brachte, sehen und verstehen sie nicht.

Als die Situation für Deutschland untragbar wird, entschließt sich der neue Reichskanzler Gustav Stresemann am 26. September 1923,

Versailles
Zug um Zug
zerrissen!

1933 Deutschland verläßt den Völkerbund von Versailles!

1934 Der Wiederaufbau der Wehrmacht, der Kriegsmarine und der Luftwaffe wird eingeleitet!

1935 Saargebiet heimgeholt! Wehrhoheit des Reiches wiedergewonnen!

1936 Rheinland vollständig befreit!

1937 Kriegsschuldlüge feierlich ausgelöscht!

1938 Deutsch-Österreich dem Reiche angeschlossen! Großdeutschland verwirklicht!

Dein Dank: Dein Ja

Wahlplakat der NSDAP aus dem Jahre 1938,
mit dem sie stolz ihre Anti-Versailles-Politik präsentiert

«um das Leben von Volk und Staat zu erhalten … den Kampf abzubrechen». Nach Compiègne und Versailles kapitulieren die Deutschen zum dritten Mal. Und erst jetzt ist der Machtkampf zwischen den ehemaligen Kriegsgegnern und damit auch der Erste Weltkrieg wirklich zu Ende.

In den Jahren danach beruhigt sich die Lage sowohl im Innern als auch im Verhältnis zum Nachbarn. Deutschland und Frankreich nähern sich an, 1926 erhalten die deutschen und französischen Außenminister, Gustav Stresemann und Aristide Briand, den Friedensnobelpreis – ein bei Kriegsausgang unvorstellbares Ereignis. Auch die Situation der neuen deutschen Republik stabilisiert sich für einige Jahre, die innenpolitischen Kämpfe flauen ab.

Trotz allem – der Krieg wird in den Köpfen der politischen Rechten weitergeführt. Für sie spielt es keine Rolle, dass die Reparationsleistungen schon zu Zeiten der Demokratie zurückgefahren werden und Deutschland Mitglied im Völkerbund wird. Ihr oberstes Ziel bleibt die vollständige Revision von Versailles. Und mit ihrer Propaganda können sie die Massen hinter sich scharen.

Als Adolf Hitler, der mit dem Austritt Deutschlands aus dem Völkerbund, der Einführung der Wehrpflicht und dem Anschluss Österreichs den Versailler Vertrag mehrfach bricht, beim Nürnberger Reichsparteitag 1937 proklamiert: «Der Vertrag von Versailles ist tot! Deutschland ist frei!», jubeln ihm die Menschen zu.

Die erste deutsche Demokratie hat zu dieser Zeit schon lange den Kampf verloren. Aber nicht die materiellen Belastungen des Vertrages lassen sie scheitern. Vielmehr lässt das «Versailles-Trauma» die Menschen nicht mehr los. Anstatt sich hinter die neue Demokratie zu stellen, ist sie ihnen gleichgültig. Oder sie bekämpfen sie gar. Doch ohne Republikaner, so stellt sich bald heraus, kann die neue Republik nicht überleben.

Anhang

Kleine Chronik des Ersten Weltkrieges*

1914

28. Juni	Ermordung des österreichischen Thronfolgers Franz Ferdinand und seiner Gattin in Sarajevo.
5. Juli	Kaiser Wilhelm II. sichert Österreich-Ungarn die deutsche Unterstützung zu.
23. Juli	Österreich-Ungarn stellt Serbien ein Ultimatum.
25. Juli	Mobilmachung der serbischen Armee. Der russische Kronrat beschließt die Unterstützung Serbiens.
28. Juli	Österreich-Ungarn erklärt Serbien den Krieg.
30. Juli	Generalmobilmachung der russischen Armee.
31. Juli	Generalmobilmachung Österreich-Ungarns und Belgiens.
1. Aug.	Deutschland erklärt Russland den Krieg. Generalmobilmachung Deutschlands und Frankreichs. Italien erklärt seine Neutralität.
2. Aug.	Deutscher Einmarsch in Luxemburg. Deutschland richtet ein Ultimatum an Belgien mit der Forderung nach freiem Durchmarsch.
3. Aug.	Deutschland erklärt Frankreich den Krieg. Die britische Armee macht mobil. Britisches Ultimatum an Deutschland. Rumänien erklärt seine Neutralität.
4. Aug.	Großbritannien bricht seine Beziehungen zu Deutschland ab (Kriegszustand). Die Parteien des deutschen

---

* Dies ist ein Auszug aus der sehr detaillierten «Chronik 1914–1918» (bearbeitet von Susanne Frank) in der «Enzyklopädie Erster Weltkrieg», herausgegeben von Gerhard Hirschfeld, Gerd Krumeich und Irina Renz (Ferdinand Schöningh, zweite, durchgesehene Auflage 2004).
Abdruck mit freundlicher Genehmigung des Verlages.

Reichstags bewilligen die Kriegskredite; Ermächtigung des Bundesrates zu Verordnungen. Ausrufung des «Burgfriedens» durch den Kaiser. Einmarsch deutscher Truppen in Belgien.

6. Aug.   Kriegserklärung Österreich-Ungarns an Russland. Serbien erklärt Deutschland den Krieg.

7. Aug.   Montenegro erklärt Österreich-Ungarn den Krieg.

9. – 16. Aug.   Das britische Expeditionskorps geht in Frankreich an Land.

11. Aug.   Frankreich erklärt Österreich-Ungarn den Krieg. Einmarsch österreichisch-ungarischer Truppen in Serbien.

12. Aug.   Großbritannien erklärt Österreich-Ungarn den Krieg.

15. Aug.   Russische Truppen marschieren in Ostpreußen ein.

16. Aug.   Die Festung Lüttich wird nach tagelangem Beschuss der deutschen Artillerie endgültig zerstört.

19./20. Aug.   Deutsche Truppen besetzen Brüssel: Die belgische Armeeführung flieht nach Antwerpen. Schlacht bei Gumbinnen: Die deutsche 8. Armee räumt Teile Ostpreußens.

22. Aug.   Einmarsch russischer Truppen in Galizien. Schlacht bei Krasnik (23. – 25. 8.) und Komarów (26. – 31. 8.).

23. Aug.   Hindenburg übernimmt die Führung der 8. Armee (Ostfront).

25. Aug.   Zerstörung der Bibliothek von Löwen durch deutsche Truppen. Einnahme der Festung Namur.

26. – 30. Aug.   Schlacht bei Tannenberg: Vernichtung der russischen Narew-Armee.

1. – 10. Sept.   Schlacht bei Lemberg: Rückzug der österreichisch-ungarischen Armee. Einschließung der Festung Przemysl durch deutsche Verbände.

2. Sept.   Deutsche Truppen erreichen die Marne und bedrohen Paris. Die französische Regierung zieht sich nach Bordeaux zurück. Russische Truppen besetzen Lemberg.

5. – 12. Sept.   1. Marne-Schlacht.

7. – 15. Sept.   Schlacht an den Masurischen Seen.

12. Sept.	Beginn der 1. Schlacht an der Aisne (bis 24. 10.): «Wettlauf zum Meer».
14. Sept.	Ablösung Moltkes als Generalstabschef durch Falkenhayn (2. OHL)
4. Okt.	«Aufruf an die Kulturwelt» von 93 deutschen Wissenschaftlern, Schriftstellern und Künstlern.
20. Okt.	Beginn der 1. Flandern-Schlacht.
28. Okt.	Flandrisches Küstengebiet wird von der belgischen Armee geflutet.
1. Nov.	Hindenburg und Ludendorff erhalten den Oberbefehl über die Ostfront.
Mitte Nov.	Verlustreiche Kämpfe in Flandern (Langemarck). Die gesamte Westfront geht zum Stellungskrieg über.

1915

Jan. – April	Karpatenkämpfe: Die Offensive Conrad von Hötzendorfs führt zu einer Katastrophe für die österreichisch-ungarische Armee.
25. Jan.	Einführung von Brotmarken in Deutschland: Rationierung von Lebensmitteln.
4. Febr.	Deutschland erklärt das Seegebiet um die Britischen Inseln zum Sperrgebiet.
7. – 21. Febr.	Winterschlacht in Masuren: 100 000 russ. Gefangene.
22. Febr.	Beginn des deutschen uneingeschränkten U-Boot-Krieges.
April/Mai	2. Flandern-Schlacht, deutscher Einsatz von Giftgas (22. 4.).
25. April	Landung britischer ANZAC und französischer Truppen auf der Halbinsel Gallipoli.
26. April	«Londoner Vertrag»: Geheimabkommen der Entente mit der italienischen Regierung führt zum Kriegseintritt Italiens. Dt. Offensive in Litauen und Kurland.

7. Mai	Versenkung des britischen Passagierdampfers Lusitania durch ein deutsches U-Boot: Konflikt mit den USA.
12. – 20. Mai	Höhepunkt der Kriegszielagitation (Annexionen) in Deutschland: «Verbände-Denkschrift» der sechs großen Wirtschaftsverbände.
13. Juli	Beginn der deutschen Offensive am Narew (bis 24. 8.).
4./5. Aug.	Einnahme von Warschau durch deutsche Truppen.
26. Aug.	Deutsche Bug-Armee erobert Brest-Litowsk.

1916

21. Febr.	Beginn der Kämpfe um Verdun.
30. Sept.	Hindenburg-Programm: Mobilisierung zusätzlicher Arbeitskräfte und Steigerung der Rüstungsproduktion.
24. Okt.	Französische Gegenoffensive bei Verdun (bis 3. 11.: Fort Vaux).
5. Dez.	Der Reichstag beschließt das Gesetz über den Vaterländischen Hilfsdienst.
Mitte Dez.	Ende der Kämpfe um Verdun: Französische Truppen besetzen Fort Douaumont.

1917

12. Jan.	Hungerprotest vor dem Rathaus in Hamburg. Es folgen weitere öffentliche Proteste im deutschen «Steckrübenwinter».
22. Jan.	In einer Rede vor dem US-Senat fordert Präsident Wilson einen «Frieden ohne Sieg» und ein Selbstbestimmungsrecht der Völker.
1. Febr.	Das Deutsche Reich erklärt den uneingeschränkten U-Boot-Krieg.

8. März	Ausbruch der russischen Februarrevolution: Abdankung des Zaren (15. 3).
6. April	Die USA erklären Deutschland den Krieg.
Mitte April	«Hungerstreiks» in Berlin, Leipzig und anderen deutschen Großstädten gegen die Verschlechterung der Lebensmittelversorgung. Die Proteste werden zunehmend politisch.
29. April	Meutereien französischer Einheiten am Chemin des Dames (bis Anfang Juni).
6. Juli	Matthias Erzberger (Zentrum) fordert im Reichstag einen Verständigungsfrieden ohne Annexionen. Bildung eines interfraktionellen Ausschusses.
26. Aug.	Pétains Offensive bei Verdun führt zur Rückeroberung der Höhe «Toter Mann».
3. u. 15. Dez.	Waffenstillstandsverhandlungen der Mittelmächte mit Russland in Brest-Litowsk.
22. Dez.	Aufnahme von Verhandlungen zwischen Russland und den Mittelmächten über einen Separatfrieden (Brest-Litowsk).

1918

8. Jan.	Präsident Wilson legt sein 14-Punkte-Programm zur Herbeiführung eines allgemeinen Friedens vor.
28. Jan.	Massenstreiks in Berlin und anderen deutschen Städten: Gefordert werden u. a. ein rascher Friedensschluss in Brest-Litowsk («ohne Annexionen und Kontributionen»), ein demokratisches Wahlrecht sowie eine bessere Lebensmittelversorgung.
10. Febr.	Abbruch der Friedensverhandlungen durch Trotzki: Wiederaufnahme der Kampfhandlungen (18. 2.) und rascher deutscher Vormarsch ohne russische Gegenwehr.
3. März	Unterzeichnung des Friedens von Brest-Litowsk: Russ-

land tritt Polen, die baltischen Staaten, Finnland und die Ukraine ab.

21. März   Beginn der deutschen Frühjahrsoffensiven an der West-front (bis Mitte Juli; Michael-Offensive bis 5. 4.).

14. Juni   Nach misslungenen Angriffen bei Noyon und Com-piègne ordnet Ludendorff die Einstellung der Offensive an.

16./17. Juli   Deutsche Offensive an der Marne.

18. Juli   Beginn der alliierten Gegenoffensive zwischen Soissons und Reims: Angriff der Franzosen bei Villers-Cotterêts mit 400 Tanks.

8. Aug.   Britisch-französische Offensive bei Amiens führt zu schweren deutschen Verlusten.

29. Sept.   Die OHL fordert Aufnahme von Waffenstillstandsver-handlungen.

3. Okt.   Nach dem Rücktritt von Graf Hertling (30. 9.) wird Prinz Max von Baden zum Reichskanzler ernannt: Bildung einer parlamentarischen Regierung. Max von Baden er-sucht die Alliierten um einen Waffenstillstand auf der Grundlage der Vierzehn Punkte (4./5. 10.).

24. Okt.   Hindenburg und Ludendorff verlangen die Wiederauf-nahme der Kampfhandlungen.

26. Okt.   Entlassung Ludendorffs. Sein Nachfolger wird Wilhelm Groener (4. OHL).

29. Okt.   Einheiten der deutschen Hochseeflotte in Wilhelms-haven weigern sich auszulaufen.

3. Nov.   Matrosenaufstand in Kiel: Arbeiter- und Soldatenräte übernehmen die Macht (4. 11.). Waffenstillstand zwi-schen Österreich-Ungarn und der Entente.

5. – 8. Nov.   Ausbreitung der revolutionären Bewegungen von Kiel aus auf ganz Deutschland, u. a. mit dem Ziel einer sofor-tigen Beendigung des Krieges.

8. Nov.   Beginn der Waffenstillstandsverhandlungen in Com-piègne.

| 9. Nov. | Abdankung Wilhelms II.: Ausrufung der Republik durch Philipp Scheidemann und kurz darauf («Sozialistische Republik») durch Karl Liebknecht in Berlin. Friedrich Ebert (SPD) wird Vorsitzender des Rates der Volksbeauftragten (10. 11.). |
| 11. Nov. | Matthias Erzberger (Zentrum) unterzeichnet für das Deutsche Reich den Waffenstillstandsvertrag im Wald von Compiègne. |

1919

| 18. Jan. | Eröffnung der Friedenskonferenz im französischen Außenministerium in Paris. |
| 28. Juni | Unterzeichnung des Versailler Friedensvertrages durch den deutschen Außenminister Hermann Müller und Verkehrsminister Johannes Bell. |

Europa 1914

NORWEGEN

SCHWED

DÄNEMARK

Kopenhag

Nordsee

GROSSBRITANNIEN
UND IRLAND

Dublin

NIEDER-
LANDE

Hamburg

Amsterdam

Berlin

London

BELGIEN

Brüssel

DEUTSCHES
REICH

Pra

*Atlantischer
Ozean*

LUX.

Paris

München

Zürich

FRANKREICH

SCHWEIZ

Mailand

Marseille

PORTUGAL

ANDORRA

ITALIEN

Lissabon

Madrid

Rom

SPANIEN

Korsika

Mallorca

Sardinien

Mittelmeer

Tanger
1911 internat.
Gebiet

Gibraltar brit.

1911/12 span. Protektorat

Er-Rif

Algier

Sizili

ALGERIEN
1879 Teil Frankreichs

Tunis

Marokko
1912 franz. Protektorat

Tunesien
1881 franz. Protektorat

M

Tripolitanie
1911/12 britisch

Tripelentente
(Frankreich, Großbritannien, Russland)

Dreibund
(Deutsches Reich, Italien, Österreich-Ungarn)

Stockholm

Ösel

Gotland

O s t s e e

□ Moskau

Wolga

RUSSISCHES REICH

Wolchow

○ Warschau

Don

□ Wien

○ Budapest

ÖSTERREICH-UNGARN

Dnjepr

RUMÄNIEN

Krim

Bosnien-
Herze-
gowina

□ Bukarest

Donau

Schwarzes Meer

SERBIEN BULGARIEN

□ Sofia

ALBANIEN

□ Konstantinopel

GRIECHENLAND

OSMANISCHES REICH

Euphrat

□ Athen

Zypern

Kreta

M i t t e l m e e r

Alexandria ○

Cyrenaika

Ägypten
1882 britisch

Kairo ○

0   100   200   300 km

Europa 1918–1937

Shetland-Inseln
Orkney-Inseln
Hebriden

NORWEGEN
Oslo (Kristiania)
Åland 1921–35 neutralisiert
Stockholm

SCHWEDEN

Edinburgh
Belfast

IRLAND
Dublin

DÄNEMARK
Nordsee
Kopenhagen

LET-
LAN
LITAU
Memel
Königsberg
Danzig

Liverpool

GROSS-
BRITANNIEN
NIEDER-
LANDE
Amsterdam

DEUTSCHES
Berlin
REICH
Posen
Warsc
Breslau

London

Der Kanal
Brüssel
BELGIEN
Köln
Frankfurt

Atlantischer
Ozean

Paris
LUX.
Troyes

Prag
TSCHECHO-
SLOWAK
Kraka

München
Wien
ÖSTERREICH
Budapest
UNGARN

FRANKREICH
Bern

Loire
Rhône

Toulouse
Marseille

Mailand
Venedig
Agram

JUGOSLAWIEN
Sarajevo
Belg

ITALIEN

PORTUGAL
Lissabon
Madrid
Barcelona
Korsika
Rom

ANDORRA

SPANIEN
Tajo
Ebro

Mallorca
Sardinien

ALBANIEN
Tirana

Gibraltar brit.
Tanger intern. Gebiet
Er-Rif
Fes

Algier
Tunis

Sizilien
Malta

Algerien

Mittelmeer

Marokko
Tunesien
Tripolis

Libyen
1929 vereinigt. Libyen
1938 Teil Italiens

INN-
AND

Neue Staaten

Deutsche Gebietsverluste

Ladogasee

elsinki ● Leningrad
(St. Petersburg)

allinn
(eval)

● Nowgorod

Jaroslawl

Wolga

TLAND

ga

■ Moskau

nas
no)

Ö Wilna

● Minsk

1923
LEN

est-
owsk

● Kiew

● Lemberg

● Saratow

UNION DER SOZIALISTISCHEN
SOWJET-REPUBLIKEN 1922

Don

Wolga

● Astrachan

● Rostow

Tschernowitz

● Odessa

Krim

● Alexandrowsk

MÄNIEN   Bessarabien
           1918/20

● Grosny

Kaukasus   *Kaspisches*
                Meer

Kronstadt

Schwarzes Meer

Tiflis ○

● Baku

■ Bukarest

1920/21 türk.

Eriwan

Kura

ULGARIEN
Sofia

1918–1923
v. Alliierten bes.

Trabzon ○

Kars

Ö Edirne

● Istanbul

Erzurum ○

● Täbris

■ Ankara

■ Athen

TÜRKEI
1923 Rep.

● Mossul
  Mossul-Gebiet

IRAN
bis 1935 Persien

IECHEN-
LAND

Dodekaden Rhodos
         ital.

Kreta

Hatay ○ Haleb

1925 brit. *Zypern*
Kronkolonie

Latakia ○
Latakia

SYRIEN
1920
franz. Mandat
1930 Rep.

Libanon
Beirut ○ □ Damaskus

Euphrat

IRAK
1920–30
brit. Mandat

□ Bagdad

Tigris

Drusen-Staat

Basra ○

Palästina □ ■ Amman
Jerusalem □
        1920 brit. Mandat

Transjord.

Alexandria ○

Port Said

SAUDI-ARABIEN

Kairo □

Suez Akaba
1936   1922 brit.
Brit. Militärzone   1925 Transjord.

ÄGYPTEN
1922/36
unabh. Königreich

Nil

0 100 200 300 400 500 km

Weiterführende Literatur

Allgemein zum Ersten Weltkrieg

Helmut Berding: *Krieg und Erinnerung: Fallstudien zum 19. und 20. Jahrhundert*, Göttingen 2000.

Volker Berghahn: *Der Erste Weltkrieg*, München 2003.

Niall Ferguson: *Der falsche Krieg. Der Erste Weltkrieg und das 20. Jahrhundert*, München 2002.

Fritz Fischer: *Griff nach der Weltmacht. Die Kriegszielpolitik des kaiserlichen Deutschland 1914/18* (= Nachdruck der Sonderausgabe 1967), Düsseldorf 1977.

Fritz Fischer: *Weltmacht oder Niedergang. Deutschland im Ersten Weltkrieg*, Frankfurt 1965.

Gerhard Hirschfeld, Gerd Krumeich, Irina Renz (Hg.): *Enzyklopädie Erster Weltkrieg*, Paderborn 2003.

Thomas Kühn, Benjamin Ziemann (Hg.): *Was ist Militärgeschichte?*, Paderborn 2000.

Wolfgang Michalka: *Der Erste Weltkrieg. Wirkung, Wahrnehmung, Analyse*, München 1994.

Sven Oliver Müller: *Die Nation als Waffe und Vorstellung. Nationalismus in Deutschland und Großbritannien im Ersten Weltkrieg*, Göttingen 2002.

Thomas Nipperdey: *Deutsche Geschichte 1866–1918, Zweiter Band: Machtstaat vor der Demokratie*, München 1992.

Michael Salewski: *Der Erste Weltkrieg*, Paderborn 2003.

Hans-Ulrich Wehler: *Das Deutsche Kaiserreich 1871–1918*, Göttingen 1983.

Hans-Ulrich Wehler: *Deutsche Gesellschaftsgeschichte, Vierter Band: Vom Beginn des Ersten Weltkrieges bis zur Gründung der beiden deutschen Staaten 1914–1949*, München 2003.

Zum Kapitel «Mythos Tannenberg»

Richard Dehmel: *Zwischen Volk und Menschheit. Kriegstagebuch*, Berlin 1919.

Generalfeldmarschall von Hindenburg: *Aus meinem Leben*, Leipzig 1919.

Viktor Klemperer: *Curriculum Vitae. Erinnerungen 1881–1918. Band II*, Berlin 1996.

Vejas Gebriel Liulevicius: *Kriegsland im Osten. Eroberung, Kolonialisierung und Militärherrschaft im Ersten Weltkrieg*, Hamburg 2002.

Erich Ludendorff: *Meine Kriegserinnerungen 1914–1918*, Berlin 1919.

Abba Strazhas: *Deutsche Ostpolitik im Ersten Weltkrieg. Der Fall Ober-Ost 1915–1917*, Wiesbaden 1993.

Barbara Tuchmann: *August 1914*, Frankfurt/M. 1990.

Georg Wurzer: *Die Kriegsgefangenen der Mittelmächte in Russland im Ersten Weltkrieg*, Tübingen 2000.

Zum Kapitel «Gashölle Ypern»

John Horne, Alan Kramer: *Deutsche Kriegsgräuel 1914, Die umstrittene Wahrheit*, Hamburg 2004.

Olivier Lepic: *La Grande guerre chimique 1914–1918*, Paris 1998.

Dieter Martinetz: *Der Gaskrieg 1914/18. Entwicklung, Herstellung und Einsatz chemischer Kampfstoffe. Das Zusammenarbeiten von militärischer Führung, Wissenschaft und Industrie*, Bonn 1996.

Dietrich Stoltzenberg: *Fritz Haber, Chemiker, Nobelpreisträger, Deutscher, Jude*, Weinheim 1998.

Margit Szöllösi-Janze: *Fritz Haber 1868–1934, Eine Biographie*, München 1998.

Zum Kapitel «Albtraum Verdun»

Kurt Fischer, Stephan Klink: *Spurensuche bei Verdun*, Neuried b. München 2000.

Gerd Krumeich: «*Der Mensch als ‹Material›. Verdun 21. Februar bis 9. September 1916*», in: Stig Förster, Markus Pöhlmann, Dierk Walter (Hg.): *Schlachten der Weltgeschichte. Von Salamis bis Sinai*, München 2001.

Gerd Krumeich: «*Verdun: ein Ort gemeinsamer Erinnerung?*», in: Horst Möller, Jacques Morizet: *Deutsche und Franzosen. Orte der gemeinsamen Geschichte*, München 1996.

Jacques-Henri Lefèvre: *Die Hölle von Verdun, Nach den Berichten von Frontkämpfern*, Verdun 6oer Jahre.

German Werth: *Schlachtfeld Verdun*, Berlin 1994.

Zum Kapitel «Schlachtfeld Heimat»

Reinhard Bein: *Braunschweig. Stadt und Herzogtum 1890–1918*, Braunschweig 1985.

Ute Daniel: *Arbeiterfrauen in der Kriegsgesellschaft (Kritische Studien zur Geschichtswissenschaft 84)*, Göttingen 1986.

Bodo von Dewitz: *Photographien aus Braunschweig 1901–1918 von Käthe Buchler, geb. von Rhamm*, Braunschweig 1980.

Alfred Grotjahn: *Erlebtes und Erstrebtes. Erinnerungen eines sozialistischen Arztes*, Berlin 1932.

Edith Hagener: *Es lief sich so sicher an Deinem Arm. Briefe einer Soldatenfrau 1914*, Weinheim/Basel 1986.

Doris Kachulle (Hg.): *Die Pöhlands im Krieg. Briefe einer sozialdemokratischen Bremer Arbeiterfamilie aus dem 1. Weltkrieg*, Köln 1982.

Peter Knoch: «*Kinder im Krieg 1914–1918. Zwei Mädchen schreiben Kriegstagebuch*», in: G. Hergenröder, E. Sieber (Hg.): *varia historica. Beiträge zur Landeskunde und Geschichtsdidaktik, R. Jooß zum 50.*, Esslingen 1988.

Anna Kohns: «*Wann mag dieses Elend enden? Aus dem Kriegstagebuch einer Bonnerin*», in: Journal für Geschichte 1980.

Heinz Lemmermann: *Kriegserziehung im Kaiserreich. Studien zur politischen Funktion von Schule und Schulmusik 1890–1918*, Bremen 1984.

Kurt Nemitz: *Anna Nemitz. Blätter der Erinnerung*, Berlin 1988.

Anne Roerkohl: *Hungerblockade und Heimatfront. Die kommunale Lebensmittelversorgung in Westfalen während des Ersten Weltkriegs*, Stuttgart 1991

Stadtverband Saarbrücken, Regionalgeschichtliches Museum (Hg.): «*Als der Krieg über uns gekommen war ...*» *Die Saarregion und der Erste Weltkrieg*, Saarbrücken 1993.

Zum Kapitel «Trauma Versailles»

Jost Dülffer, Gerd Krumeich (Hg.): *Der Krieg in den Köpfen. Europa in den 1920er und 1930er Jahren*, Essen 2002.

Jörg Duppler, Gerhard P. Groß (Hg.): *Kriegsende 1918. Ereignis, Wirkung, Nachwirkung*, München 1999.

Gerd Krumeich (Hg.): *Versailles 1919. Ziele – Wirkung – Wahrnehmung*, Essen 2001.

Margaret MacMillan: *Paris 1919. Six months that changed the world*, New York 2002.

Rainer Rother (Hg.): *Die letzten Tage der Menschheit. Bilder des Ersten Weltkrieges. Eine Ausstellung des Deutschen Historischen Museums Berlin*, Berlin 1994.

Rolf Spilker, Bernd Ulrich (Hg.): *Der Tod als Maschinist: Der industrialisierte Krieg 1914–1918*, Bramsche 1998.

Bernd Ulrich, Benjamin Ziemann (Hg.): *Krieg im Frieden. Die umkämpfte Erinnerung an den Ersten Weltkrieg. Quellen und Dokumente*, Frankfurt/M. 1997.

Über die Autorinnen und Autoren

Christine Beil, geboren 1969, ist promovierte Kulturwissenschaftlerin und Mitarbeiterin des Tübinger Sonderforschungsbereiches «Kriegserfahrungen – Krieg und Gesellschaft in der Neuzeit». Parallel dazu arbeitet sie als freie Historikerin und Ausstellungsmacherin mit dem Schwerpunkt Mentalitäts-, Kultur- und Rezeptionsgeschichte der beiden Weltkriege. Zuletzt erschien «Der ausgestellte Krieg. Präsentationen des Ersten Weltkriegs 1914–1939» (Tübingen 2004).

Werner Biermann, geboren 1945, ist Autor und Filmemacher. Er realisierte etwa 50 lange Dokumentarfilme, vor allem zu historischen Themen. Für seine Arbeiten wurde er unter anderem mit dem Adolf-Grimme-Preis ausgezeichnet.

Heinrich Billstein, geboren 1951, arbeitet als freier Journalist und Filmemacher in Köln. Er ist Autor und Regisseur von zahlreichen Dokumentationen für ARD, ZDF, ARTE und WDR mit dem Schwerpunkt Nationalsozialismus und Stalinismus, unter anderem «Die Tamisdat-Connection oder Der Literaturschmuggel aus der Sowjetunion» (1993), «Erschießt sie wie die Hunde – Die Moskauer Schauprozesse 1936–38» (1998), «Hitlers Helfer – Ribbentrop» (1998), «Jalta – Die Teilung der Welt» (1999) und «Einsteins Boot» (2002).

Jürgen Büschenfeld, geboren 1955, ist promovierter Historiker und Wissenschaftsredakteur. Er arbeitete an der Universität Bielefeld zur deutschen Geschichte des 19. und 20. Jahrhunderts. Zurzeit ist er als freier Mitarbeiter des WDR sowie als Autor und Ausstellungsmacher für verschiedene Museen tätig. Zahlreiche Veröffentlichungen zur Wissenschafts-, Umwelt- und Stadtgeschichte.

Anne Roerkohl, geboren 1955, promovierte in Geschichte über das Thema «Heimatfront im Ersten Weltkrieg». Sie ist Autorin zahlreicher historischer Dokumentationen für ARD, ARTE und WDR, unter anderem «Im Felde unbesiegt – Die Dolchstoßlegende» (1998), «Unerwünscht und vergessen. Zwangsarbeiterinnen und ihre Kinder» (2002). Gleichzeitig arbeitet sie als Ausstellungsmacherin und entwickelt Medien- und Museumskonzepte, unter anderem für das Museum für Frühindustrialisierung, Wuppertal, 1997 Gründung einer eigenen Produktionsfirma, www.dokumen tarfilm.com

Susanne Stenner, geboren 1970, arbeitet als freie Fernsehjournalistin. Zahlreiche Produktionen als Autorin und Produzentin für das ZDF, ARTE und den SWR, unter anderem «Form und Funktion – Designobjekte im 20. Jahrhundert» (2004), «Helden ohne Heimat – Die jüdische Brigade» (2003), «Orte des Erinnerns – Stammheim» (2002), «Von der Kunst, Farbluft zu atmen» (2002) und «Vier Kriegsherren gegen Hitler – Bernard Law Montgomery» (2001).

Gabriele Trost, geboren 1959, studierte Geschichte und Politikwissenschaft und arbeitet seit 1987 als Redakteurin und Autorin beim Südwestrundfunk. Sie ist Autorin zahlreicher zeitgeschichtlicher Dokumentationen für die ARD, ARTE und den SWR, unter anderem «Frauen in Uniform: Die Wehrmachtshelferinnen im Zweiten Weltkrieg» (2001), «Hitlers Eliten nach 1945: Kalter Krieg mit Nazi-Akten» (2002) und «Der Obersalzberg» (2002).

Bildnachweis

Antiquariat Faust2000: 218

Archiv für Kunst und Geschichte: 57, 216

Bayer-Archiv, Leverkusen: 100, 112

Bibliothek für Zeitgeschichte Stuttgart: 70, 81, 83, 239

Bibliothek und Archiv zur Geschichte der Max-Planck-Gesellschaft, Berlin: 110, 113, 123, 125

Bildarchiv Preußischer Kulturbesitz: 108

Bundesarchiv Koblenz: 146-1970-073-47: 54, 146-1971-017-54: 33, 146-1971-018-03: 79, 146-2004-0025: 77, 183-R06836: 86, 183-R09788: 74, 183-R36715: 73, 183-R92623: 90, 183-S10394: 92, 183-S12117: 80, 183-S50829: 65

Deutsches Historisches Museum: 52

Die Muskete, Wochenzeitschrift: 184

Lionel Fremond: 133

Imperial War Museum: 96, 99, 118, 119, 127, 129

Interfoto: 151

Doris Kachulle: 170 o., 170 u., 172, 193, 200

Keystone: 60

Kulturgeschichtliches Museum Osnabrück: 25

Les amis de Vauquois: 130, 142, 147, 149, 156, 157

Mémorial de la Clairière de l'Armistice: 136, 137, 139, 144, 153, 161

Museum für Photographie, Braunschweig: 173, 174, 175 l., 175 Mitte, 175 r.

picture alliance: 13, 17, 24, 25, 41, 94, 220, 221, 227, 236, 237

Privat: 204

Anne Roerkohl: 195, 203

Staatsarchiv Bremen: 241

Stadt Mainz – BPF: 59, 87

Stadtarchiv Bielefeld: 6, 19, 29, 35, 37, 39, 49, 92, 164, 180, 181

SV-Bilderdienst: 9, 101, 121

ullstein bild: 22, 36, 44, 66, 67, 72, 162, 211, 214, 224, 229, 231

WDR-Bildarchiv: 103, 116

Bild: John Singer Sargent

Geschichte bei rororo

Tragödie oder Farce?
Von Göttern und allzu vielen Gräbern

C. W. Ceram
Götter, Gräber und Gelehrte
Roman der Archäologie
3-499-61136-8

Adam Hochschild
Schatten über dem Kongo
*Die Geschichte eines der großen,
fast vergessenen
Menschheitsverbrechen*
3-499-61312-3

John Keegan
Die Kultur des Krieges
3-499-60248 2

Werner Keller
Und die Bibel hat doch recht
*Forscher beweisen die historische
Wahrheit*
3-499-16614-3

Giles Milton
Muskatnuß und Musketen
*Der Kampf um das Gold
Ostindiens*
3-499-61367-0

John Keegan
Der Erste Weltkrieg
Eine europäische Tragödie
Plastisch, detailliert und voller
Anteilnahme schildert Keegan den
Kriegsverlauf an allen Fronten.
Große Politik spiegelt sich für den
Autor am besten im Schützen-
graben.

3-499-61194-5

Foto: Ivar Bläsi

rowohlts monographien

Politik und Geschichte

Anne Frank
Matthias Heyl
3-499-50524-X

Kemal Atatürk
Bernd Rill
3-499-50346-8

Friedrich II. der Große
Georg Holmsten
3-499-50159-7

Mahatma Gandhi
Heimo Rau
3-499-50172-4

Adolf Hitler
Harald Steffahn
3-499-50316-6

Katharina die Große
Reinhold Neumann-Hoditz
3-499-50392-1

Marco Polo
Otto Emersleben
3-499-50473-1

Napoleon
André Maurois
3-499-50112-0

Willy Brandt
Carola Stern
Wie nur wenigen Politikern gelang
es Willy Brandt, die Herzen der
Menschen zu erobern. Unbestrit-
ten ist er einer der bedeutendsten
Staatsmänner des 20. Jahrhun-
derts.

3-499-50576-2

S 25/1

S 37/2

Politik, Zeitgeschichte, Gesellschaft

«Wenn ihr nicht vernünftiger sein werdet, als wir sind, bzw. gewesen sind, so soll euch der Teufel holen.»
Albert Einstein